大运河文化带节点城市文化创意产业空间演化研究

曹玉华　毛广雄　著

东南大学出版社
SOUTHEAST UNIVERSITY PRESS
·南京·

图书在版编目(CIP)数据

大运河文化带节点城市文化创意产业空间演化研究 / 曹玉华,毛广雄著. — 南京:东南大学出版社,2021.12
  ISBN 978-7-5641-9882-4

Ⅰ.①大… Ⅱ.①曹…②毛… Ⅲ.①文化产业—产业发展—研究—苏州 Ⅳ.①G127.533

中国版本图书馆 CIP 数据核字(2021)第 251243 号

责任编辑:夏莉莉 陈 淑 责任校对:子雪莲 封面设计:顾晓阳 责任印制:周荣虎

大运河文化带节点城市文化创意产业空间演化研究
Dayunhe Wenhuadai Jiedian Chengshi Wenhua Chuangyi Chanye Kongjian Yanhua Yanjiu

著　者:	曹玉华　毛广雄
出版发行:	东南大学出版社
社　址:	南京四牌楼 2 号　邮编:210096　电话:025-83793330
网　址:	http://www.seupress.com
电子邮件:	press@seupress.com
经　销:	全国各地新华书店
印　刷:	江苏凤凰数码印务有限公司
开　本:	787mm×1 092mm　1/16
印　张:	14.75
字　数:	250 千字
版　次:	2021 年 12 月第 1 版
印　次:	2021 年 12 月第 1 次印刷
书　号:	ISBN 978-7-5641-9882-4
定　价:	69.00 元

本社图书若有印装质量问题,请直接与营销部联系。电话(传真):025-83791830。

本书出版得到以下基金项目的联合资助,谨致谢忱!

- 教育部人文社会科学研究项目"产业集群化转移驱动城市群空间格局优化的机理、效应与调控研究"(编号:18YJA790061)
- 江苏省社会科学基金项目"江苏产业升级中空间格局的演变研究"(编号:18EYB008)
- 江苏省高校哲学社会科学研究基地重大项目"江苏大运河文化带文创产业集聚发展的路径、模式及政策体系研究"(编号:2018JDXM002)
- 江苏省高校哲学社会科学研究项目"文化创意产业助推江苏省经济转型的路径与对策研究"(编号:2020SJA1781)
- 大运河文化带建设研究院2021年度智库专项研究课题"大运河沿线历史文化街区保护修缮与当代复兴"(编号:DYH21ZD01)

前　言

在经济全球化与文化软实力竞争的大背景下，文化创意产业已成为 21 世纪知识经济时代促进区域经济社会发展的重要战略选择。从概念提出、政策制定再到实践探索，以文化创意和科技创新为驱动力的文化创意产业对包括欧美、亚太地区，尤其新兴经济体的经济社会发展产生了深刻的影响，并在全球范围内呈现出蓬勃发展的态势。随着"文化强国""创新驱动"等国家发展战略的深化实施和文化产业政策体系的不断完善，文化创意产业作为经济的新增长点和文化软实力的重要载体，从经济、社会和文化三个维度全面推动着处于转型关键时期的中国经济增长和发展方式的转变。在国家及地方政府的高度重视、产业发展战略规划的直接引导及相关政策措施的积极扶持下，我国文化创意产业展现出广阔的发展前景，并日益成为推动我国城市转型发展和支撑城市经济体系持续更新的重要引擎。

从理论角度来看，区域经济学作为经济学与地理学交叉的学科，应将文化创意产业纳入研究体系中，这既是对经济、社会科学研究领域文化转向趋势的回应，也是在以创意经济为主导的后工业时代背景下，对其自身研究体系的更新与补充。以地理学的新产业区理论、经济学的新增长理论和新经济地理学理论等为指导的相关学科关于文化创意产业发展及空间问题的研究为本研究提供了重要的理论依据；而西方理论和研究成果应用于我国发展实际的适用性问题则为本研究提供了理论创新的可能性。

从现实角度来看，以美国、英国等为代表的发达国家以及我国诸如北京、上海等发达城市的文化创意产业发展实践的成功经验表明，文化创意产业是驱动区域经济转型发展的动力源泉。大运河文化带建设正式上升为国家战略，其突出特点是以文化为引领，推动大运河沿线区域实现绿色发展、协调发展和高质量发展。苏州市是大运河文化带重要的节点城市之一，也是我国长三角地区经济最发达的重要城市之一和全球创意城市网络中的一员，该市具备了发展文化创意产业的先天条件和比较优势,而大力发展文化创意产业又是解决苏州市经济转型、产业结构升级等城市发展问题的重要途径之一。因此,对苏州市文化创意产业发展及其空间问题的研究,将有助于促进该市文化创意产业发展水平的提升,推动城市空间的转型与重构以及城市品牌文化形象的塑造,进而实现由"苏州制造"向"苏州创造"的顺利转型,并可为大运河文化带沿线城市发展文化创意产业提供有益的参考。

本研究在运用区域经济学、经济地理学、城市经济学等学科的经典理论和方法的基础上,主要采用演化经济地理学的一般研究思路,以"现状描述——机理分析——理论回归"为主线,结合各种规范研究方法,探讨大运河文化带上节点城市——苏州市的文化创意产业发展及空间演化相关问题。全书共分为四个部分:

第一部分:问题的提出。阐述本研究的研究背景和意义,对涉及的基本概念进行界定,提出该研究的主要内容、方法和技术路线及可能的创新点。

第二部分:理论分析。梳理当前国内外文化创意产业相关理论和研究成果,从产业组织和产业空间两个角度剖析文化创意产业影响城市经济发展的内在机理和文化创意产业空间集聚的动力机制。

第三部分:实证研究。系统阐述苏州市文化创意产业发展的内外部条件,采用比较研究和实证分析的方法对苏州市文化创意产业发展水平进行综合评价,并从产业规模和结构、产品消费以及产业园区等方面总结该市文化创意产业发展及其空间分布的总体特征;以苏州市10个县级行政区为空间分析单元,以2012—2017年间的文化创意企业数据为研究样本数据,采用空间自相关性和核密度分析方法,着重分析苏州市四个细分类型的文化创意产业的空间分布特征及其演化过程和影响因素;基于以上分析结果,总结苏州市文化创意产业发展过程中存在的主要问题。

第四部分:结论与建议。全面梳理苏州市文化创意产业空间演化特征及细分行业的文化创意产业空间分布格局的差异性,得出实践探讨的结论。基于国内外典型国家和城市文化创意产业发展的经验与启示,从空间集聚视角提出苏州市文化创意产业发展的总体思路,并结合实际状况,提出进一步优化苏州市文化创意产业空间布局的建议与对策,为大运河文化带沿线城市文化创意产业政策的制定提供现实的指导。

目 录

第1章 绪论 ··· 001
  1.1 研究背景 ··· 001
    1.1.1 文化创意产业是世界各国经济的新增长点 ················· 001
    1.1.2 文化创意产业是我国城市经济社会发展的动力引擎 ······ 004
    1.1.3 文化创意产业是大运河文化带建设的重要抓手和沿线城市"创新驱动,转型发展"的有效途径 ································ 006
  1.2 研究意义 ··· 008
    1.2.1 理论价值 ··· 009
    1.2.2 现实意义 ··· 010
  1.3 研究内容、方法和技术路线 ······································ 010
    1.3.1 研究内容 ··· 010
    1.3.2 研究方法 ··· 012
    1.3.3 研究的技术路线 ··· 012

第2章 理论基础与相关研究进展 ·· 014
  2.1 理论基础 ··· 014
    2.1.1 演化经济地理学理论 ··· 014
    2.1.2 产业生命周期理论 ·· 018
    2.1.3 产业空间集聚理论 ·· 020
  2.2 文化创意产业相关研究进展 ······································ 022
    2.2.1 文化创意产业与城市经济发展关系的研究 ··············· 022
    2.2.2 文化创意产业组织研究 ······································ 025
    2.2.3 文化创意产业空间集聚研究 ································ 026
  2.3 文化创意产业相关研究总结与述评 ···························· 032

第3章 文化创意产业影响城市经济发展的内在机理 ········· 035
3.1 文化创意产业的本质内涵 ········· 035
  3.1.1 文化和创意 ········· 035
  3.1.2 文化创意产业 ········· 036
3.2 文化创意产业组织模式 ········· 041
  3.2.1 文化创意产业的价值创造 ········· 041
  3.2.2 文化创意产业的价值增值 ········· 043
  3.2.3 文化创意产业组织形式 ········· 053
3.3 文化创意产业对城市经济发展的影响 ········· 056
  3.3.1 城市经济发展阶段演进的助推器 ········· 056
  3.3.2 城市经济转型发展的着力点 ········· 059

第4章 城市文化创意产业空间集聚的动因 ········· 063
4.1 文化创意产业集聚的特点 ········· 064
4.2 文化创意产业集聚动力的一般性分析 ········· 067
  4.2.1 知识溢出 ········· 067
  4.2.2 协同竞争 ········· 068
4.3 文化创意产业集聚动力的经济学分析 ········· 069
4.4 文化创意产业集聚动力机制 ········· 071
  4.4.1 文化创意产业集聚动力机制的关键因子 ········· 071
  4.4.2 文化创意产业集聚动力机制的构建 ········· 075

第5章 苏州市文化创意产业发展条件分析 ········· 077
5.1 历史文化资源 ········· 077
5.2 文化基础设施 ········· 081
5.3 人力与科教资源 ········· 083
5.4 支撑产业 ········· 085
  5.4.1 金融业 ········· 085
  5.4.2 高新技术产业 ········· 088
5.5 平台建设 ········· 090
5.6 产业政策及其空间引导 ········· 093

  5.6.1 文化产业政策 ········· 093
  5.6.2 政策空间引导 ········· 095

第6章 苏州市文化创意产业发展现状和特征分析 ········· 098
 6.1 苏州市文化创意产业发展现状评价 ········· 098
  6.1.1 文化创意产业发展水平影响因素的理论模型构建 ········· 098
  6.1.2 城市文化创意产业发展水平评价指标体系的构建 ········· 100
  6.1.3 城市文化创意产业发展水平评价模型的构建 ········· 101
  6.1.4 研究对象和数据来源及处理 ········· 105
  6.1.5 城市文化创意产业发展水平测度与分析 ········· 106
 6.2 苏州市文化创意产业发展特征分析 ········· 117
  6.2.1 产业增长 ········· 117
  6.2.2 产业结构 ········· 118
  6.2.3 产业布局 ········· 120
  6.2.4 文化创意产品消费 ········· 121
  6.2.5 文化创意产业园区 ········· 124

第7章 苏州市文化创意产业空间分布特征分析 ········· 130
 7.1 苏州市文化创意产业空间分布总体特征 ········· 130
  7.1.1 苏州市文化创意产业空间的主要表现形式 ········· 130
  7.1.2 苏州市文化创意产业空间分布的总体特征 ········· 131
 7.2 基于不同门类的苏州市文化创意产业空间分布特征 ········· 132
  7.2.1 高科技类文化创意产业 ········· 133
  7.2.2 技术服务类文化创意产业 ········· 134
  7.2.3 文化和传媒类文化创意产业 ········· 136
  7.2.4 旅游与休闲娱乐类文化创意产业 ········· 139

第8章 苏州市文化创意产业空间格局演化分析 ········· 143
 8.1 研究方法和数据来源 ········· 145
  8.1.1 研究方法 ········· 145
  8.1.2 数据来源与处理 ········· 148

8.2 基于细分行业类型的苏州市文化创意产业空间格局及其演化分析 ………………………………………………………………… 150
    8.2.1 苏州市文化创意产业空间格局的总体判断 …………… 150
    8.2.2 广告会展业空间格局演化分析 ………………………… 151
    8.2.3 建筑设计业空间格局演化分析 ………………………… 154
    8.2.4 影视制作业空间格局演化分析 ………………………… 157
    8.2.5 动漫游戏业空间格局演化分析 ………………………… 159

第9章 国内外文化创意产业发展经验与启示 ……………………… 163

9.1 国内外文化创意产业发展状况 ……………………………… 163
    9.1.1 典型国家——美国和英国 ……………………………… 163
    9.1.2 典型城市——北京和上海 ……………………………… 177
9.2 国内外文化创意产业发展的启示 …………………………… 181
    9.2.1 强化文化创意产业战略性地位 ………………………… 181
    9.2.2 遵循文化创意产业自身发展规律 ……………………… 182

第10章 苏州市文化创意产业空间集聚发展的思路与对策 ………… 184

10.1 苏州市文化创意产业空间集聚发展过程中存在的主要问题 …… 185
    10.1.1 产业空间分布与资源利用程度不相匹配 …………… 185
    10.1.2 产业集聚发展的内生动力不足 ……………………… 186
10.2 苏州市文化创意产业空间集聚发展的总体思路 …………… 188
10.3 苏州市文化创意产业空间集聚发展的对策与建议 ………… 191
    10.3.1 转变政府职能,优化文化创意产业发展的制度环境 …… 191
    10.3.2 规划引领,加强文化创意产业发展的顶层设计 ………… 192
    10.3.3 文化创新和科技创新"双轮"驱动,提升文化创意产业
           竞争力 ………………………………………………… 193
    10.3.4 功能优化,推进文化创意产业集聚区建设 …………… 194

第11章 结论与展望 …………………………………………………… 196

11.1 主要结论 ……………………………………………………… 196
11.2 不足与展望 …………………………………………………… 199

参考文献 ··· 201

附　录 ·· 211
　　附录 1　2018 版和 2012 版《文化及相关产业分类》新旧对照表 ········ 211
　　附录 2　苏州市居民文化消费调查问卷 ································· 220

后　记 ·· 223

第1章

绪　　论

1.1　研究背景

1.1.1　文化创意产业是世界各国经济的新增长点

随着新一轮的信息技术革命的兴起和以创意经济为主体的知识经济时代的到来,依赖土地、资本、劳动力等资源的传统经济增长模式已不适应当前经济发展的需要,而文化和科技的深度融合促成了现代经济发展的巨大变革。自20世纪90年代以来,面对资源环境的制约性影响,世界各国,尤其是发达国家开始针对后工业社会的特点,寻求刺激经济发展的新的动力源,即将文化和创意资本看作重要的生产要素,并使之与经济产生互动。由此,以文化内涵和科技创新相结合为显著特征,以创意为核心,由知识经济催生的一种新兴业态——文化创意产业引起了各国政府的关注和重视,并以前所未有的速度推进和扩张。文化创意产业作为文化、科技和经济深度融合的产物,独特的产业价值链以及产业渗透性、外溢性、辐射力、融合性和产品高附加值性等综合性特征使其成为全球经济和现代产业发展的新亮点。

文化创意产业不仅是一种能够创造巨大经济效益的产业形态,更是各个国家提升综合竞争力的重要策略。早在1994年澳大利亚联邦政府就提出了"创意国度（Creative Nation）"的文化发展战略目标。文化创意产业的策源地——英国自其首相布莱尔于1997年提议并成立创意产业特别工作小组以后,文化创意产业迅速发展成为第一大产业,推动了该国经济的成功转型。世界第一经济大国——美国通过将信息化工业成果应用于文化创意产业（该国称之为"版权产业"）,极大地提升了该国文化软实力。亚洲最早提出发展文化创意产业的国家——新加坡将文化创意产业定为21世纪的战略产业,并出台"创意新加坡"计划,试图建立"新亚洲创意中心"。日本和韩国分别提出了"独创力关系到国家兴亡"和"资源有限,创意文化无限"的口号,大力发展文化创意产业。这些国家的文化创意产业增加值超过GDP的1/5,成为国民经济的支柱产业。

21世纪以来,全球范围内兴起了利用文化创意产业创造资源、驱动经济发展、激发竞争活力的新行为,文化创意产业得到了迅猛发展,正成为"21世纪创造价值最高的产业之一"。联合国公布的统计数据显示,文化创意产业占全球GDP的7%,且其每年10%的增长速度远高于全球GDP的增长速度。在一些发达国家增长速度更快,如美国和英国的年均增长率分别达14%和12%。联合国教科文组织、国际作家与作曲家联合会、安永会计师事务所于2015年12月3日共同发布的文化与创意产业最新报告——《文化时代:首张文化创意产业全球地图》(Cultural times: The first global map of cultural and creative industries)显示:文化创意产业每年创造的产值达2.25万亿美元,相当于全球GDP的3%,其中美国占43%,欧洲占34%,日本和韩国分别占10%和5%;为全球提供2 950万个工作岗位,超过欧洲、日本和美国三地汽车产业工作岗位数的总和(2 500万个),占全世界工作人口的1%,对就业的贡献已经超过了电信业。

我国的文化创意产业脱胎于文化产业,并随着"文化强国""创新驱动"等国家发展战略的深化实施和文化产业政策体系的不断完善而呈现出良好的发展态势。自2006年9月中共中央办公厅、国务院办公厅印发的《国家"十一五"时期文化发展规划纲要》中首次提出了"文化创意产业"概念以来,国家和地方政府出台了一系列支持文化创意产业发展的政策,尤其在《国家"十三五"规划建议》(2015年)和《"十三五"国家战略性新兴产业发展规划》(2016年)中将文化创意产业列为重点培育的战略性新兴产业之一,标志着我国文化产业的发展突破了单一产业的思想藩篱,从"文化+"即跨业、跨界的融合中拓展发展空间,使我国文化创意产业呈现出多向交互融合的发展态势,也使文化创意产业迎来了快速发展的机遇期。

尽管我国的文化创意产业起步较晚,但政府的政策支持和金融危机背景下产业结构调整的内在驱动,使得该产业呈现出快速发展的态势,这主要体现在文化创意产业在我国GDP中所占的比重和绝对值的快速增长方面。中国智研咨询发布的数据显示，2005—2014年，我国文化创意产业规模年均复合增长率达21.3%①。2017年，我国文化及相关产业增加值达34722亿元，占GDP的比重为4.2%，高于同期GDP名义增速1.6个百分点；文化核心领域和相关领域产业增加值分别为22 500亿元和12 222亿元，占文化及相关产业增加值的比重分别为64.8%和35.2%，分别同比增长14.5%和9.8%（如图1-1和表1-1所示）。这些数据表明文化创意产业在推动我国经济发展、优化经济结构中发挥着越来越重要的作用。

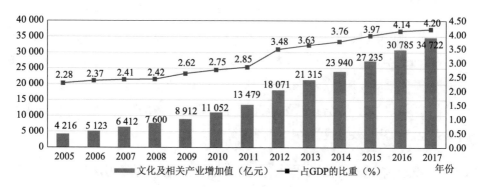

图1-1　2005—2017年我国文化及相关产业增加值及其占GDP的比重

数据来源：国家统计局网站

表1-1　2017年我国文化及相关产业增加值

类别名称	绝对额（按当年价计算,亿元）	构成占比（%）
文化及相关产业	34 722	100.0
第一部分　文化核心领域	**22 500**	**64.8**
一、新闻信息服务	4 864	14.0
二、内容创作生产	7 587	21.9
三、创意设计服务	4 537	13.1
四、文化传播渠道	2 896	8.3
五、文化投资运营	190	0.5
六、文化休闲娱乐服务	2 426	7.0

①　注：数据来源于中国智研咨询发布的《2016—2022年中国文化创意产业市场研究及投资前景预测报告》。

(续表)

类别名称		绝对额 （按当年价计算，亿元）	构成占比 （%）
第二部分	文化相关领域	12 222	35.2
	七、文化辅助生产和中介服务	5 973	17.2
	八、文化装备生产	1 981	5.7
	九、文化消费终端生产	4 268	12.3

数据来源：国家统计局网站。

作为当代文化软实力最直接的载体，文化创意产业具有高附加值、高经济影响力、高回报率、可持续发展性、大容量的就业机会和高于国民经济的增速等显著特点，其发展既顺应信息和知识经济时代对创新的需求，又顺应文化经济这一趋势，正逐步成为全球化趋势下的核心产业和最具活力的行业之一，并以其蕴涵的巨大经济和社会效益成为各国经济的新增长点。

1.1.2 文化创意产业是我国城市经济社会发展的动力引擎

我国城市化率于 2011 年首次突破 50%，达到了 51.27%，标志着我国进入了以城市型社会为主体的新的城市时代[①]。伴随着城市化进程的持续推进，我国城市，尤其是经济发达的大城市面临着城市转型发展的严峻挑战：一是经济基础方面的产业转型问题，具体表现为城市功能疏解和升级；二是物质形态方面的空间问题，具体表现为在资源环境约束条件下城镇化质量的提升。

国内外城市发展的实践经验表明，发展文化创意产业有助于推动城市经济社会的转型与发展。首先，依托城市的文化、科技、人才和信息资源，发挥文化创意产业的聚合、演进效应，使城市进一步成为汇聚各类创新要素的经济文化中心，促使城市人流、物流、资金流和信息流的加速流动，进而极大地提升城市的集聚和扩散功能。其次，文化创意产业的高度融合性促使相关产业在其带动下得到发展，进而促进城市产业结构的转型升级。再次，文化创意产业发展与城市旧区改造的有机结合，既可以通过城市旧建筑的改造利用为文化创意产业发展提供必要的空间载体，有效节约和创新利用城市资源，又可以保留具有历史文化价

---

① 潘家华，魏后凯.城市蓝皮书·中国城市发展报告 NO.5：迈向城市时代的绿色繁荣（2012 版）[M].北京：社会科学文献出版社，2012.

值的城市文化遗产,为城市增添历史与现代交融的文化景观,避免城市文脉的中断。最后,文化创意产业的发展有助于塑造城市的高贵品质和独特魅力,提升城市文化软实力。文化创意产业可以"使城市文化转化为提升城市形象美誉度的重要载体……能让城市得以广为传播,并最终转化为城市文化资本"①,使城市具有更强的吸引力、凝聚力和影响力,进而提升城市的综合竞争力。

在全球经济形势日益严峻的情况下,作为发展中国家,我国经济发展由高速增长进入结构调整的"新常态"。马斯诺需求层次理论和国际经验均表明,社会基本物质需求得到满足后,随着收入的增加(当人均GDP超过5 000美元时),居民消费结构将转向以精神文化领域消费为主导,国民对文化的需求量会迅猛增加,出现文化消费剧增的现象。我国人均GDP自2011年首次超过5 000美元后,2017年达到了59 660元(折合超过8 800美元),表明我国文化消费已进入黄金时期,居民消费需求结构进入深度调整阶段。伴随着我国国民经济的持续稳定发展和居民收入水平的不断提升(如图1-2所示),人们对文化产品和服务的消费欲望日益强烈。国家发展改革委员会发布的《2017年中国居民消费发展报告》(简称《报告》)中指出,当前我国文化消费呈现出"消费层次由温饱型向全面小康型转变;消费形态由物质型向服务型转变;消费方式由线下向线上、线

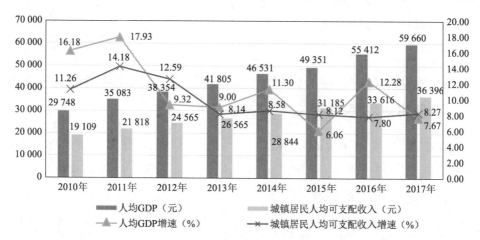

图1-2　2010—2017年我国人均GDP和城镇居民人均可支配收入

数据来源:相关年份《中国统计年鉴》,国家统计局网站。

---

① 理查德·弗罗里达.创意经济[M].方海萍,魏清江,译.北京:中国人民大学出版社,2006.

下融合转变;消费行为由从众模仿型向个性体验型转变"的特点。《报告》中关于文化消费发展情况的数据显示,2013—2016年,我国居民人均文化消费从576.7元增至800元,年均增长率为11.53%。其中,城镇人均文化消费从945.7元增至1 268.7元,年均增长率为10.27%;农村居民人均文化消费从174.8元增至251.8元,年均增长率为12.94%。文化消费在拉动我国经济增长的同时促进了社会整体消费结构的升级。

虽然我国文化消费的总量规模和人均水平在不断提升,但与美国、英国、日本等发达国家相比,仍存在着一定的差距。从2014年的数据来看,我国文化消费总量为3 418.01亿美元,仅为美国(12 913亿美元)的26.47%,而美国、英国和日本的人均文化消费量分别是4 067美元、3 337美元和2 383美元,分别是我国的15倍、12倍和9倍。据测算,我国文化消费潜在规模近5万亿元,但实际文化消费量仅约2万亿元,推进文化产业供给侧结构性改革的重要性日益凸显[①]。一方面,文化创意产业作为一种将文化创意与经济融为一体的新兴产业,其产品的有效供给恰能满足人们精神文化需求,必将成为释放居民文化消费潜力的有效途径;另一方面,长期积累的市场需求反过来又将推动文化创意产业的发展,使其成为拉动消费结构升级和经济增长新的亮点,进而促使消费结构由基础物质消费向精神文化消费转变,经济增长模式由"出口—投资"驱动向"内需—消费"驱动的转变。

1.1.3 文化创意产业是大运河文化带建设的重要抓手和沿线城市"创新驱动,转型发展"的有效途径

中国大运河由京杭大运河、隋唐大运河、浙东运河三部分构成,全长近3 200公里,开凿至今已有2 500多年,是中国古代创造的一项伟大工程,也是目前世界上距离最长、规模最大的运河。2014年6月,中国大运河入选世界文化遗产,标志着我国对大运河的保护与开发利用进入了一个新的阶段。大运河不只是物质遗存,更具有文化和精神的深刻内涵,其作为沟通我国北方政治中心与南方经济中心的通道和连接海上丝绸之路与陆上丝绸之路的纽带,在维护国家统一、繁荣地区经济、推动民族融合及促进文化交流等方面发挥了重要作用。大运河沿

---

① 李慧,刘坤.文化产品供给:巨额缺口如何补齐[N].光明日报,2016-06-16(14).

线文化遗产资源丰富,运河功能持续发挥,区域发展水平较高,但长期以来,大运河面临着遗产保护压力巨大、传承利用质量不高、资源环境形势严峻、生态空间挤占严重、合作机制亟待加强等突出问题和困难。2019年2月,中共中央办公厅、国务院办公厅印发了《大运河文化保护传承利用规划纲要》,标志着大运河文化带建设正式上升为国家战略。大运河文化带将"京津冀协调联动""长江经济带"和"一带一路"三大战略空间串联在一起,形成新的国家发展支撑的战略作用,体现了实现经济发展与文化遗产保护、生态环境建设有机协调的迫切需求,也是深化供给侧结构性改革,加快沿线地区经济转型升级发展的重要举措。

当前,大运河文化带建设正如火如荼地开展,而关于"建什么?如何建?"是摆在沿河城市面前亟待解决的现实问题。建设大运河文化带的根本要点在于改变以往单一的以经济、科技和生态等为主要价值取向的发展战略及格局。就其内涵而言,就是要以植根于大运河沿岸及其广阔的流域范围内的特色鲜明的大运河文化及其功能为内核和凝聚力,以保护、传承、利用为主线,以带状地理空间为载体,以沿线各个区域(城镇)为发展轴,以内外兼修、开放互通的经济社会发展为方向,建设一条集遗产与生态保护、经济与社会发展、文化与休闲游憩等多种功能于一体的带状区域文化经济系统。在以创新、创意、创造为核心的新经济背景下,文化创意引领产业发展业已成为21世纪区域经济发展和城市转型的动力源泉。文化创意引领的产业体系具有低消耗、高附加值等特点,不仅能够创造巨大的经济效益,还可以带动相关产业的发展,实现产业结构的优化和升级转型,进而实现区域绿色、协调和高质量发展,符合大运河文化带建设的目标和要义。

受产业生产过程特征和区位偏好影响,文化创意产业的发展能够不断重塑城市交流的方式和联系的强度,进而牵引个体城市在区域中功能、网络位阶等的改变,凭借创意衍生品价值链、价值提升模式,文化创意产业成为现代城市竞争力中文化软实力的重要指标之一,推动文化创意产业的发展有利于推进城市经济走上创新型驱动、跨越式发展的进程。20世纪90年代中期以来,优越的地理位置和低廉的生产成本及以制造业和外向型经济发展为主导等因素带来了苏州市经济的腾飞,使其快速跃居全国第七大城市经济体,与北京、上海、深圳等传统强市、区域性中心城市站在了同一水平线上。而今,在后工业化时代大背景下,苏州市进入经济和社会结构转型升级、增长动力和城市功能转换的关键历史时期,"创新驱动,转型发展"势在必行,这就意味着苏州市迫切需要以新的核心竞争优势——文化推动"工业经济"向"服务经济"、"劳力经济"向"智力经济"、"世界工厂"向"世界办公室"转型,进而打造现代服务经济高地和服务经济强市。同时,长江经济带、扬子江城市群、大运河文化带、长三角一体化等多个国家战略在苏州市的交汇,为其经济社会转型发展带来重大机遇的同时也提出了诸多挑战,使其不得不面对更为复杂而又激烈的城市竞争,这就意味着苏州市迫切需要在文化层面上与国家战略对接,从而找准自身的定位和着力点。

苏州市是我国首批历史文化名城之一和民族工业的源头城市,也是大运河沿线流经区域较多、遗产最丰富的城市之一,在大运河文化带全域产业发展、生态维护、高质量发展聚合力的形成等方面起着关键性作用。同时,作为我国经济发展最活跃、开放程度最高、创新能力最强的长三角区域的中心城市之一,丰富的历史文化资源和工业遗产以及坚实的经济基础使苏州市具备了发展文化创意产业的先天条件。2014年"全球创意城市网络"的成功加入更是为苏州市文化创意产业发展提供了重要的契机。现阶段,在大运河文化带建设的机遇和国家的政策支持下,深入挖掘本地运河的历史文化资源,充分发挥大运河的空间载体功能,并创新性地将其融入城市建设中,同时,依托上海建设科技创新中心带来的"雁阵效应"以及巨大的战略腹地市场,以文化创意和科技协同创新为导向,聚力创新发展,聚焦文化创意产业,成为苏州市实现"创新驱动,转型发展"的有效途径,也为打造大运河文化带"苏州样板"提供有力支撑。

1.2 研究意义

近年来,文化创意产业的迅速成长已经成为发达国家和地区经济发展的重要特征,以创意、创新、创造为核心的文化创意产业发展规模和水平正逐渐成为一国或地区综合竞争力强弱的重要标志之一。在各类政策与制度的促进下,我国文化创意产业在实践中迅猛发展,各省市,尤其是经济发达的城市纷纷将其作为经济发展的战略支柱性产业和城市转型发展的着力点,致力于打造创意城市,取得了较为显著的成果。以制造业立市的苏州市是我国经济发达的城市之一,经济实力与我国主要发达城市不相上下。在城市经济转型升级的现实需求下,苏州市文化创意产业发展步伐明显加快,发展态势较好,但与北京、上海等城市相比,在创意人才、发展载体和政策环境等方面仍存在着一定的差距。因此,本研究选择以大运河文化带重要节点城市之一的苏州市作为案例研究对象,对其文化创意产业发展状况进行全面分析,并着重分析该产业的空间分布和演化过程及其影响因素。这不仅有助于促进苏州市文化创意产业的发展、城市文化空间脉络的传承和城市空间结构的调整和优化,还可以为大运河文化带沿线及我国类似城市发展文化创意产业提供一定的参考,具有重要的理论价值和现实意义。

1.2.1　理论价值

源于西方发达国家的文化创意产业,在我国的发展仍处于探索阶段,同时,作为一种实践先行的新兴产业,西方理论应用于我国发展实际的本土化研究从总体上来说仍处于起步阶段。当前我国学者的研究主要集中在文化创意产业的内涵和特征、产业组织、创意阶层、发展模式和发展政策等方面,对产业空间问题已有涉及,但大多是从宏观产业集聚角度分析产业集聚发展的影响因素和机制,或从微观企业角度进行案例分析,尚未形成较为完善的系统性的研究框架和体系。

文化创意产业空间演化是产业演化在空间中的具体体现。本研究基于演化经济地理学的视角,采用动态演化分析方法,探讨城市尺度的文化创意产业空间格局演化过程、特征及其影响要素。在梳理和总结现有研究文献的基础上,提取并建立产业组织和产业空间的关联理论模型,将文化创意产业发展阶段的条件与产业空间分布一一对应,构建城市文化创意产业空间演化分析的理论框架;在梳理国内外具有代表性的创意指数指标体系的基础上,构建城市文化创意产业发展水平的影响因素理论模型,综合考虑城市文化创意产业发展的关键影响要素和发展实际,提出"城市文化创意指数"指标体系,并应用于案例城市文化创意产业发展水平的定量化测度和定性化分析中;通过分析不同细分行业类型的文化创意产业空间分布特征和空间演化过程,总结特定城市社会经济背景下的文化创意产业空间分布和演化规律及其影响机制的理论模式;在梳理现有单一角度分类的文化创意产业集聚发展模式的基础上,提出基于资源配置方式(政府、市场)和推动因素(资源、技术)的双维标准的分析矩阵,构建四种组合式文化创意产业集聚发展模式。本研究拟为相关问题的研究提供新的思路与方法,补充城市尺度的文化创意产业空间研究，进一步拓展文化创意产业的研究范围。

1.2.2 现实意义

任何经济活动都是在一定的地理空间生成和发展的。本研究根据文化创意产业的自身特点，从空间演化视角进行实证分析，将有助于更好地把握文化创意产业的本质特征和规律，为制定产业相关政策提供可靠依据，从而推动文化创意产业在我国的本土化进程，提升我国文化软实力和国际竞争力。作为集文化和科技、知识和创新于一体的新兴产业，文化创意产业具有区别于传统产业发展的特殊性和规律性，同时还具有区域（城市）发展的异质性。当前国内学者多选择以北京、上海等文化创意产业起步较早、发展相对较好的大城市作为文化创意产业的案例研究对象，而对大运河文化带区域及其沿线城市的研究较少，研究内容也较为分散，且定性分析居多。

本研究对具有一定代表性的苏州市的文化创意产业发展条件、现状和特征进行分析，并着重研究该市文化创意产业空间问题，旨在明确文化创意产业空间集聚发展过程中的各个影响因素及其作用，这将有助于从多个角度改进和提升城市文化创意产业的发展水平和竞争水平，既能弥补当前城市尺度的文化创意产业空间演化与个案研究的不足，又能为苏州市文化创意产业集聚发展政策的制定提供一定的依据，并可为类似城市发展文化创意产业提供一定的参考。此外，本研究基于不同细分行业类型的文化创意产业空间演化研究，将有助于全面揭示文化创意产业空间演化特征和集聚机制，为城市文化创意产业集聚区的选址布局及文化创意产业发展的空间引导提供一定的依据。以上研究内容对于促进大运河文化带乃至我国城市文化创意产业可持续发展，推动城市转型发展及城市空间功能重构具有一定的现实意义。

1.3 研究内容、方法和技术路线

1.3.1 研究内容

本研究拟从一般到具体、从理论到实践、从外围到内核，对城市文化创意产业发展及空间问题进行系统、全面的分析。具体研究内容从两个角度展开：一是理论基础。通过梳理和总结国内外文化创意产业发展的相关理论,并在继承的基础上力图补充和创新文化创意产业空间演化方面的研究,对城市尺度的文化创意产业发展机理和空间演化规律进行解释,设计出一条共性与个性相结合、具有较强可行性的研究思路。二是实证分析。选取苏州市作为案例研究对象,通过建立数理模型,评价和分析该市文化创意产业的发展现状和空间分布特征,并基于细分行业类型,运用空间计量经济学的理论和方法对苏州市该产业空间演化过程进行具体分析。研究的主要内容包括:

(1) 理论框架的构建。系统梳理当前国内外文化创意产业相关理论和研究成果,总结文化创意产业发展、产业空间集聚影响因素及其作用机制,在此基础上,从产业组织和产业空间两个角度对文化创意产业发展及其演化规律进行理论归纳和研究,提出产业组织和产业空间演化的相互作用机制,以此构建本文研究的理论框架。

(2) 苏州市文化创意产业发展条件及其空间特征描述。总结苏州市文化创意产业发展的资源和空间条件,为分析苏州市文化创意产业发展现状及其主要影响因素奠定基础。

(3) 苏州市文化创意产业发展现状和特征分析。采用与典型城市比较和实证分析的方法对苏州市文化创意产业发展水平进行综合评价,并从产业规模、产业结构、产业空间分布、产品消费和产业园区等方面总结该市文化创意产业发展的特征。

(4) 苏州市文化创意产业空间分布特征及空间演化过程分析。在对苏州市文化创意产业发展条件、现状和特征分析的基础上,分析总结苏州市文化创意产业空间分布的主要特征。文化创意产业门类繁多、纷繁复杂,因此,本文具体分析不同门类的文化创意产业的空间分布状况,既为下文的研究提供依据,也为今后的研究提供更广阔的视角。进一步选取广告会展业、建筑设计业、影视制作业和动漫游戏业四个细分行业类型的文化创意产业,对苏州市文化创意产业空间格局演化过程及其主要影响因素进行分析。

(5) 苏州市文化创意产业发展思路与对策研究。根据上述研究和分析的主要结论,总结苏州市文化创意产业发展过程中存在的主要问题,基于国内外典型国家和城市产业发展的实践经验和启示,从文化创意产业空间集聚发展的视角提出促进苏州市文化创意产业发展的思路与对策。

1.3.2 研究方法

文化创意产业的研究具有多学科交叉的特点。本研究在综合运用区域经济学、产业经济学、经济地理学、城市经济学等学科的经典理论和方法的基础上,主要采用演化经济地理学的一般研究思路,以"现状描述—机理分析—理论回归"为主线,结合各种规范研究方法,对苏州市文化创意产业发展及空间演化问题进行研究。具体方法包括:

(1) 文献检索与归纳总结相结合。通过文献检索,对国内外相关理论和研究成果进行梳理、归纳和总结,并基于产业组织理论和产业演化理论整合提炼出文化创意产业发展及空间演化的理论框架。在此基础上,以苏州市为案例研究对象进行实证分析,从而补充和完善城市文化创意产业发展及空间演化的研究内容体系。

(2) 数理建模和空间分析相结合。本文的基本视角是将文化创意产业嵌入城市发展的空间关系中。因此,从时间序列和空间单元构建数理模型,并借助SPSS数理统计软件,综合运用 Arc GIS、Geo DA 等空间分析软件,对苏州市文化创意产业发展现状、特征及其空间格局演化过程进行综合评价与分析。

(3) 统计数据资料和实地调研相结合。收集和整理统计数据资料,并针对部分统计数据缺失的客观问题,对苏州市,尤其是该市文化创意产业发展的典型地区进行实地调研,为相关问题的定性分析和定量研究提供数据支撑。

(4) 纵向比较和横向比较相结合。为了增强理论与实证研究的科学性,本文采用了比较分析的方法。通过国内外典型城市文化创意产业集聚发展模式的比较,区分和解释文化创意产业空间集聚中一般和特殊现象;通过将苏州市与其所在长三角区域内的典型城市进行横向比较,对苏州市文化创意产业发展水平进行评价与分析,总结苏州市文化创意产业发展的特征;通过对 2012—2017 年间苏州市不同细分行业类型文化创意产业空间分布格局演化过程的纵、横向比较分析,总结该市文化创意空间演化特征及主要影响因素。

1.3.3 研究的技术路线

总体来说,本研究主要采用演化经济地理学的一般研究思路,综合运用各种规范研究方法,以定量和定性相结合的方法对苏州市文化创意产业空间相关问题进行测度、评价与分析,一定程度上保证了研究结论的客观性、准确性和可靠性,使其在应用于城市文化创意产业发展的实践时更具指导意义。基于上述研究内容和方法,本研究构建的技术路线如图 1-3 所示。

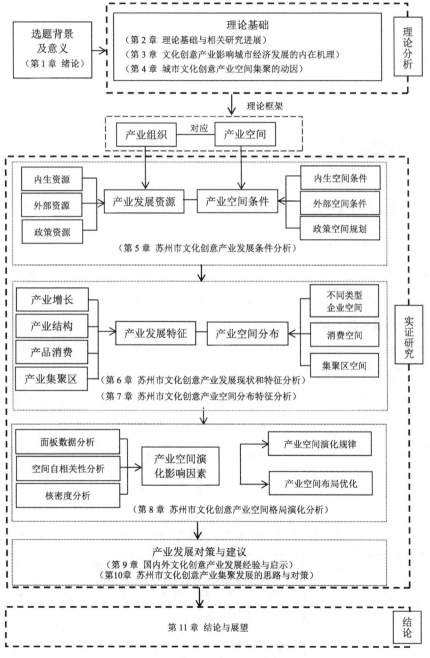

图 1-3　研究内容和技术路线图

第 2 章
理论基础与相关研究进展

2.1 理论基础

2.1.1 演化经济地理学理论

20世纪80年代以来,伴随着信息技术的飞速发展和知识经济时代的到来,经济地理学研究出现了三次转向(如表2-1所示):一是"经济学的地理转向"——以克鲁格曼为代表的经济学家创立的新古典经济地理学(New Economic Geography),其主要观点是生产要素的不同流向导致经济活动空间的非均衡分布;二是"地理学的文化—制度转向"——由地理学背景的学者主导的制度经济地理学(Institutional Economic Geography),其基本主张是区际制度差异导致空间上不均衡的经济分布(Martin);三是"经济地理学的演化主义转向"——由欧洲经济地理学者主导的演化经济地理学(Evolutionary Economic Geography),其基本分析框架借鉴了演化经济学的主要理论和方法,认为经济活动是时空维度上的演化过程,经济活动空间的不均衡分布主要受历史过程的影响。

表 2-1 新古典经济地理学、制度经济地理学和演化经济地理学的比较

主要议题	分析方法	核心假设	对时间的认知	对空间的认知
新古典经济地理学	演绎 建模 实证研究	完全理性 有代表性的行为主体 不完全竞争 规模报酬递增 效用最大化	均衡分析 从微观到宏观	中性空间 均质空间 运费

(续表)

主要议题	分析方法	核心假设	对时间的认知	对空间的认知
制度经济地理学	归纳 定性解释 案例分析	有限理性 异质行为主体 完全/不完全竞争 受制度的影响 宏观联系 次优结果	静态分析 从宏观到微观	真实空间 异质空间 空间依赖
演化经济地理学	综合以上	有限理性 异质行为主体 完全/不完全竞争 受惯例的影响 微观联系	演化分析 微观到中观到宏观	中性空间 从均质空间到异质空间 路径依赖

资料来源：根据参考文献①绘制。

荷兰乌德勒支大学地理学院的博西玛(Boschma R.A.)和兰布伊(Lambooy J.G.)于1999年合作发表《演化经济学与经济地理》一文以来，经过理论探索和系统整理阶段，演化经济地理学已成为近年来国际学术界持续升温的研究领域，目前已初步形成了由理论来源、基本主张和研究对象层面及主要问题等构成的理论框架体系(如图2-1所示)。

与传统经济地理学关注企业增长空间轨迹或是如何整合结构以提高组织绩效不同，演化经济地理学将微观(企业)和宏观(结构)结合起来分析两者的动态互动，主张从企业出发研究产业和区域问题，在强调历史重要性的同时坚持空间特质性。

在企业层面上，演化经济地理学从时、空两个维度分析具有有限理性的企业的动态变化过程，认为在企业的发展历史过程中通过"干中学(learning-by-doing)"逐渐积累的"缄默知识(tacit knowledge)"形成了企业的惯常组织程序，经济景观的变化过程则是有利于创新和模仿的地理临近性和不同的空间选择模式共同作用的结果②。企业区位的空间变化(新企业的进入、现有企业的退出和

---

① Boschma R A, Frenken K.为何经济地理学不是演化科学？——走向演化经济地理学[J].包卿,译.演化与创新经济学评论,2015(01):1-25.
② Boschma R A, Lambooy J G. Evolutionary economics and economic geography[J]. Journal of Evolutionary Economics，1999，9(04):411-429.

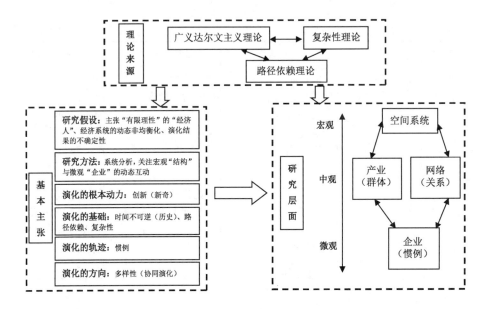

图 2-1　演化经济地理学的理论框架体系

资料来源：根据参考文献①②绘制。

迁移)不仅取决于地区间的产品价格差异或制度差异，还取决于特定的历史因素，这也是产业集聚在一些地区得以存在的原因。

在中观产业层面上，演化经济地理学主要利用阿瑟（Arthur）的衍生动力模型和集聚动力模型分析产业的动态演化过程，即产业随时间的空间集聚或扩散过程。在衍生模型中，产业的形成是通过知识溢出效应由企业不断派生新企业的连续过程，这一过程对产业空间集聚产生了重要影响③。史蒂文·克莱伯（Steven Klepper）基于五个关键性假设将其拓展到产业生命周期模型中，认为企业惯常组织程序的异质性和不均匀分布影响产业的空间分布，而产业的空间集聚则是地方化知识历史累积的结果，是一个自我增强的过程④。集聚动力模型

---

① Boschma R A, Frenken K. The spatial evolution of innovation networks: a proximity perspective [M]//Boschma R A, Martin R. The handbook of evolutionary economic geography. Cheltenham: Edward Elgar, 2010: 120-138.

② Boschma R A, Frenken K. Why is economic geography not an evolutionary science? towards an evolutionary economic geography[J]. Journal of Economic Geography, 2006, 6(03): 273-302.

③ Arthur W. Increasing returns and path dependence in the economy [M]. Ann Arbor, MI: University of Michigan Press, 1994.

④ Klepper S. Firm survival and the evolution of oligopoly [J]. The RAND Journal of Economics, 2002, 33(01): 37.

从有限理性的角度解释企业的区位偏好,假定新企业是建立在原有企业区位之上,则吸引企业数量达到并超过某一"临界值"的区域是经济活动的聚集中心。结合产业生命周期理论来看,伴随着区域某一产业的逐渐成熟和企业间竞争的加剧,该产业成为夕阳产业,同时由于新技术的发展(创新)而产生的新兴产业在遗传性和路径依赖等作用下将重新集聚在该区域,从而可以解释产业的动态演化过程。另外,演化经济地理学还将社会网络作为知识溢出的重要载体,借助社会网络分析方法,认为包括地理、认知、组织、制度和社会在内的企业邻近性是影响产业集聚区知识网络演化的重要因素[1]。集聚区内的企业由于彼此邻近从而建立起网络联系,进一步促进知识的流动。但多种邻近性的共同作用可能会导致网络演化的路径依赖,产生本地网络的锁定[2]。因此,集聚区需要同外部不断建立新的知识联系,将"本地蜂鸣"与"全球通道"相结合,形成内外互动的网络[3]。

包括城市、区域和国家在内的空间系统是演化经济地理学研究的最大尺度,其中多样化和区域经济增长之间的关系是其研究的热点之一。这种关系主要表现为三类:一是多样性、知识溢出和区域增长的关系,称之为"新增长理论",主要研究产业间的知识溢出,即"雅各布斯外部性(Jacobs externality)";二是区域如何通过多样化的投资组合来避免或减少外部不确定性带来的风险,从而保证区域不会出现衰退;三是多样性对经济系统的长期影响,即一个经济系统若不能发展出多样性,那么将面临结构性的冗余和失业,从而导致经济发展的停滞,而新技术和新产业的形成则是吸纳现有冗余人员的途径[4]。

演化经济地理学建立了一个更加系统的路径依赖理论[5]。路径依赖是系统演化依赖于其历史上形成的发展路径,它不仅是一种状态,也是一种过程[6]。某

---

[1] Boschma R A, Frenken K. The spatial evolution of innovation networks: a proximity perspective[M]//Boschma R A, Martin R. The handbook of evolutionary economic geography. Cheltenham: Edward Elgar, 2010: 120-138.

[2] Boschma R A. Proximity and innovation: a critical assessment [J]. Regional Studies, 2005, 39(01): 61-74.

[3] Bathelt H, Malmberg A, Maskell P. Clusters and knowledge: local buzz, global pipelines and the process of knowledge creation [J]. Progress in Human Geography, 2004, 28(01): 31-56.

[4] Saviotti P P, Pyka A. Economic development, variety and employment [J]. Revue Économique, 2004, 55(06): 1023-1049.

[5] Essletzbichler J, Rigby D L. Technological evolution as creative destruction of process heterogeneity: Evidence from US plant-level data [J]. Economic Systems Research, 2005, 17(1): 25-45.

[6] Martin R, Sunley P. Path Dependence and regional economic evolution [J]. Journal of Economic Geography, 2006, 64(04): 395-437.

一区域原有的经济和技术结构、知识、能力以及环境为新路径的出现提供了可能性和条件，而当某一产业发展到"特定规模"后便会产生自我催化的网络正外部性，使其进入路径领域模式，而一旦超过这个"特定规模"则使路径依赖进入两种状态(如图2-2所示)：一是沿着原有路径发展，专业性增强的同时，知识异质性、组织结构与行为惯例趋于减弱和僵化，使得该产业停滞和衰退；二是在内生转换、累积与整合效应的作用下，通过渐进式的适应、更新或变异，使得该产业进入新的增长路径①②。因此，区域产业的空间集聚不仅是产业演化过程的结果，同时也影响着产业的进一步演化过程。

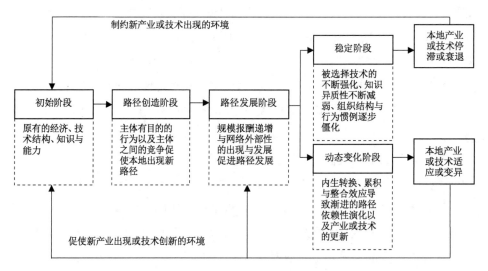

图 2-2 区域产业演化的路径依赖模型

资料来源：根据参考文献③自制。

2.1.2 产业生命周期理论

产业生命周期理论由产品生命周期理论扩展而来，是建立在实证基础上的现代产业经济学的重要分支之一。20世纪70年代，美国学者William J.

---

① Martin R. Rethinking regional path dependence：from lock-in to evolution [J]. Economic Geography, 2010, 86(01)：1-27.
② 安虎森，季赛卫.演化经济地理学理论研究进展[J].学习与实践，2014(07)：5-18.
③ Martin R, Sunley P. Path dependence and regional economic evolution [J]. Journal of Economic Geography, 2006, 6(04)：395-437.

Abernath 和 James M. Utterback 的研究开启了对产业生命周期的探索。他们基于产品生命周期理论,在对多个行业的产品和工艺创新、组织结构随时间的发展及其对产业演化影响的考察后提出了产业创新动态过程模型,即传统的 A-U 模型。Gort 和 Klepper 通过分析 46 种产品的销售、价格和产量的时间序列数据,根据厂商数目的变化将产业生命周期划分为"引入—大量进入—稳定—大量退出—成熟"五个阶段[①],建立了产业经济学意义上第一个产业生命周期模型,即 G-K 模型,并以厂商净进出率作为判断产业生命周期阶段的基础指标。Klepper 和 Graddy 通过加入技术内生化的分析维度对 G-K 模型进行了修正,强调过程创新引起的成本竞争效应和技术因素对产业演化影响,建立了以"创新增加—成本下降—收益降低—进入减少"为主线的产业生命周期理论,并将产业生命周期划分为"成长—淘汰—稳定"三个阶段[②]。Agarwal 和 Gort 进一步发展了 G-K 模型,认为厂商存活受产业和厂商特性的影响,不同阶段厂商群的当期存活情况组合构成了厂商的分布[③]。Klepper 以技术内生思想为基础,运用 Agarwal 和 Gort 厂商存活和分布研究方法,将研究对象锁定为寡头市场的形成,提出了技术效率存活的寡头进化理论,为实证产业经济学研究提供了新的视角[④]。Cusumano、Kahl 和 Suarez 将产业生命周期扩展到服务业领域,提出了"产品创新—工艺创新——服务创新"三个阶段的服务产业演化过程[⑤]。

理论和实证研究表明,对于任何产业而言,尽管产业自身的特性使得各产业的成长历程不尽相同,但总体上表现为一种类似"S"形的成长轨迹,产业的发展一般都会经历形成、成长、成熟和衰退四个阶段(如图 2-3 所示),且在技术进步和经济发展的作用下,产业发展具有"衰"而不"亡"的特点[⑥]。

---

① Gort M, Klepper S. Time paths in the diffusion of product innovations [J]. The Economic Journal,1982,92(367):630-653.
② Klepper S, Graddy E. The evolution of new industries and the determinants of market structure [J]. The RAND Journal of Economics,1990,21(01):27-44.
③ Agarwal R, Gort M. The evolution of markets and entry, exit and survival of firms [J]. The Review of Economics and Statistics,1996,78(03):489-498.
④ Klepper S. Firm survival and the evolution of oligopoly [J]. The RAND Journal of Economics, 2002,33(01):37-61.
⑤ Cusumano M, Suarez F. Kahl S, Product, process, and service:a new industry life cycle model [M]. MIT Working Paper,2007:228.
⑥ 金丽娟.信息资源产业生命周期模型与发展趋势研究[D].北京:北京邮电大学,2012.

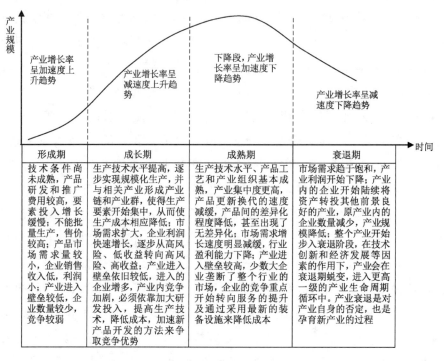

图 2-3　产业生命周期的基本形态和阶段性特征
资料来源：笔者自制。

2.1.3　产业空间集聚理论

产业集聚是经济增长过程中一种特定的空间现象。对产业空间集聚现象的研究最初始于马歇尔的产业区理论[①]和韦伯的工业区位理论[②]。20 世纪 70 年代末，巴卡蒂尼（Becattini）针对意大利中部和东北部的"第三意大利"中小企业集聚现象提出了"新产业区"这一概念，随后产生了由以 Piore 和 Sabel 为代表的"弹性专业化学派"、以 Scott 和 Storper 为代表的"新产业空间学派"以及以欧洲创新环境研究小组（GREMI）为代表的"创新环境学派"构成的新产业区（New Industrial Districts）理论。20 世纪 90 年代，迈克尔·波特（Porter）在其《国家竞争优势》一书中正式提出"产业集群（Industrial Cluster）"的概念，并将其纳入竞争优势的分析框架，提出了新竞争经济理论。

---

① Marshall A. Industry and trade [M]. London：Macmillan，1919.
② 阿尔弗雷德·韦伯.工业区位论[M].李刚剑,陈志人,张英保,译.北京:商务印书馆,1997.

表 2-2　产业空间集聚理论的发展脉络

概　念	代表人物	理　论	核心思想
产业区	Marshall(1890,1919)	产业区理论	产业集聚所产生的专业化效应、劳动力池效应、知识溢出效应等外部经济优势
产业集聚	Weber(1909)	工业区位理论	
新产业区	Becattini(1978)	新产业区理论	中小企业集聚的竞争优势和柔性专业化分工形式
产业集群	Porter(1990,1998)	产业集群理论	区域竞争优势由高度本地化过程所创造

资料来源：根据参考文献①②③整理。

针对中小企业在特定地区集聚的现象，传统产业区理论主要从集聚的外部经济性解释了企业集聚的原因，而新产业区理论则从企业与其所处的社会环境之间的互动关系入手，认为柔性专业化生产、集聚经济和创新网络是产业集聚形成与发展的根本原因，并将其发展模式概括为"弹性专精（Flexible Specialization）"。波特的产业集群理论研究结合其对国家竞争优势而展开，他认为产业集群是指"在特定区域中，具有竞争与合作关系，且在地理上集中，有交互关联性的企业、专业化供应商、服务供应商、金融机构、相关产业的厂商及其他相关机构（如大学、中介机构、行业协会等）等组成的群体"，并基于竞争优势（由组织变革、价值链、经济效率和柔性所创造）分析了产业集群的形成机理和价值，提出了著名的"钻石体系"④。

20世纪90年代以来，以保罗·克鲁格曼为代表的新经济地理学理论在不完全竞争和规模报酬递增的前提下，用规范的数学模型分析了由企业规模经济、市场外部经济、交易运输成本等相互作用所决定的产业集群动态过程。克鲁格曼建立了"中心—外围"模型，用动态思想解释了经济产业集聚与地理空间集聚的相互促进关系，将经济活动空间聚集的动力机制总结为报酬递增、空间聚集和路径依赖。他认为，历史偶然事件产生的区域初始优势导致了企业的集中，企业的集中和专业化所带来的外部经济规模收益和运输成本节约是产业空间集聚的"向心力"，并在路径依赖作用下经由"锁定"和"累积"效应

---

① 王缉慈,等.超越集群：中国产业集群的理论探索[M].北京：科学出版社,2010：34.
② 贺灿飞,郭琪,马妍,等.西方经济地理学研究进展[J].地理学报,2014,69(08)：1207-1223.
③ 罗胤晨,谷人旭,王春萌.经济地理学视角下西方产业集群研究的演进及其新动向[J].世界地理研究,2016,25(06)：96-108.
④ 迈克尔·波特.国家竞争优势[M].李明轩,邱如美,译.北京：华夏出版社,2002.

形成"中心—外围"式空间结构,致使区域发展的不均衡性增强。但在生产要素的不可移动性、集聚的外部不经济和极差地租等因素的影响下,产业集聚也会存在"离心力"[①]。因此,产业集聚是在向心力与离心力的相互作用下形成发展的。基于以上理论,学者们通过建模的方式对产业空间集聚形成和发展的动力机制进行研究,产生了弹性专精模型、集体效率模型和钻石模型三大传统模型(如表2-3所示)。

表2-3 传统的产业集聚动力机制研究模型比较

模 型	弹性专精模型	集体效率模型	钻石模型
提出者	Piore & Sabel,1984	Schmitz,1995	Poter,2002
模型描述	产品特征、细分市场、具有适应性机制的范围经济、多技能员工、产品创新和对客户需求的快速反应	正外部性:市场进入、劳动聚集、技术外溢等;企业联合行动的二维性:合作企业(双方和多方之间的合作)、合作方向(水平和垂直方向);动态合作和制度	四个决定因子:企业战略、结构和竞争对手、需求条件、相关支持产业;两个影响因素:机会和政府
动力机制	灵活性、规模经济、创新和产品差异化	外部性、联合行动	四个决定因子的共同作用
目标	价值创造、专精、动态演进	成本效率、风险、专精、静态性	价值创新、整体性、目标性

资料来源:根据参考文献[②]整理。

2.2 文化创意产业相关研究进展

2.2.1 文化创意产业与城市经济发展关系的研究

彼得·霍尔(Peter Hall)最早提出了"创意城市"的概念,将文化创意产业与经济发展,尤其是城市经济发展直接联系起来。他从理论和实践两个层面探讨了城市发展与创新能力、文化创造力、社会活力以及城市秩序等核心问题之间的

---

① 藤田昌久,保罗·克鲁格曼,安东尼·J·维纳布尔斯.空间经济学——城市、区域与国际贸易[M].梁琦,主译.北京:中国人民大学出版社,2005.
② David N, Cornelia L M, Droge A. Diamond for the poor? assessing porter's diamond model for the analysis of agro-food clusters in the developing countries [R]. World Food and Agribusiness Symposium, Sydney, 2001.

复杂关系,指出创意是城市发展的核心因素,并从创新角度将西方城市历史划分技术—生产创新、文化—智能创新和文化—技术创新三个阶段[1]。查尔斯·兰德利(Charles Landry)对创意城市概念进行了系统的阐述,认为文化资本是创意城市得以发展的基本条件,创意则是城市发展的根本动力,并列举了创意城市的七个组成要素,提出9项指标用来评估城市的活力与生命力[2]。莫玛斯(Mommaas)认为通过采取一些策略方法培育创意环境,可以促进创意城市的形成[3]。艾伦·斯科特(Allen J. Scott)指出应在新经济背景下探索创意城市与技术、生产结构、劳动力市场和区位集聚动力之间的联系,他分析了创意城市经济系统的结构,并认为创意产业的兴起与发展对应于城市经济发展水平[4][5][6]。贾斯汀·奥康纳(Justin O'Conner)分析指出创意渗透到各个行业从而带动了创意产业的发展,而创意城市的发展有助于城市竞争力的提高[7]。在对创意城市影响要素的研究中,"创意管理大师"理查德·佛罗里达(Richard Florida)提出的"创意阶层"概念和"3Ts模型"为提升城市竞争力提供了新的理论支撑。他认为创意阶层是美国社会除农业、工业和服务业阶层的第四个职业群体,其职责是创造新观念、新技术和新内容,包括了"'超级创意核心(super-creative core)'和创新性专业人才",并认为"创意人才""创意技术"和"城市文化的包容"是影响创意城市发展的三个核心要素[8]。在佛罗里达研究的基础上,配克(Peck)认为人的力量,尤其是创意人才是城市经济发展的主要驱动力[9]。格特·霍斯珀斯(Gert

---

[1] Hall P. Cities in civilization: culture, innovation, and urban order[M]. New York: Pantheon, 1998.

[2] 查尔斯·兰德利.创意城市:如何打造都市创意生活圈[M].杨幼兰,译.北京:清华大学出版社,2009.

[3] Mommaas H. Cultural clusters and the post-industrial city: towards the remapping of urban cultural policy [J]. Urban Studies,2004,41(03): 507-532.

[4] Scott A J. Entrepreneurship, innovation and industrial development: geography and the creative field revisited [J]. Small Business Economics,2006,26(1): 1-24.

[5] Scott A J. Creative cities: conceptual issues and policy questions [J]. Journal of Urban Affairs, 2006,28(01): 1-17.

[6] Scott A J.创意城市:概念问题和政策审视[J].汤茂林,译.现代城市研究,2007(02): 66-77.

[7] O'Conner J. Art, popular culture and cultural policy: variations on a theme of John Carey [J]. Critical Quarterly, 2006, 48(04): 49-104.

[8] Florida R. The rise of the creative class: and how it's transforming work, leisure, community and everyday Life [M]. New York: Basic Books, 2002.

[9] Peck J. Struggling with the creative class [J]. International Journal of Urban and Regional Research, 2005, 29(4): 740-770.

J. Hospers)则指出集中性、多样性和非稳定状态是创意城市形成过程中的三个重要因素,并将创意城市分为技术创新型、文化智力型、文化技术型、技术组织型四种类型①。

厉无畏认为文化创意产业是我国经济发展的新引擎,提出了通过"资源转化""价值提升""结构优化"和"市场扩张"四种模式来实现文化创意产业促进经济增长方式的转变②,"旧区改造,城市更新""资源开发,文化演绎"和"旗舰项目,综合运作"则是实现文化创意产业推动城市创新驱动和转型发展的三条可行性路径③。荣跃明从创意产业与文化产业、城市复兴、新技术的关系等角度论述了创意产业形成与发展的历程,认为创意产业与城市复兴相联系,在产业结构调整和产业内部结构的优化升级中起到突出的作用④。郑洪涛通过构建文化创意产业与区域经济发展关联互动的分析框架,从区域产业结构高级化、区域竞争力提升和文化创意产业空间集聚三个方面揭示了二者之间的关系,为中国各区域发展文化创意产业提供基本思路和改革视角⑤。陈伟雄和张华荣认为,文化创意产业的发展可以为城市创造新的经济增长点,优化产业结构,缓解就业压力以及促进城市可持续发展和提升城市竞争力,而城市竞争力的增强又为文化创意产业发展提供技术支撑、人才资源和便利环境等优势条件⑥。张望利用我国 31 个省、市和自治区 2005—2009 年的经济数据,运用数据包络分析方法,对区域经济成长和文化创意产业相互影响、相互依存的程度进行了实证研究,结果表明,创意氛围、创意人才、城市化水平、公共产品供给是决定文化创意产业与区域经济增长之间耦合效率大小的重要因素⑦。张丽峰和丁于思对北京市文化创意产业及其内部行业与经济增长关联度进行了测算,结果显示,北京市文化创意产业对经济增长影响较大,但其内部发展不平衡。其中,旅游、休闲娱乐对 GDP 影响

---

① Hospers G J. Creative cities in europe: urban competitiveness in the knowledge economy [J]. Inter-economic, 2003, 38(05): 260-269.
② 厉无畏,王慧敏.创意产业促进经济增长方式转变——机理·模式·路径[J].中国工业经济,2006(11):5-13.
③ 厉无畏.文化创意产业推进城市实现创新驱动和转型发展[J].科学发展,2014(02):5-10.
④ 荣跃明.超越文化产业:创意产业的本质与特征[J].毛泽东邓小平理论研究,2004(05):18-24.
⑤ 郑洪涛.基于区域视角的文化创意产业发展研究[D].开封:河南大学,2008.
⑥ 陈伟雄,张华荣.文化创意产业与城市竞争力的相互作用机理分析——以上海市为例[J].江苏工业学院学报,2009,10(03):30-34.
⑦ 张望.中国文化创意产业发展模式研究[D].南京:南京大学,2011.

最大;文化艺术和设计服务与 GDP 有较高关联,但这 3 个行业占 GDP 比重偏低;广告会展与 GDP 关联较小,但占 GDP 比重较高,发展比较充分;艺术品交易与 GDP 关联最小,占 GDP 比重最低,提升空间较大①。

国内外相关研究表明:创意和创新部门是 21 世纪社会和经济变革的主要推动力②;文化创意产业不仅是新的经济增长点,还是创新程度最高的产业部门,通过提供智力资源使相关产业焕发创新活力,使区域的整体创新水平和氛围得以提升,对城市经济和社会具有正的外部性③;作为知识经济增长阶段的一种新的经济增长模式,文化创意产业正以其"创新和创造力"的核心优势成为我国城市经济发展的新增长点和助推器④。

2.2.2 文化创意产业组织研究

文化创意企业是文化创意产业的微观主体,从事依赖人力资本,以项目形式组建企业网络并创造财富的艺术经济活动,具有及时性和临时性的特征⑤。Lash 和 Urry 指出临时性的企业组织大多从事与文化、艺术创意相关的经济活动类型⑥。有学者将好莱坞创意企业的特征概括为"单位任务分包(package-unit system)""实时型企业(just-in-time company)"和"复杂而难以预测的合同制(complex contingency contracting)"⑦⑧。Tim Rowse 认为随意化、自主经营、项目导向是创意企业的标志性特征⑨。"项目性""实时性"和"不确定性"是文化创意企业区别于传统企业类型的生产组织特征。

---

① 张丽峰,丁于思.北京文化创意产业与经济增长关系研究[J].科技管理研究,2015,35(10):73-77.
② 约翰·哈特利.创意产业读本[M].曹书乐,包建女,李慧,译.北京:清华大学出版社,2007.
③ Potts J, Cunningham S. Four models of the creative industries [J]. International Journal of Cultural Policy, 2008, 14(03): 233-247.
④ 李茂民.文化创意产业与经济增长模式转变[J].经济研究导刊,2010(06):151-152.
⑤ Howkins J. The creative economy: how people make money from ideas[M]. London: Penguin Global, 2002.
⑥ Lash S, Urry J. Economies of signs and space[M]. London: Sage publications, 1994.
⑦ Bordwell D, Staiger J, Thompson K. The classical hollywood cinema: film style and mode of production to 1960 [M]. New York: Columbia University Press, 1985.
⑧ Cave R. Creative industries: contracts between art and commerce[M]. Cambridge: Harvard University Press, 2000.
⑨ Rowse T. Towards a history of indigenous statistics in australia[M]//Hunter B H. Assessing the evidence on indigenous socioeconomic outcomes: a focus on the 2002 NATSISS. ANUE Press, 2006: 1-10.

Scott 基于产业分工理论角度,认为娱乐产业倾向于垂直非一体化的分工,大型公司在融资、制作和最终产品的销售中占有重要地位,但他们将大部分电影、电视节目、音乐唱片和多媒体产品等实际制作工作转包给独立公司,这些专业生产商集合在各种交易、项目和销售构成的复杂网络之中。Grabher 认为文化创意产业围绕项目展开其生产活动,提出了文化创意产业的项目生态是由核心团队、公司、认知社群、个人网络等不同层级构成的[1]。Blair 等人和 Sydow 等人基于案例研究阐述了文化创意产业合同、项目组和项目网络的工作模式,认为地理集聚有利于文化创意产业的发展[2][3]。"弹性专精"的生产方式,即运用灵活通用的设备和适应性强的熟练劳动力面向客户进行生产和服务也是文化创意产业的最重要的特征之一。通过众多小型专业性公司的分工,并以垂直分离、网络化组织进行生产,小型化、扁平化、个体化和灵活化是文化创意企业的显著特点,而"少量的大企业,大量的小企业"则是文化创意产业领域的普遍现象[4]。

2.2.3 文化创意产业空间集聚研究

1982 年,Zukin 对 SOHO 地区艺术家进驻阁楼居住而形成的特殊艺术区进行了专门的论述,认为"阁楼"文化现象对城市文化和资本造成了重大改变[5]。20 世纪 90 年代末,随着新经济时代的到来,各国关于文化对经济发展作用的关注,使得 SOHO 成功发展模式引起了社会的重视,形成了文化创意产业集聚的研究热潮,研究内容主要集中在文化创意产业空间集聚机制和效应以及与城市经济发展和城市再生关系等方面。

艾伦·斯科特(Allen J. Scott)强调文化经济要素与地理环境的聚合动因与地区性的发展特性[6],提出了"创意域"的概念,并探讨了不同类别文化创意产业

---

[1] Grabher G. Cool Projects, boring institutes: temporary collaboration in social context [J]. Regional Studies, 2002, 36(03): 205-214.

[2] Blair H, Grey S, Randle K. Working in Film-employment in a project based industry [J]. Personnel Review, 2001, 30(02): 170-185.

[3] Sydow J, Staber U. The institutional embeddedness of project networks: the case of content production in german television [J]. Regional Studies, 2002, 36(03): 215-227.

[4] 王缉慈,等.创新的空间:企业集群与区域发展[M].北京:北京大学出版社,2001.

[5] 阮仪三,张松.产业遗产保护推动都市文化产业发展——上海文化产业区面临的困境与机遇[J].城市规划汇刊,2004(04):53-57.

[6] Scott A J. The cultural economy of cities [J]. International Journal of Urban and Regional Research, 1997, 21(2): 323-339.

空间集聚及其对城市经济竞争力的强化作用[1]。理查德·佛罗里达(Richard Florida)认为创意阶层在区域的聚集分布形成了区域创造财富与价值的"决定性竞争优势",也是创意产业空间聚集的主要动因[2]。英国 NESTA 在其《创意增长——英国如何发展起世界水平的创意经济》的研究报告中指出,文化创意产业集聚发展的四大主体是政府的协调与服务机构、企业、大学和研究机构、中介服务机构,它们的组合有利于催生各种创新活动和促进研发成果转化[3],并认为创意群落是文化创意产业发展的空间表达。德雷克·韦恩(Drake)提出了"文化园区(cultural quarters)"的概念并用于解释文化创意产业的集聚现象。他认为,文化园区的特色是将城市的文化与娱乐设施以最集约的方式集中在特定的地理区位内,而这种地理集中是文化生产与消费以及工作、休闲、居住等多项使用功能的结合。文化创意产业的结块是提高创新速率的催化剂,在分工与专业化越细致的地方,集聚现象越容易出现,因此,文化创意产业集聚在大城市的概率要高于小城市和乡村[4]。Lazzeretti 等人认为多数创意产业集中在基础设施网络完备、创意人才密集、地理位置优越、人文环境较好的,即有助于构建"区域创意生态系统"的大都市区[5][6]。

我国的文化创意产业是通过产业集聚的形式发展起来的。从 20 世纪 90 年代起,上海、北京、广州、深圳等城市及其郊区逐渐集聚了一批诸如视觉艺术、工业设计、建筑设计等相关文化创意企业,形成了文化创意产业集聚区。基于相关理论和国内外实践发展经验,国内学者对文化创意产业空间集聚机制和效应展开了研究(如表 2-4 所示)。

---

[1] Scott A J. The cultural economy of cities [M]. London: SAGE Publications, 2000.
[2] Florida R. The rise of the creative class: and how it's transforming work, leisure, community and everyday life [M]. NewYork: Basic Books, 2002.
[3] 花建.推动文化产业的集聚发展——"十二五"期间提升中国文化软实力的重大课题[J].社会科学,2011(01):14-22.
[4] Drake G. 'This place gives me space': place and creativity in the creative industries [J]. Geoforum, 2003, 34(04): 511-524.
[5] Lazzeretti L, Boix R, Capone F. Do creative industries cluster mapping creative local production systems in italy and spain[J]. Industry and Innovation, 2008, 15(05): 549-567.
[6] Lazzeretti L, Boix R, Capone F. Reasons for clustering of creative industries in italy and spain [J]. European Planning Studies, 2012, 20(08): 1243-1262.

表 2-4　国内部分学者关于文化创意产业集聚机制和效应研究

代表人物	核心观点
王缉慈[①]	创意及其相关产业在城市的某些地方集聚,文化企业、非营利机构和个体艺术家集聚和互动形成了集群发展的环境
陈秋玲,吴艳[②]	互利共生关系是创意产业集群形成的逻辑起点,对称互利共生关系有利于创意产业集群的形成和稳定,且创意产业集群效应较好
花　建[③]	提出"产业丛"的概念并将其解释为"参与文化创意的产业活动在空间上的高度集中,表现为各种形态的文化创意产业集聚区",认为文化创意产业在空间上的集聚可以带来级差地租、规模经济、增强企业的竞争力和推动创新的投入等好处
陈建军,葛宝琴[④]	从微观主体的区位选择和外部性如何产生集聚规模收益的角度解释了文化创意产业集聚的影响因素和形成机制,进而解析了以文化创意产业园区为依托呈现集聚发展的必然性
王发明[⑤]	创意产业的知识特性决定了创意活动在地理空间上的集聚,创意产业集群化发展和集群经济增长的根本动力在于知识溢出效应
张梅青,万陶[⑥]	模块化集群组织是创意产业集群的基本特征,横向差异性是创意产业集群的根本动因
张振鹏[⑦]	从宏观环境、产业集群和集群内成员三个维度建立创意产业集聚发展的影响因素分析框架,认为文化氛围决定共生合作机制的潜在动力,创新能力决定文化创意产业集群的升级能力
毛　磊[⑧]	建立创意产业集群内企业创新战略竞合选择过程的演化博弈模型,认为合作成本、收益及采取合作创新策略成功的概率影响竞合过程的演化结果

[①] 王缉慈.超越集群:中国产业集群的理论探索[M].北京:科学出版社,2010:34.
[②] 陈秋玲,吴艳.基于共生关系的创意产业集群形成机制——上海 18 个创意产业集群实证[J].经济地理,2006,26(S1):84-87.
[③] 花建.产业丛与知识源——论文化创意产业集聚区的内在规律和发展动力[J].上海财经大学学报,2007,9(04):3-8.
[④] 陈建军,葛宝琴.文化创意产业的集聚效应及影响因素分析[J].当代经济管理,2008,30(09):71-75.
[⑤] 王发明.创意产业集群化:一个基于知识溢出的解释[J].科技管理研究,2009,29(11):372-374.
[⑥] 张梅青,万陶.基于复杂性的创意产业集群组织模式研究[J].科技管理研究,2009,29(06):438-440.
[⑦] 张振鹏.文化创意产业集群的可持续发展问题分析[J].济南大学学报(社会科学版),2009,19(05):79-83.
[⑧] 毛磊.演化博弈视角下创意产业集群企业创新竞合机制分析[J].科技进步与对策,2010,27(08):104-106.

(续表)

代表人物	核心观点
余晓泓①	分析了创意产业集群网络组织和运营模式,认为网络组织是促进集群创新效率和能力的重要因素
王慧敏②	集聚是一个多维度动态演进的过程,文化创意产业集聚的目的是促进要素的融合互动,形成辐射带动效应
尹 宏③	市场牵引力、政府推动力和文化聚合力的相互作用是文化创意产业集聚演化的动力来源;文化创意产业集聚区在不同演化动力的作用下经由初始推动机制(起源阶段)、循环累积机制(起飞阶段)和自组织机制(稳定阶段)的运行产生城市效应,即"精明增长效应""功能提升效应"和"形象识别效应"

资料来源:根据相关参考文献整理自制。

文化创意产业集聚除了具有空间集聚性、专业化分工与协作、辐射性、循环创新性等产业集聚的普遍特征外,还具有人力资本和科技资源丰富、文化创新氛围浓厚、政策导向型较强、具备较完善的服务平台支撑等特征④,其优势主要体现在产业集聚和辐射功能强,产业联动发展效应显著,创意商品化和国际化程度高方面,并在促进信息、人员交流和城市产业结构升级,提升城市综合竞争力等方面具有积极的作用⑤⑥。同时,文化创意产业的集聚演化是该产业内部结构升级发展的重要途径⑦。

关于文化创意产业集聚在旧区改造和城市复兴中所起的作用,萨斯基亚·萨森(Saskia Sassen,1994)认为创意产业区的形成对全球城市衰败地区的复兴有重要作用⑧。赫顿(Hutton)论述了创意产业群落在生产更新、景观重建、城

---

① 余晓泓.创意产业集群模块化网络组织创新机制研究[J].产经评论,2010(04):5-9.
② 王慧敏.文化创意产业集聚区发展的3.0理论模型与能级提升:以上海文化创意产业集聚区为例[J].社会科学,2012(07):31-39.
③ 尹宏.文化创意产业集聚的空间演化研究[J].四川师范大学学报(社会科学版),2013,40(02):39-45.
④ 郭美晨.中国文化创意产业集聚化发展的路径探索[J].济宁学院学报,2014,35(02):118-122.
⑤ 厉无畏.旧厂房里新创意[N/OL].人民网[2004-7-22]http://News.sina.com.cn/o/2004-7-22/02133159946s.shtml.
⑥ 厉无畏,王如忠,缪勇.积极培育和扶持创意产业发展 提高上海城市综合竞争力[J].社会科学,2005(01):5-14.
⑦ 魏后凯.中国产业集聚与集群发展战略[M].北京:经济管理出版社,2008.
⑧ Sassen S. The informal economy: between new sevelopments and old regulations[J]. The Yale Law Journal,1994,103(08):2289-2304.

空间结构重新配置、内城空间的重新地方化和地方社区再生中的重要作用①。厉无畏认为区域文化创意产业空间集聚使不同区位形成各具特色的文化空间，并将区域空间演变为多个具有不同类型特征的功能区，进而实现城市内部空间结构的优化和改良②③。阮仪三和张松基于 SOHO 的成功经验和上海创意产业区的分析，认为对近代产业遗产在保护的同时要创造性地再利用，营造一个个 SOHO 文化区，为"旧城更新"提供动力，因此，文化创意产业集聚区在转变旧城功能、提升旧城价值等方面具有重要意义④。吴缚龙指出创意产业区是承担多样化或异质化社区的根本载体⑤。王伟年和张平宇基于城市再生理论，探讨了创意产业与城市再生的互动关系，认为发展创意产业最有效的途径是创立创意产业园区，创意产业园区的开发是城市再生的新模式⑥。王重远基于产业生态学理论，认为创意产业链模型表现为具有层次性、协同性和互动性特征的三级生态网络系统，创意产业集群和城市之间存在着相互依赖、相互制约的关系⑦。汪霏霏认为文化创意产业集聚区为解决城市发展和更新的矛盾提供了一种新思路和新模式，文化产业聚集区在带来级差地租、推动传统产业空间置换、彰显城市文化实力、适应低碳城市要求、带动历史环境在保护中更新具有重要的意义⑧。

国内外众多学者通过实证研究勾勒出不同城市文化创意产业的空间集聚特征及其演化机制。此类研究中多选择诸如美国的纽约（Currid）⑨、休斯顿

---

① Hutton T A. The new economy of the inner city [J]. Cities, 2004, 21(02): 89-108.
② 厉无畏,于雪梅.关于上海文化创意产业基地发展的思考[J].上海经济研究,2005,17(08):48-53.
③ 厉无畏.创意产业导论[M].上海:学林出版社,2006.
④ 阮仪三,张松.产业遗产保护推动都市文化产业发展——上海文化产业区面临的困境与机遇[J].城市规划汇刊,2004(04):53-57.
⑤ 吴缚龙:中国的城市化与"新"城市主义[J].城市规划,2006,30(08):19-23.
⑥ 王伟年,张平宇.创意产业与城市再生[J].城市规划学刊,2006(02):22-27.
⑦ 王重远.基于生态理论的都市创意产业集群研究[J].贵州社会科学,2009(09):26-30.
⑧ 汪霏霏.城市更新背景下的文化创意产业集聚区发展研究——以济南文化创意产业集聚区为例[J].东岳论丛,2014,35(10):121-126.
⑨ Currid E. New York as a global creative hub: A competitive analysis of four theories on world cities[J]. Economic Development Quarterly, 2006(20): 330-350.

(Markusen)[①]、英国的曼彻斯特北部区及谢菲尔德[②]、伦敦[③]、澳大利亚布里斯班[④]、中国的香港[⑤]、台湾[⑥]、上海[⑦]、北京[⑧]、南京[⑨]、杭州[⑩]、宁波[⑪]等经济发达地区和大城市的文化创意产业集聚区进行个案研究。

此外,有学者对细分行业文化创意产业集聚现象进行了研究。陈倩倩和王缉慈基于英国曼彻斯特北部和谢菲尔德音乐文化小区的建设经验,指出创意产业集群建设效率和创新基础结构是城市创意产业政策的重点[⑫]。陈平运用钻石模型分析和探讨了影响瑞典 FiV 电影产业竞争优势的四大要素及电影产业集群成长的体制性因素。邵培仁和廖卫民分析了横店发展影视旅游的成功经验,总结和探索了我国影视文化产业集群的发展逻辑和演化规律[⑬]。胡峰对我国动漫产业集聚区域进行了分析,归纳总结出"珠三角模式""上海模式""长沙模式""苏南模式""大连模式"等各具地方特色的发展模式,并剖析了杭州动漫产业集聚的竞争优势[⑭]。秦键、王乘云基于集聚与扩散理论的分析框架,从时空维度分析了印度软件产业发展各阶段的企业内部集聚特征,指出智力资源、区域环境、供应链环境、政策扶持及历史文化和社会结构等是影响印度软件产业集聚和扩散的主要因子[⑮]。

---

① Markusen A, King D. The artistic divided: the arts' hidden contributions to regional development[M]. Minneapolis: University of Minnesota, 2003.
② Brown A, O'Corner J, Cohen S. Local music policies within a global music industry: cultural quarters in manchester and sheffield[J]. Geoforum, 2000, 31(04): 437-451.
③ Hutton T A. Spatiality, built form and creative industry development in the inner city [J]. Environment and Planning A: Ecohomy and Space, 2006, 38(10): 1819-1841.
④ 崔国,褚劲风.澳大利亚第三大城市布里斯班创意产业集聚研究[J].世界地理研究,2010,19(04):16-24.
⑤ 熊凌.香港创意产业的发展及经验[J].发展研究,2004(03):43-44.
⑥ 朱庭逸.创意空间——开创城市新地理学[M].台北:台湾典藏艺术家庭出版社,2004.
⑦ 周灵雁,褚劲风,李萍萍.上海创意产业空间集聚研究[J].现代城市研究,2006(12):4-9.
⑧ 王晖.北京市与纽约市文化创意产业集聚区比较研究[J].北京社会科学,2010(06):32-37.
⑨ 汪毅,徐昀,朱喜钢.南京创意产业集聚区分布特征及空间效应研究[J].热带地理,2010,30(01):79-83.
⑩ 翁旭青.杭州文化创意产业集聚发展实证研究[J].北方经济,2010(05):57-59.
⑪ 徐明亮.城市文化创意产业集聚区发展的个案研究[J].经济研究导刊,2014(10):33-35.
⑫ 陈倩倩,王缉慈.论创意产业及其集群的发展环境——以音乐产业为例[J].地域研究与开发,2005,24(05):5-8.
⑬ 邵培仁,廖卫民.横店:中国影视文化产业集群发展的一个样本——基于共享性资源观理论的案例分析[J].浙江师范大学学报(社会科学版),2009,34(05):20-30.
⑭ 胡峰.动漫产业的集聚优势与区域竞争:自杭州的观察[J].改革,2010(02):56-62.
⑮ 秦键,王承云.印度软件业的空间集聚与扩散分析[J].世界地理研究,2010,19(03):97-104.

纵观国内外关于文化创意产业集聚的理论和实践研究，学者们从经济地理学、产业经济学、城市经济学等角度，就文化创意产业集聚的经济属性（内涵、特征及与城市发展的关系）、内部关系模型（共生、知识溢出与网络模型）、效率评价（发展能力与绩效评估）以及基于各国或地区发展实践的个案等方面展开研究，且以城市为研究对象的个案研究较少从产业细分行业类型的角度进行分析，仅有部分对动漫、影视等行业集聚进行了探讨。

2.3 文化创意产业相关研究总结与述评

伴随着文化创意产业在世界范围内的兴起与发展，国内外众多学者从不同的角度对其进行了理论和实践的探索，产生了丰富的研究成果，并形成了以下几个方面的共识：

（1）文化创意产业具有人力资本积累、创新、知识外部性等方面的优势和特征，且产业链长、产业关联性强，其发展对国家或城市的经济结构、产业布局的演变有着显著的影响，对经济增长具有极大的促进作用。

（2）文化创意产业的发展与区域经济发展程度密切相关，世界范围内的文化创意产业发端于英国、美国、日本等经济发达国家，我国的文化创意产业兴起于台湾、香港、上海、北京、广东、浙江等经济发达地区。

（3）文化创意产业是后工业化社会背景下的产业形式，主要采用后福特主义的"弹性专精"为特点的垂直非一体化分工形式，具有内生的规模收益递增发展机制，因此具有空间集聚演化发展的趋势。

（4）文化资源禀赋、创意阶层和社会网络、偶然因素、路径依赖、市场需求以及政府的产业政策等影响文化创意产业的空间区位选择的主要因素，导致不同区域的文化创意产业空间集聚的动因不同，表现出极强的本地根植性。

（5）文化创意产业具有向经济发达地区、国际化大都市集聚的倾向，由众多中小企业组成的、内部网络联系密切的"新产业区"是其主要发展模式；大城市内部文化创意产业具有向CBD及旧城边缘、工业遗址、大学周边和政府规划的产业园区等地区集聚的指向。

（6）文化创意产业空间集聚影响城市空间形态，尤其在旧城改造或再生，塑造城市品牌形象，提升城市文化"软实力"等方面起着积极的促进作用。

目前,关于文化创意产业的研究主要运用了社会学与管理学科的定性方法、经济学与空间经济学的定量方法,力图构建基于空间发展的文化创意产业研究框架,在文化创意产业与城市经济发展的关系、产业空间集聚的形成及动力机制、集聚效应和产业园区建设等方面已得出了具有一定普遍意义的结论,并应用于文化创意产业发展的实践。但从已有成果来看,研究内容还比较分散,尚未形成完整的研究体系;在研究视角上,大多关注文化创意产业发展的空间影响机制的静态研究,时空动态演化过程的研究较少,导致对文化创意产业的空间发生机制和演化规律解释不够;在研究方法上,受制于文化创意产业本身多维度、多层面和复杂性的产业内涵与实践意义,现有研究定性描述的居多,导致研究结果的适用性较差,且难以进行纵横向的比较。还需注意的是,我国文化创意产业发展的历史背景和社会语境与西方发达国家存在着很大的差异,理论研究和发展实践均处于起步阶段,且文化创意产业本身在企业规模、生产要素、运作方式、生产经营等方面与传统产业有着很大的区别,因此,工业社会背景下研究取得的经验不能简单套用在诞生于后工业时代的文化创意产业上,需要识别两者在发展过程之中的共性规律,并在此基础上进行本土性的研究与应用。

文化创意产业发展及空间问题研究涉及的理论较多,本研究主要运用演化经济地理学理论、产业生命周期理论和产业空间聚集理论的基本思想和方法构建研究的理论分析框架。总体来说,文化创意产业空间演化具有时变性、非线性及动态复杂性等特征,其生成和发展是基于文化资源要素的地域根植性、文化创意企业的区位选择、政府的政策支持和制度保障以及文化创意产品(服务)的市场供给与需求等的相互作用而形成的一个多因子的、非线性的、动态演进的复杂系统。同时,文化创意产业空间演化过程中存在的潜在规律性维持着这一复杂系统的运行。

演化经济地理学理论是本研究的分析视角。该理论在对经济主体、经济增长和区域发展等传统问题的解释上具有一定的优势,它将企业、产业和区域(城市)经济相结合,实现了研究层面的动态互动,并且注重过程研究,主张从企业出发研究产业和区域问题。然而,演化经济地理学理论目前还处于创立和探索阶段,一方面,现有研究虽已基本形成"时间维(产业生命周期)—空间维(集聚与扩散)—关系维(产业集聚区与其外部空间的相互作用关系)"的三维视角,但大多局限于其中的某一视角,研究内容相对分散,缺乏综合和整合研究。另一方面,经验研究范围不广,主要侧重于分析特定产业在特定区域的演化过程。实际上,同一产业在不同区域及区域所处的不同经济社会发展阶段存在着差异化的演化路径与趋向。此外,较多文献采用单案例研究,主要集中于传统制造产业领域,对新兴产业,尤其文化创意产业的研究尚不充分,同时,对不同区域的比较研究将有助于理论建构和政策建议的普遍性[①]。因此,由于宏观制度背景和经济发展水平的差异性,需要针对我国经济发展转型和不同经济发展水平的地区及其产业发展的实际对发源于发达国家的演化经济地理学理论的基本分析框架加以修正。

此外,产业生命周期理论为本研究提供了文化创意产业基本属性的视角,有助于将内生资源和外生条件相结合分析文化创意产业的发展机制,更好地把握文化创意产业空间集聚发生的根本条件。产业空间集聚理论,尤其其中的新产业区理论为研究城市尺度的文化创意产业空间集聚问题提供方法论的指导,通过质性研究、数据分析等方法的运用将有助于全面探讨苏州市文化创意产业空间演化过程中所表现出来的集聚特征和规律。

---

① 刘志高,尹贻梅,孙静.产业集群形成的演化经济地理学研究评述[J].地理科学进展,2011,30(06):652-657.

第3章 文化创意产业影响城市经济发展的内在机理

3.1 文化创意产业的本质内涵

3.1.1 文化和创意

从字面上来看,文化创意产业由"文化(Cluture)""创意(Creativity)"和"产业(Industry)"三个词汇组成,其中,"文化"和"创意"构成了文化创意产业的核心内容。

文化是人类社会特有的现象。马克思主义认为文化起源于人类物质生产生活,是人类有思想的社会实践的一切成果,而且这种人类思想的文明体现在人类生活的整个环节和各个领域,必然对后来人和其他人产生指导和教化作用[①]。"文化"是一个内涵丰富、外延宽广的多维概念。早在1952年,美国著名文化学家克罗伯和克拉克洪在《文化·概念和定义的批评考察》一书中统计出的各学科领域关于文化的定义多达164种,而到了现在则多达600多种。综合来看,文化是一个复合的整体,具有一定的内在结构。就定义而言,有广义和狭义之分。广义的文化通常是指人类有思想的社会实践的一切文明成果,是人类在实践中所创造的一切物质财富和精神财富的总和。狭义的文化是指人们的精神创造及其社会表现,主要包括信念、知识、文学、艺术、道德、法律和价值观等。无论是广义还是狭义的文化,其核心都体现为价值观和思维方式,或者说是一定的人文精神,它代表了人类特有的生活方式,属于人类社会上层建筑中的一种重要结构[②]。

---

① 钟林.文化的含义及其特征探微[J].学习月刊,2011(2):27.
② 徐仲伟,周兴茂,谈娅.关于文化创意产业的几个基本理论问题[J].重庆邮电大学学报(社会科学版),2007(11):61.

"创意"在现代汉语词典中包含了"有创造性的想法、构思等"和"提出创造性的想法、构思等"两层含义。一般说来,创意是一种特殊的思维活动,能引起并指导实践活动,具有创新性、观念性等特点。早在 1986 年,美国经济学家保罗·罗默(P. Romer)在《收益递增与长期增长》一文中将创意引入经济发展的研究领域中,指出新创意会衍生出无穷的新产品、新市场和财富创造的新机会,所以新创意是推动一国经济成长的原动力①。著名学者约翰·霍金斯②、查尔斯·兰德利③、理查德·弗罗里达④等就"创意"给出了各自的解释。一般来说,创意是一种特殊的思维活动,能引起并指导实践活动,具有创新性、观念性等特点。约翰·霍金斯认为,像创作一幅画、发明一个装置、解决交通堵塞以及使黑人和少数民族能充分参与经济生活,这些活动都是富有创造力的,但是这种创造力并没有商业价值,只有当创意可以导致或增强一个有商业价值的商业产品产生,商业价值才会产生⑤。因而,从经济学角度来说,创意是指由于价值的非异化特性,引起生产及组织的有机的复归⑥。创意产品则是基于创意的工业化生产和商业化运作的结果,是创意观念的产业化和商业化延伸。

3.1.2 文化创意产业

文化创意产业这一概念在学术界尚未形成公认的定论,不同的国家或地区、机构及学者基于国家战略、地区特征及研究角度的不同对其称谓也有着多种表述,如联合国、欧盟、中国、韩国等的"文化产业",英国、新西兰、新加坡和中国香港等的"创意产业",美国的"版权产业"和日本的"内容产业"等。其中,"文化产业""创意产业"及"文化创意产业"的概念影响最广,因此,可以通过这三个概念的辨析,界定本研究的"文化创意产业"的概念。

(1) 文化产业

文化产业(Cultural Industries)源于以德籍犹太哲学家西奥多·阿多诺

---

① 张岩松,穆秀英.文化创意产业理论与实践[M].北京:清华大学出版社,2017.
② 约翰·霍金斯.创意经济——如何点石成金[M].洪庆福,孙薇薇,刘茂玲,译.上海:上海三联书店,2006.
③ 查尔斯·兰德利.创意城市:如何打造都市创意生活圈[M].1 版.杨幼兰,译.北京:清华大学出版社,2009.
④ Florida R. Bohemia and economic geography [J]. Journal of Economic Geography, 2002,2 (01):55-71.
⑤ 约翰·哈特利.创意产业读本[M].曹书乐,包建女,李慧,译.北京:清华大学出版社,2007.
⑥ 喻静,林孔团.浅析文化创意产业相关概念[J].经济研究导刊,2012(30):199-200.

(Theodor Adorno)和马克斯·霍克海默(Max Horkheimer)①为代表的法兰克福学派早期提出并批判的"文化工业(Cultural Industry)"理论(后期这一学派也肯定了文化工业的进步意义)。20世纪70年代以后,随着大众文化的兴起,文化产业代替了文化工业,成为国内外学者研究的热点,但由于历史环境、知识语境以及研究视角等的不同,迄今还未形成统一的概念和范畴界定。

联合国教科文组织将文化产业定义为"按照工业标准生产、再生产、储存以及分配文化产品和服务的一系列活动",其范畴包括影视音像业、出版发行业、报纸杂志业、旅游观光业、演出娱乐业、会议展览业、工艺美术业、竞技体育业和教育培训业等行业门类。我国的文化产业是与文化事业相对应的概念,首见于2000年国家"十五"计划中。2004年,国家统计局制定了第一个《文化及相关产业分类(2004)》,统一了文化产业的统计口径,并根据我国文化产业发展的新情况、新变化,于2012年和2018年进行了两次修订。现行的《文化及相关产业分类(2018)》中将文化产业定义为"为社会公众提供文化产品和文化相关产品的生产活动的集合",并在范围的表述上对文化产品的生产活动(从内涵)和文化相关产品的生产活动(从外延)做出了解释:一是以文化为核心内容,为直接满足人们的精神需要而进行的创作、制造、传播、展示等文化产品(包括货物和服务)的生产活动;二是为实现文化产品的生产活动所需的文化辅助生产和中介服务、文化装备生产和文化消费终端生产(包括制造和销售)等活动。目前,我国文化产业共9个大类、43个中类、146个小类,并区分了文化核心领域和文化相关领域。

表3-1 我国文化及相关产业分类

类别名称	大 类	中 类
文化核心领域	新闻信息服务	新闻服务、报纸信息服务、广播电视信息服务、互联网信息服务
	内容创作生产	出版服务、广播影视节目制作、创作表演服务、数字内容服务、内容保存服务、工艺美术品制造、艺术陶瓷制造
	创意设计服务	广告服务、设计服务
	文化传播渠道	出版物发行、广播电视节目传输、广播影视发行放映、艺术表演、互联网文化娱乐平台、艺术品拍卖及代理、工艺美术品销售

---

① 马克斯·霍克海默,西奥多·阿道尔诺.启蒙辩证法:哲学断片[M].渠敬东,曹卫东,译.上海:上海人民出版社,2006.

(续表)

类别名称	大类	中类
文化核心领域	文化投资运营	投资与资产管理、运营管理
	文化娱乐休闲服务	娱乐服务、景区游览服务、休闲观光游览服务
文化相关领域	文化辅助生产和中介服务	文化辅助用品制造、印刷复制服务、版权服务、会议展览服务、文化经纪代理服务、文化设备(用品)出租服务、文化科研培训服务
	文化装备生产	印刷设备制造、广播电视电影设备制造及销售、摄录设备制造及销售、演艺设备制造及销售、游乐游艺设备制造、乐器制造及销售
	文化消费终端生产	文具制造及销售、笔墨制造、玩具制造、节庆用品制造、信息服务终端制造及销售

资料来源：国家统计局《文化及相关产业分类2018》(国统字〔2018〕43号)。(详见附录1-1)

(2) 创意产业

创意产业(Creative Industries)，又称创意工业、创意经济，是一种在全球化消费社会的背景中发展起来的推崇创新个人创造力、强调文化艺术对经济的支持与推动的新兴理念思潮和经济实践，可看作文化产业发展到一定阶段后衍生出来的新兴产业。1998年，英国布莱尔政府发布的《英国创意产业路径》中首次明确了"创意产业"的概念，从投入(以个人创意、技巧及才华)、产出(知识产权)和属性(创造财富和增加就业潜力)界定了创意产业的三要素，得到了世界各地尤其是英联邦国家的广泛认同[1]。我国学者厉无畏从产业性质的角度指出"创意产业内涵的关键是强调创意和创新"，"以创意为核心增长要素的产业或缺少创意就无法生存的相关产业称为创意产业"[2]，并提出了创意产业是"无边界产业""创意产业价值体系"等理论观点。随着创意产业在全球范围的快速发展，学者们从不同角度对创意产业的概念进行了界定，对其具体内涵的理解不尽相同，但对其本质与核心属性却有着的一致的认识，即创造性是创意产业区别于其他产业的关键所在，"创意"是其核心属性。

(3) 文化创意产业

文化产业和创意产业是两个既有区别又存在共性与联系的两个概念。两者主要区别在于推动发展的动力有所不同：前者是在后工业化社会中随着文化与

---

[1] 兰建平,傅正.创意产业、文化产业和文化创意产业[J].浙江经济,2008(04):40-41.
[2] 厉无畏.创意产业导论[M].上海:学林出版社,2006.

经济的日益交融由"经济的文化化"与"文化的经济化"共同推动发展的,后者则是在20世纪90年代以高新技术,尤其是网络技术为代表的新经济时代背景下由"科技的文化化"与"文化的科技化"共同推动发展的。而抛开这一区别,文化产业与创意产业之间无疑是具有关联性的[①]。厉无畏认为两者的共性在于它们同属于知识产业,创意产业是对传统文化产业的一种超越[②]。众多学者认为由于两个产业部门具有高度重合性,产业界限也模糊不清,要进行截然而分的定义是不容易的,争执于概念并没有太多必要,而这也正是文化产业和创意产业经常混淆使用的重要原因[③][④]。

"文化创意产业(Cultural and Creative Industries)"是20世纪90年代发达国家提出的一个新概念,后来逐渐演变成一种全新的发展理念,可看作知识经济时代语境下对"文化产业"和"创意产业"以及相关概念就同一类经济现象的整合概括,兼具了"文化产业"和"创意产业"的本质特征,更为强调文化积累和科技创新的融合,是一个指向产业发展实践的集合概念。学术界关于文化创意产业的概念尚未形成公认的定论,不同的国家或地区、机构及学者基于国家战略、地区特征及研究角度的不同对其称谓也有所不同,如联合国、欧盟、中国、韩国等的"文化产业",英国、新西兰、新加坡和中国香港等的"创意产业",美国的"版权产业"和日本的"内容产业"等。"文化创意产业"的概念被亚洲一些国家和地区广泛使用,体现出明显的区域特征,并从政府或官方机构层面对文化创意产业的门类和统计口径进行了界定(如表3-2所示)。2015年苏州市市委宣传部、市文广新局、市统计局联合发布了《苏州市文化创意产业分类目录(2015)》(苏文产字〔2015〕17号),将苏州市文化创意产业定义为"以文化创意为核心,以创意为驱动,以科技为支撑,以市场为导向,以产品为载体,综合设计、研发、制造、销售、传播和使用等要素,形成文化创意和设计服务与相关产业融合发展的新型业态",其包含的产业部门与我国文化产业及相关产业和国际上通行的创意产业相似。

---

① 斯图亚特·坎宁安.从文化产业到创意产业:理论、产业和政策的含义[M]//林拓,李惠斌,薛晓源.世界文化产业发展前沿报告.北京:社会科学文献出版社,2004:134-147.
② 厉无畏.创意产业导论[M].上海:学林出版社,2006.
③ 斯科特·拉什,西莉亚·卢瑞.全球文化工业:物的媒介化[M].要新乐,译.北京:社会科学文献出版社,2010:291.
④ 冯子标,焦斌龙,冯梅.文化产业运行论[M].北京:社会科学文献出版社,2010:6.

表 3-2 我国部分城市文化创意产业分类

城　市	文化创意产业分类
香港①	艺术品、古董及工艺品、文化教育及图书馆、档案保存和博物馆服务、表演艺术、电影及录像和音乐、软件、电脑游戏及互动媒体、广告、建筑、设计、出版、电视及电台、娱乐服务
台湾	视觉艺术、音乐与表演艺术、文化展演设施、工艺、电影、广播电视、出版、广告、设计、设计品牌时尚、建筑设计、创意生活、数字休闲娱乐
深圳	新闻出版、广播影视、创意设计、文化软件、动漫游戏、新媒体、文化信息服务、文化会展、演艺娱乐、文化旅游、非物质文化遗产开发、广告业、印刷复制、工艺美术
北京	文化艺术、新闻出版、广播电视电影、软件网络及计算机服务、广告会展、艺术品交易、设计服务、旅游、休闲娱乐、其他辅助服务等，涉及国民经济中 82 个行业小类
上海	文化研发设计创意、建筑设计创意、文化传媒创意、资讯策划创意、时尚消费创意，涉及国民经济 55 个行业小类
杭州	文化艺术、影视传媒、信息软件、产品设计、建筑景观设计、时尚消费、咨询策划，涉及 76 个国民经济行业小类
苏州	传媒业、文化艺术服务业、文化信息传输服务业、设计服务业、文化旅游业、数字内容与动漫游戏业、文化会展业、教育培训业、文化用品及设备的生产以及文化用品及设备的销售等 10 个大类、43 个中类、165 个小类

资料来源：各城市文化创意产业分类目录及文化创意产业相关文件，笔者整理自制。

综合而言，上述概念虽意义不同，但并无本质区别。文化创意产业的内涵是充分利用人的创造性思维和科学技术手段将文化和创意产业化，生产出以知识产权为主要形式的商品的一系列跨领域、跨行业、跨部门的产业组合。本研究认为只要界定好文化创意产业的门类和统计口径，能够帮助实现产业研究的目的，并具有实际可操作性即可。根据产业特性和行业门类，本研究将着重研究苏州市广告会展业（文艺类）、建筑设计业（设计服务类）、影视制作业（传媒类）和动漫游戏业（科技类）四个细分行业类型的文化创意产业。

---

① 注：中国香港特别行政区政府在其 2003 年正式发表的《香港创意产业基线研究报告》中使用的是"创意产业"。2005 年，为了更加清楚地表明努力的方向，香港将"创意产业"改称为"文化创意产业"，并将其列为新经济增长点。

3.2 文化创意产业组织模式

伴随着人类社会创意经济时代的到来以及经济"文化化"和文化"经济化"双向推动的文化与经济一体化趋势,文化创意产业应运而生,成为一国或地区经济社会发展转型的重要驱动力。正如美国学者沃尔夫所说的那样,"文化、娱乐——而不是那些看上去更实在的汽车制造、钢铁、金融服务业——正在迅速成为新的全球经济增长的驱动轮"。作为现代经济体系中的一种创新发展范式,文化创意产业将文化创意与科学技术融入产业发展中,两者互相依托、互为支撑,形成产业创新发展的动力,使文化创意产业表现出高增值性的特征。而这种高增值性主要来源于文化创意产业的价值创造和实现。

3.2.1 文化创意产业的价值创造

传统产业以生产者供给为导向,经由设计、生产、销售和消费等一系列相互关联的生产经营活动构成了一种自上而下的相对线性的价值创造过程,其市场价值主要是满足消费者的使用需求(如图 3-1 所示)。

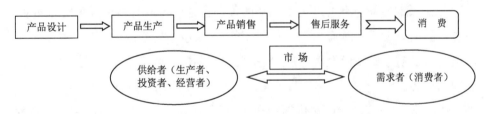

图 3-1 传统产业价值创造过程

资料来源:根据相关文献,笔者绘制。

与之相比,文化创意产业以消费者需求(尤其是文化等精神领域的需求)为导向,其市场价值由功能价值(Function Value)和观念价值(Concept Value)两部分组成[①]。除了对有形的或可量化价值的开发,满足消费者的使用需求,实现其功能价值外,文化创意产业的价值创造过程更关注于挖掘产品的附加价值并充分利用其多重开发潜力,满足消费者的体验需求、文化需求,实现其观念价值。

---

① 厉无畏,王慧敏.创意产业新论[M].上海:东方出版中心,2009:168-170.

因此，作为一种新的产业形态，文化创意产业以其特殊的产业本质内涵和实践意义以及产业复杂特性颠覆了传统产业价值创造的模式，表现出自身的价值创造特点（如图3-2所示）。

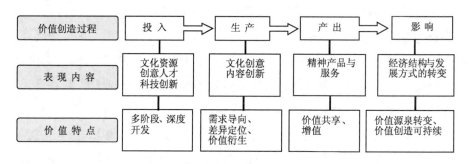

图3-2　文化创意产业价值创造特点
资料来源：根据相关文献，笔者绘制。

从产业的投入和产出来看，文化创意产业以文化资源为基础，以创意人才和科技创新为支撑，通过发挥人的创造力对各类投入要素的深度开发与重复利用，生产出以满足消费者文化体验和精神享受为主的产品。该类产品具有某种程度的非竞争性和非排他性（如电影、唱片、艺术品等可以被多人共享消费），并在一定的条件下可以衍生出新的附加价值（美国、日本的动漫作品及其衍生产品的开发），即具有价值循环累积效应。这些特点使得文化创意产品的供给和需求易形成规模经济效应，且呈现出产品边际生产成本递减、边际效用递增的趋势。

从产业运行过程来看，文化创意产业以创意为龙头，以内容为核心，以消费者个性化、多元化的需求为导向，通过创意开发、生产制作、营销流通以及后续衍生产品的开发等各个环节的分工协作、整合运用，从而形成一种环状的产业链条，其特点是"以创意为中心的链条多向性的发散延伸"。纵向上，通过新的市场主体和价值创造者的进入，产品市场不断细分和开放，产业链条进一步延伸；横向上，通过文化创意产业内部企业的分工协作及产业核心部分的价值扩散，各个环节的价值生成能力得到不断提升，并逐渐催生出更加相互依赖、紧密协作的价值网络。

从产业影响来看，文化创意产业改变的是整个经济体系的内部结构和创新发展范式。文化创意产业以人的创造力为核心要素，它不仅"用创意资本投入把所有产业联系在一起"[①],"还涉及人的基本存在样式,提升人的生活质量"[②]。文化创意产业的本质内涵和实践意义强调了创新发展的内在确定性,而其核心要素的高渗透性与融合性,使经济增长方式从利用自然资源为主要增长方式转变为利用人类创造力这一可持续增长方式,推动产业结构的升级、越界、调整和重组,从而实现经济发展的人文化、融合化、生态化[③]。文化创意产业的发展不仅将文化资源转变为经济资源,使文化的发展纳入经济发展的轨道中,而且将人的创造力作为价值生成的重要源泉,在文化创意和技术创新双向互动作用过程中实现价值创造的可持续性,进而促进人与自然、经济与社会的和谐、可持续发展。

3.2.2 文化创意产业的价值增值

文化创意产业是以文化、创意与科技为依托,以满足消费者文化和精神需求为导向,将人的创造性劳动(创意)通过产业化生产运作方式达到价值实现和增值的目的。具体来说,一方面,基于对潜在市场的研究和市场需求的分析,通过发挥人的创造性,以文化资源和科技创新作为核心要素,对文化创意产品或服务进行生产和销售,进而实现文化创意的市场价值;另一方面,在知识创新进步的基础上不断扩大生产,增强市场的竞争力和控制力,通过创意人才、资本和企业的积聚和集中,从而形成上下游分工协作的产业化运作,最终实现产业自身的价值增值以及对上下游产业的乘数价值增值。

文化创意产业的价值增值过程可通过价值链理论加以分析。价值链描述了企业实现和传导产品价值的完整过程。这一概念是由迈克尔·波特于1985年在其《竞争优势》一书中提出的。他认为:"一定水平的价值链是在一个特定产业内的各种活动的组合。"一系列互不相同但又相互关联的生产经营活动构成了企业价值创造的动态过程,即价值链(如图3-3所示)。价值链在经济活动中普遍存在,上下游关联的企业与企业之间存在产业(行业)价值链,企业内部各业务单元之间的联系构成企业价值链,企业内部各业务单元内部也存在价值链联结。

---

① 斯图亚特·坎宁安.从文化产业到创意产业:理论、产业和政策的含义[M]//林拓,李惠斌,薛晓源.世界文化产业发展前沿报告(2003—2004).北京:社会科学文献出版社,2004:134-147.
② 林拓,李惠斌,薛晓源.世界文化产业发展前沿报告(2003—2004)[M].北京:社会科学文献出版社,2004:7.
③ 厉无畏,王振.中国产业发展前沿问题[M].上海:上海人民出版社,2003.

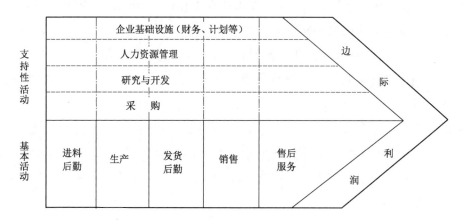

图 3-3　波特价值链
资料来源：根据相关文献，笔者绘制。

早期的价值链理论偏重于从单个企业的角度分析企业的价值活动，20 世纪 90 年代开始，国内外学者对价值链理论进行了深入研究和拓展，将价值链的范围从单个企业层面向产业层面扩展，形成了产业价值链。波特在对价值链理论进一步完善的过程中认为，整个价值链中可能包含更大的价值链——"价值系统"，包括供应商价值链、企业价值链、销售商价值链和顾客价值链，各价值链相互衔接，构成一个完整的产业价值链。约翰·沙恩克（John Shank）和菲·哥芬达（V. Gowindarajan）也认为，"任何企业的价值链都包括从最初的供应商手里得到的原材料直到将最终产品送到用户手中的全过程"[①]。"产业价值链是以某项核心技术或工艺为基础，以提供能满足消费者的某种需要的效用系统为目标的、具有相互衔接关系的企业集合。"[②]产业价值链构成的基础是产业链中的企业在竞争中所执行的一系列经济活动，整个价值活动的过程就是一条完整的产业价值链[③]。可见，产业价值链是产业层面上企业价值融合的更加庞大的价值系统，具有经济技术关联和相互衔接关系的上下游企业的价值链包含在更大的价值活动群中，通过价值活动的有效整合，实现整个产业链的价值创造和增值。

---

① Shank J K, Gowindarajan V V. Strategic cost management：the value chain perspective[J]. Journal of Management Accounting Research，1992(4)：P177-199.
② 潘成云.解读产业价值链——兼析我国新兴产业价值链的基本特征[J].当代财经，2001(9)：7-15.
③ 杜义飞.基于价值创造与分配的产业价值链研究[D].成都：电子科技大学，2005.

在组织结构上表现为具有相互衔接关系的上下游企业的集合,在价值形态上表现为价值的创造、增值和转移。

安迪·普拉特从价值链的角度构建"创意产业生产系统(CIPS)",提出创意产业价值链由创作或产品原创、制造(原型和生产工具)、经销和批量生产以及交换(展出或零售)四个环节构成,创意企业通过寻求地理位置的接近、交易成本的节约及知识和技术的溢出形成了创意产业价值链,从而促进了创意企业竞争优势的提升[1]。查尔斯·兰蒂(Charles Landry)运用"价值生产链分析法",提出创意产业价值过程由"开始创造—形成产品—流通—发送机构—观众与受众"五个阶段构成[2]。厉无畏基于创意产业的内涵和本质特点,分析了创意产业价值链的构成及其特点,认为创意产品在由"内容创意—生产制造—营销推广—传播分销—消费交换"的路径形成过程中,完成了创意产品的"价值创造—价值开发—价值捕捉—价值挖掘—价值增值—价值交换—价值实现"的整个价值传递过程[3],并结合文化创意产业的本质属性及其独特的价值创造机制,进一步构建了"文化创意产业价值链系统"(如图 3-4 所示),诠释了文化创意产业价值创造和增值的关键所在。

事实上,从文化创意产业最突出的产业特性,即在产业内部一次投入、多次产出的价值创造,在产业外部渗透融合、关联带动、集聚发展的特性来看,文化创意产业价值链的各环节并不是固定不变的,而是处在一个动态变化过程中。以"整体论(Holism)"式的思维方式,基于演化经济学视角,从"时间序列"与"组织扩展"的角度来看,文化创意产业价值创造和增值的过程是通过企业层面的创意引入使企业价值链整合提升、分解优化,再通过产业层面的创意扩散使产业价值链横向延长、纵向增厚,最后通过宏观经济层面上的创意放大使产业价值链首尾链接、网状扩散,最终形成外形庞杂、内部紧密联系的、互动演化发展的价值创造网络(如图 3-5 所示)。

---

[1] Pratt A C. The cultural industries production system: a case study of employment change in britain (1984—1991)[J]. Environment and Planning, 1997(27): 53-74.
[2] 金元浦.文化创意产业相关概念研究[C]//北京印刷学院数字出版与媒体艺术高层论坛论文集.北京印刷学院,2008:212-219.
[3] 厉无畏.创意产业导论[M].北京:学林出版社,2006.

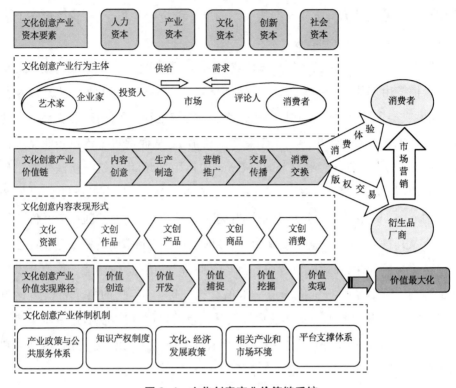

图 3-4　文化创意产业价值链系统

资料来源：根据参考文献①，笔者绘制。

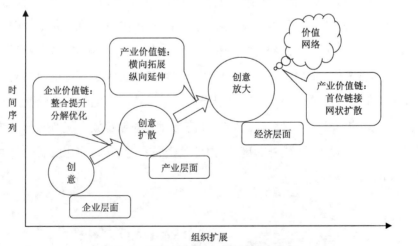

图 3-5　文化创意产业价值增值和拓展

资料来源：根据相关文献，笔者绘制。

---

① 厉无畏.创意改变中国[M].北京：新华出版社，2009：147.

（1）企业层面：创意引入

价值链理论认为，在企业的生产经营活动中，并不是每个环节都能创造价值或具有比较优势。企业所创造的价值和比较优势，实际上是来自企业价值链上某些特定环节的价值活动。郎咸平教授曾用生产芭比娃娃的"六加一"流程来解析中国制造业在全球产业链中价值分配的地位。如图3-6所示，在中国生产一个芭比娃娃的价值是1美元，而在美国的零售价是9.9美元，接近10美元，从1美元升值到10美元，其中9美元就是美国企业的价值所在，是通过产品设计、原料采购、仓储运输、订单处理、批发经营和终端零售6大环节创造出来的，而在中国生产制造环节创造出来的价值仅为1美元。

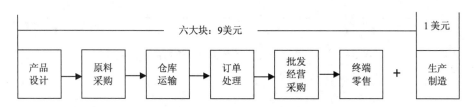

图3-6 "六加一"产业链模式的价值分配

资料来源：根据郎咸平"六加一"国际分工理论，笔者绘制。

企业价值创造的差异性表现在价值链的各个环节上就是存在着增加值的多少和盈利水平的高低，这种差异性可用著名的"微笑曲线"来表示（如图3-7所示）。"微笑曲线"实质上是一条附加值曲线，曲线的两端分别是研发、设计和品牌、销售，中间是生产制造。曲线左侧（价值链上游），随着研发、设计的投入，产品附加价值逐渐上升；曲线右侧（价值链下游），随着品牌运作、营销渠道和服务提升，产品附加价值也逐渐上升；而曲线中部的生产制造环节的产品附加价值最低，由于技术含量低，同类企业进入的门槛低，因此市场竞争激烈，利润空间小。这就解释了中国制造的芭比娃娃只产生1美元价值的原因。

① 企业价值链整合提升。著名经济学家罗默指出，"新创意会衍生出无穷的新产品、新市场和财富创造的新机会"。文化创意作为一种思想的创新对企业的价值创造具有极其重要的作用，贯穿于文化创意企业的整个运行过程，其实质就是通过对文化创意的商业化应用来提升企业价值创造的能力及产品的附加价值。"微笑曲线"左侧的产品研发阶段，企业通过技术创新不断研发出新的产品，并融入文化创意元素，形成知识财产的积累，引发产品附加价值的提升；"微笑曲

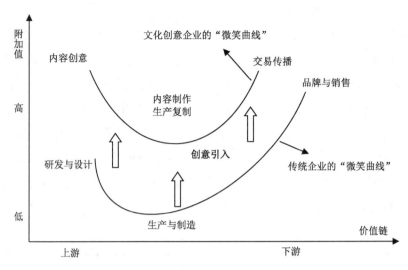

图 3-7　微笑曲线与文化创意企业价值链的整合提升
资料来源：根据相关文献，笔者绘制。

线"右侧的品牌与销售阶段，企业将文化创意元素运用于市场的开发（尤其是潜在市场和满足消费者精神层面需求的高端市场）、品牌的创建、运作和维护以及销售渠道的建立等环节，不断提升产品的观念价值和产品附加价值，并使企业形成个性化特色较为鲜明的核心竞争能力，获得市场竞争优势。"微笑曲线"中部的生产与制造阶段，文化创意元素以某种形式与其他生产要素如生产装备、工艺流程相结合，可节约资源、降低成本和提高效率，从而提升这一环节的价值水平和盈利能力。国际发展经验也表明，文化创意产业价值链中的内容创意是其核心环节，交易传播是其关键环节，两个环节在整个文化创意产业链的价值分配中占据高达 85% 的比重（如图 3-8 所示）。文化创意不仅可以作为商品直接进入市场获取价值，还可以渗透到"微笑曲线"的每个环节，创造出与创意相关的新的价值元素，使企业的价值链获得整体提升，进而提高产品的附加价值。

② 企业价值链分解优化。在当今经济发展阶段的"后工业社会""知识经济""娱乐经济""体验经济"等现实语境中，文化创意产业将文化资源、技术创新和文化创意引入生产体系，作为经济要素获得了空前重要的战略地位[1]。作为文化创意产业的微观运行主体，文化创意企业通过开发人类的智慧资源、集成人

---

[1] 荣跃明.超越文化产业：创意产业的本质与特征[J].毛泽东邓小平理论研究，2004(5)：18-24.

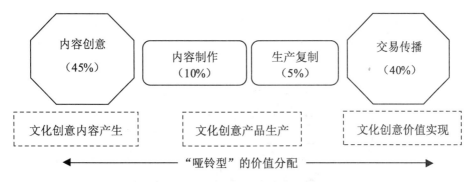

图 3-8 文化创意价值链"哑铃型"价值分配
资料来源：根据相关文献，笔者绘制。

的创意价值、协同人的创意与一切发展要素，产出满足消费者文化、精神需求的价值层次更高的产品。与传统产业生产的物质产品不同，文化创意产品更加注重精神性的观念价值。观念价值的主观性要求企业向消费者提供差异化的、个性化的和有新意的并具有文化内涵的产品或服务，而这又成为企业高附加值的实现基础。因此，文化创意企业价值链的分解优化，就是从功能与成本的比较出发，集中力量发展最具市场竞争力和最大化利润的核心业务并培育专业化能力，通过深化分工与协作提高企业生产率，通过对产品观念价值的挖掘提高市场占有率，进而拓展企业价值创造的空间，提升产品的附加价值。

(2) 产业层面：创意扩散

文化创意为产业注入了文化内涵、设计情感、体验、价值观念等元素，"创意产业化"和"产业创意化"是文化创意产业实现其价值最大化目标的两条路径，其实质就是文化创意在社会经济系统中的"爆炸式扩散"。创意扩散是文化创意产业发展的内因和根本动力，也是文化创意产业保持动态、与时俱进的关键因素（如图3-9）。由创意主体创造出来的创意具有极强衍生扩散能力，作为一种非物质元素能够最大限度地融入各种产业形式中从而转化为有形的或无形的文化创意产品。创意扩散的核心在于创意在文化创意产业中形成产品多元衍生和产业链条扩散的过程，反映在价值链上，就是文化创意产业价值链的横向拓展和纵向延伸的过程。

① 产业价值链横向拓展。由创意主体完全原创或对传统文化要素进行解构与再创造而形成的创意以知识产权的形式进行保护和交易使其产生价值，并

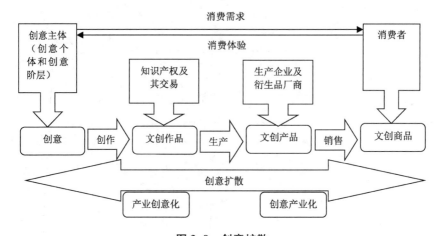

图 3-9　创意扩散

资料来源：根据相关文献，笔者绘制。

作为要素资源投入创意产业化的全过程，是文化创意产业独特的增值方式。文化创意产业价值链的横向拓展就是在创意产业化过程中，围绕核心产业（由负责生成创意和生产创意成果的企业构成）的文化创意作品（以知识产权形式存在），以品牌运作为核心，对创意进行多元、多次开发，衍生出多种产业形式和产品类别，即产生创意的同质异形现象。以动漫产业为例，《关于推动我国动漫产业发展的若干意见》中指出，"动漫产业是指以创意为核心，以动画、漫画为表现形式，包含动漫图书、报刊、电影、电视、音像制品、舞台剧和基于现代传播技术手段的动漫新品种等动漫直接产品的开发、生产、出版、播出、演出和销售，以及与动漫形象有关的服装、玩具、电子游戏等衍生产品的生产和经营的产业。"与原创性的动漫有直接和间接关联的产业间的链式结构形成了动漫产业链（如图 3-10 所示），其基本形态表现为上游的原创研发、中游的生产制造以及下游的销售发行和衍生产品开发，在这条链上传递的是文化创意产业所特有的知识产权或版权价值。

通过知识产权的关联性，创意在产业链上进行扩散并在每个环节上生成新的价值增长点。由于产业价值链结构中的某一环节上由两个及以上的同一性质的企业构成并列或交叉关系，因此，产业价值链的横向拓展能形成一种一体化的、具有较强专业性、资源配置相对集中、能产生规模效应的产业集群化成长范式，并能强化价值链环节的专业形象，产生广泛的、持久的品牌效应，激发价值创造的活力。产业价值链中的不同产业相互渗透、相互交织、互为依撑，不断开辟战略"蓝海市场"，为消费者提供丰富多彩的文化创意产品与服务，实现文化创意产业的价值最大化。

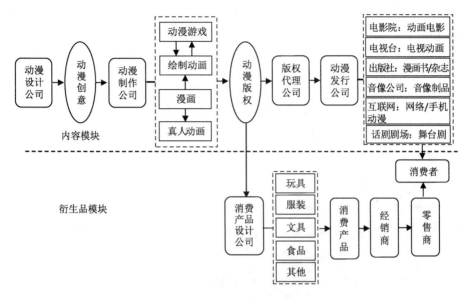

图 3-10 动漫产业链示意图
资料来源：根据相关文献，笔者绘制。

② 产业价值链纵向延伸。文化创意产业是从第一、二、三产业里的知识创新加文化的产品生产、制造、销售的行业中分离出来的。由于高新技术发展和文化的经济化进程的产品加速，文化创意产业的融合性和渗透性使得原来三次产业间泾渭分明的行业边界变得越来越模糊。同时，文化创意产业在科技为文化发展提供载体和工具、文化对科技发展提供动力和要求的双向互促发展中体现出高度化的产业特性。文化创意产业价值链由一系列互为基础、相互依存、具有相互衔接关系的各环节构成，创意扩散使得文化创意产业价值链产生纵向延伸的链式效应，在组织形态上打破了与传统产业的界限，相互渗透、融合，"用创意资本投入把所有产业联系在一起"[1]，通过价值链组织生产流程，形成了迈克·科米尔称之为"关联性生产"的产业分工体系。

文化创意产业通过产业关联对传统产业产生改造和促进作用，通过将文化创意与传统要素的重新组合使产业纵向分工不断细化、深化和专业化，通过产业

---

[1] 斯图亚特·坎宁安.从文化产业到创意产业：理论、产业和政策的含义[M]//林拓,李惠斌,薛晓源.世界文化产业发展前沿报告.北京：社会科学文献出版社,2004：134-147.

创意化过程使文化创意产业价值系统不断对外拓展,产生文化创意产业的倍增效应。文化创意始终贯穿于整个生产过程中,处于整个同心圆产业组织结构的核心地位,各个环节之间具有反馈效应①。

(3) 经济层面:创意放大

文化创意在经济发展中日益成为一个关键性的因素,社会越发展,经济越发达,文化创意的作用越突出。伴随着知识经济时代的到来以及传播知识和信息的数字化浪潮,信息技术和产业融合使得内容产业增值能力倍增,文化创意产业在此背景下不断演化和发展壮大,文化创意产业价值链进一步呈现出新的变化——消费者导向的"环状结构"与信息技术冲击的"网状结构",从而使产业价值链首尾链接、网状扩散,将整个经济体系形成以文化创意及其相关产业为价值创造核心的价值网络系统。这一文化创意产业演化发展显著地改变了社会结构、生活氛围、人的生存方式以及经济发展方式。

① 产业价值链首尾链接。传统意义上的文化创意产业价值链是从创意者或生产者出发,以消费者为终点,经过内容创意、生产制造、营销推广、传播分销等环节最后通过产品消费或服务体验,或与其他厂商合作进行知识产权再开发利用,实现价值最大化目标,呈现出单向的线性价值链特征。派恩和吉尔摩在《体验经济》一书中提出"现代经济已由原先重视商品、产品、服务或经验进入到另一个强调生产者、贩卖者和消费者间互动关系的体验经济的舞台。消费者期待的是一个体验,生产商和设计者(创意者)必须努力将个别消费者与创造出的难忘体验连结"。新经济时代背景下的文化创意产业,其产品生产过程中消费者的参与性和产品消费的"体验性"以及产品的"未完成的"特点,使得创意者、生产者和消费者以各自独特的方式决定着文化创意的内容,他们之间的对话或互动参与成为必要环节,从而使文化创意产业呈现出动态开放性特征——"具有万花筒似的能力,能面向消费者不断更新自己的各个侧面",其语境和构成要素都允许进行后续的修改和更新②。反映在文化创意产业价值链上就是形成首尾链接的环状结构,即产业价值链源于消费者需求,最终价值流向消费者,并且价值最大化的实现取决于创意者、生产者和消费者之间的互动参与程度。

② 产业价值链网状扩散。哈佛商学院的杰弗里·F.雷鲍特(Jeffrey F.

---

① 厉无畏.创意产业:转变经济发展方式的策动力[M].上海:上海社会科学院出版社,2008.
② 约翰·哈特利.创意产业读本[M].曹书乐,包建女,李慧,译.北京:清华大学出版社,2007.

Rayport)和约翰·J.斯维奥克拉(John J. Sviokla)两位学者于1995年在《开发虚拟价值链》一文中提出"虚拟价值链(Virtual Value Chain)"的概念,将由信息所组成的虚拟世界称为市场空间。虚拟价值链不仅包括信息的价值增值活动,更重要的是,"它还是一种为顾客重新创造价值"的活动。它将市场竞争从物质资源的利用转向信息利用效率的提高,通过产业价值链各环节之间信息的动态交换和加工利用使价值活动与信息紧密结合,从而获取市场空间中的竞争优势,最终通过创造顾客价值获得"熊彼特创新租金"。在融合虚拟价值链的基础上,价值链被进一步延伸为"价值网"。价值网络的思想打破了传统价值链的线性思维和价值活动顺序分离的机械模式,其本质是在专业化分工的生产服务模式下,围绕顾客价值,价值链各个环节及其不同参与主体按照整体价值最优的原则相互衔接、融合以及动态互动,通过一定的价值传递机制形成的价值生成、分配、转移和使用的关系及其结构。产品或服务的价值是由每个价值网的成员创造并由价值网络整合而成,每一个网络成员创造的价值都是最终价值的不可分割的一部分①。

3.2.3 文化创意产业组织形式

文化创意产业具有后福特主义的典型特征,即以满足个性化需求为目的,以信息和通信技术为基础,生产过程和劳动关系都具有灵活性(弹性)的生产模式②,因此,其产业组织形态与传统产业存在着较大的差异性。从管理学的组织架构理论角度来看,文化创意产业的生产组织形式同样包括了(以个人为主体的)个体生产、(以小团体为单位的)集体生产和(以大型集团公司为主体的)社会生产三种类型。其中,个体生产类型是文化创意产业中普遍存在的组织形式,如大多数艺术家(画家、作家等)通常以自由职业者身份在个人工作室进行文化创意产品的创作和生产,他们不从属于某个固定经济组织实体,在整个产业价值链中处于松散、孤立的状态。随着互联网技术的发展,网络在文化创意产业中所起的作用日益显著,虚拟化的生产方式成为可能,使得文化创意产业区别于其他传统产业,具有"分包项目性""实时性"和"不确定性"的生产组织特征,文化创意产业企业的标志性特征——随意性、自主经营和项目导向,是社会经济整体转型发

---

① 胡大立.基于价值网模型的企业竞争战略研究[J].中国工业经济,2006(9):87-93.
② 赖土发.从福特主义到后福特主义——中国工业化进程面临的机遇和挑战[J].福建论坛(人文社会科学版),2004(11):26-28.

展的必然趋势。"创意产业之父"约翰·霍金斯（John Howkins）将创意产业组织的行为方式总结为由创意个人或组织组成的"网络型办公室"，其特点是以项目为导向，创意工作具有高效灵活，其组织规模和可获取的资源主要取决于可连接的网络数量①。

文化创意产业价值链是一个复杂的价值网络系统，其最大特点是把文化创意产业化的全过程看作由多元化创意主体以价值创造和增值为纽带组织而成的组织节点链条的集合体。价值网络中的组织节点的创意主体是参与价值创造的个人或组织，包括艺术家、企业、文化机构、大学与研发机构、投资机构（包括公共和私人投资机构）、政府、中介机构、推广机构等，在文化创意产业价值链系统的构建中承担着不同的功能（如表3-3所示）。

表3-3　文化创意产业价值链系统中各类组织节点的主要创意功能及其特征

组织节点	主要创意主体	主要创意功能	阶段性成果形态
创意源（H）	艺术家、文化机构、大学与研发机构等	起始点，创意的基础	新思想、新知识、新需求等信息
原创构想（O）	艺术家、文化机构、大学、设计中心等	从创意源到文化创意作品的转折点	各类知识产权
方案设计（D）	文化机构、大学、设计中心、投资机构等	原创构想的技术设计	可操作的创意设计方案
试验模型（M）	设计中心、企业、投资机构等	创意方案的产品化	具有市场前景的创意产品
初步市场化（P）	企业、投资机构等	创意产品的市场试销	小规模、小品种的创意产品
创意产业化（I）	企业、投资机构等	系列新产品的市场推广	有一定市场占有率的系列创意产品

资料来源：根据参考文献②整理。

伴随着信息技术的迅速发展和数字媒体的兴起，文化创意产业价值链也发生了根本性的变化，即由供方（生产者）驱动的"生产—供应—消费"的线性特征转变为由需方（消费者）驱动的"个人创造—网络传播—企业采纳"的相互关联的动态"多极开放网络化"特征，又进一步使得文化创意产业组织价值创造流程日

---

① 约翰·霍金斯.创意生态：思考在这里是真正的职业[M].林海,译.北京：北京联合出版公司,2011.
② 黄钢,徐玖平.农业科技价值链系统创新论[M].北京：中国农业科学技术出版社,2007.

益呈现复杂化的趋势。由于文化创意产品或服务价值的不可分割性和互补性导致价值链系统中的企业联结成为一个网络整体,整个产业价值链系统脱离直线型的链条,向网状或网络状的"价值网"演化①。数字化信息技术的飞速发展使得知识经济、信息网络社会对未来新经济的影响越来越深刻,特别是以用户信息交互传播为特点的 Web 2.0 技术的发展,使得互联网从静态信息向内容聚合转变,也使市场行为主体的互动模式从用户使用变成群体参与,为大众创意和开放式创新提供了更为广阔的平台和自由的空间,从而形成以社会网络市场为特征的新的市场经济体系。在专业化分工的生产服务模式下,不同参与主体突破价值链各个环节的壁垒,关注自身价值及其与价值网络上的各节点的联系,并按照整体价值最优的原则相互衔接、融合以及动态互动,形成了基于社会网络理论的文化创意产业组织形式(如图 3-11 所示)。在这一模式中,产业组织被划分为代理人(个人或企业)给予其特点的决策和学习、通过社会真实和虚拟网络的检验和以市场为基础的企业和被保留的组织和协调机构三个阶段②,其驱动力不再是生产者的创意,而是以消费者主导的自我创造形式③。

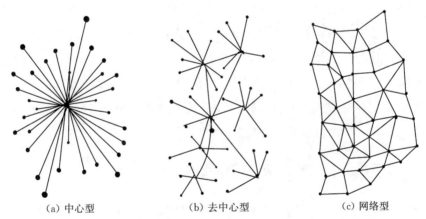

(a) 中心型　　　　(b) 去中心型　　　　(c) 网络型

图 3-11　社会网络关系视角下文化创意产业的三种组织形式

资料来源:根据参考文献②绘制。

---

① Pratt A C. Creative clusters: towards the governance of the creative industries production system? [J]. Media International Australia Incorporating Culture and Policy, 2004, 112(1): 50-66.

② Potts J, Cunningham S, Hartley J, et al. Social network markets: a new definition of the creative industries[J]. Journal of Cultural Economics, 2008, 32(03): 167-185.

③ Hartley J. The evolution of the creative industries: creative clusters, creative citizens and social network markets[M]//Li Jin-yuan, John H. International Perspectives on the Creative Economy. Beijing: Sunchime Publishing, 2009: 1-20.

3.3 文化创意产业对城市经济发展的影响

从文化创意产业演化创新发展的理论分析和具体实践影响来看,文化创意在经济体系中生成、扩散和放大的最终结果就是使文化创意产业成为经济的"增长机制",驱动经济社会进入高级阶段,促进经济结构的优化升级和经济发展方式的转变,因此,文化创意产业与区域(城市)经济发展之间存在着必然的互促互进的关系。一方面,文化创意产业将经济发展的重心指向人类本身,使经济增长由依赖于物质资源的投入转向主要依靠人类自身的创造力,其"以人为本"的价值取向和满足人类更高层次精神需求的功能体现出经济社会发展的根本目标,即促进人类自身的进步。文化创意产业体现出的"一意多用""跨界渗透""关联带动""集聚发展"与"创新扩散"等产业发展的特点,使文化创意成为产业和经济发展的核心要素,在文化创意产业内部结构高度化的同时带动传统产业结构的优化升级,进而促进整个经济体系的转型发展。另一方面,信息化革命和知识经济发展的大背景为文化创意产业提供了良好的发展机遇,后工业社会与体验经济时代的来临,"经济转而生产那种由文化所展示的生活方式"[1],为文化创意产业发展提供了更为广阔的空间。文化创意产业与城市经济的互动创新发展,将极大地促进经济"文化化"和文化"经济化"的双向互动——城市经济借助文化创意产业发展提供的强大的推动力量,提升了发展内涵;文化创意产业借助城市经济发展提供的必要的物质基础,实现了自身价值和创新。

3.3.1 城市经济发展阶段演进的助推器

美国著名经济学家迈克尔·波特(Michael Porter)于1990年在《国家的竞争优势》一书中提出了经济发展的四个阶段,即:生产要素导向阶段、投资导向阶段、创新导向阶段和富裕导向阶段(如表3-4所示)。

创新导向阶段即知识经济阶段,知识创新是这一阶段经济发展的主动力。而知识经济之后的富裕导向阶段,意味着经济推动力将由知识进一步升级和分化,文化与创意正成为继资本、技术之后推动经济发展的重要驱动因素,进而发

---

[1] [美]丹尼尔·贝尔.后工业社会的来临:对社会预测的一项探索[M].高铦,王宏周,魏章玲,译.北京:新华出版社,1997.

展出以创意、文化和科技为核心要素的文化创意产业,并逐渐成为推动经济中的主导产业。

表 3-4 经济发展阶段的驱动要素与增长理论

经济发展阶段	主要内容	驱动因素	主导产业	增长理论
要素导向	工业化早期	劳动力、土地、矿产等资源投入	农业	马尔萨斯陷阱
投资导向	大规模投资和生产	资本积累	重化工业制造业	哈罗德—多马模型索洛的新古典增长模型
创新导向	技术创新效率提高	技术进步	先进制造业 IT/通信产业	新增长理论的内生增长模型
富裕导向	追求人的全面发展,追求生活享受	创意与创新	创意产业服务业	演化熊彼特主义的增长模型

资料来源:根据参考文献①和迈克尔·波特经济发展四阶段理论整理。

从经济学角度和发达国家经济发展的实践来看,一个国家或区域的经济增长依赖于各种要素的投入,而主导要素的演进与升级引致了经济增长方式的转变,表现为由强调自然资源、资本要素在经济发展中的主导地位向强调人力资源要素的主导地位转化,最终由知识和创意代替传统的物质要素成为经济增长的主要源泉(如表 3-5 所示)。文化创意产业强调人的创造力的无穷释放,这种释放以资源边界扩展、资源内容创新与资源再生持续等方式实现对经济资源的拓展,并且在科技创新支持和产业机制运作下,通过对人的智力资源开发,即创意的运用,将各种自然和人文、有形和无形的资源有效地转化为经济发展的资本,并进一步促经济、文化和社会等各类资本之间的相互转化,从而创造出新的产品和新的市场需求。基于对资源特性的认识、人的创造力的发挥和市场的把握,文化创意产业通过发挥人的创造力,实现"无中生有""有中生优"的创意转化,用无限的创意冲破有限的资源和资本对经济发展的"硬约束",并通过创意与科技、创意与市场的结合,实现"资源→资本→市场"的多重转化,推动经济增长向"软驱动"方式转变。

---

① 吴敬琏.中国增长模式抉择:在发展的关键时刻[M].2 版.上海:上海远东出版社,2006:44.

表3-5 发达国家(或区域)现代经济增长的转变

时间	社会经济形态	驱动要素	主导要素的演进
18世纪中期	工业经济初期	投资	土地、初级劳动→资金
19世纪后期至20世纪中期	工业经济	技术	资金→技术
20世纪50年代至20世纪80年代	信息经济	信息	技术→信息
20世纪80年代至20世纪90年代	知识经济	知识	信息→知识
20世纪末至今	创意经济	文化创意	知识→文化创意

文化创意产业的发展有助于保持并培育城市发展新的经济增长点。新经济增长点的特征包括：(1)形成高风险、高投入、高回报、高效益的产业或产业群；(2)具有显著的生产率和增长率；(3)随经济结构调整进行调整；(4)随社会结构和意识形态的调整而调整；(5)新经济增长点的弱化和转移①。其实质是满足潜在需求，从而带动相关产业或地区实现经济快速增长。文化创意产业可超越传统产业的边界限制，将创新的理念、文化、意识在国民经济各产业内进行渗透、融合和优化，具有直接关联经济、社会和文化等各方面的能力，在改变产品的观念价值、创造新技术、新产品和新市场的同时，创造出更大的社会财富。

首先，文化创意产业实现的终端消费是满足人们的精神娱乐消费需要。受社会环境、文化差异、地域特色、个体嗜好以及时尚潮流、传播炒作、时机选择等多种因素的影响，消费者对文化创意产业生产的精神性产品的需求存在着不确定性，导致了文化创意产业具有高风险性，正如约翰·霍金斯所描述的文化创意产业是一个"失败率很高的产业"。同时，对文化创意产业的投资是一种风险投资，它以知识创意和高科技为支撑，具有高收益、高回报和高增长潜力的特点。其次，文化创意产品具有生产和消费的全民性特征。随着社会经济的发展和人们生活水平的提高，恩格尔系数的下降使得人们可用于购买文化创意产品和服务的开支比重不断增加，对文化需求与精神需求日益增长并不断释放，成为文化创意产业高增长率的源泉。另外，在满足精神性和娱乐性消费的同时，文化创意产品还具有"中间产品"的性质，提供多样的生产性服务，具有巨大的就业潜力。再次，文化创意产品的竞争不再单纯依靠其功能性，而是通过产品所倡导或体现的文化来影响或迎合社会公众的意识形态、价值观念和生活习惯，从而让公众接

---

① 李海英.我国新经济增长点理论研究综述[J].特区经济,2007(7):274-275.

受这种产品或服务。因此,文化创意产业具有发展迅速、更新换代频繁的特点,其产业形态会随着社会、经济的发展而演化发展。最后,文化创意产业源于知识经济体系下的经济部门,以蕴含文化内涵的创意产品为主体,通过将文化、技术、制造与服务融为一体,可以与传统产业相互融合、渗透,从而拓宽传统产业的升级渠道,推进产业结构的升级,拓展经济的发展空间。

3.3.2 城市经济转型发展的着力点

2012年以来,中国经济增长进入换挡期,走向经济结构转型升级、经济增长方式转变和经济动力源泉更新之路。发展文化创意产业,不仅可以通过建设和完善国家创新体系来带动整个经济结构的转型升级,也是提升我国以文化影响力为特征的软实力的重要手段。

文化创意产业倡导四个维度的全方位发展,即以知识的创造和传播为动力的文化发展,以创意促进消费、形成市场的经济发展模式,以促进交流、构建网络的社会发展和以自然和科技的可持续设计为发展思路的环境发展,它追求的是目标多元化的可持续发展,不仅能够带来经济的增长,还能更加充分发挥人类的整体潜能。文化创意产业的发展将资源开发的重点指向人类自身,实现经济发展主要依靠增加物质资源消耗向主要依靠人类自身创造力转变。文化创意产业以创意、知识、文化、信息和技术等具有非稀缺性特点的智力型资源作为核心生产要素,其产品和服务中的无形资产,如创意设计、知识产权、文化内容、技术含量和品牌价值等,通过初始成本生产出来后可以低成本甚至零成本被无限复制,供给不受有形资源约束,供给量完全由需求所决定。同时,文化创意产业强调"以人为本"的价值取向和满足人类精神需求的功能,使产业导向与产品价值构成发生变化,从"红海竞争"转向"蓝海创新",实现经济增长由投资和出口拉动向创新和消费拉动转变。

文化创意产业的发展拓宽了城市经济发展的空间。文化创意产业的生产过程包含文化创意的创作、复制和生产、销售和传播、使用和体验四个阶段,它不是一个自给自足的生产系统,而是与其他经济领域互动融合的,其作用结果就是以创意价值链系统为中心,使创意价值不断向系统外围拓展,为经济与社会带来有形和无形的价值。文化创意在产业化的过程中实现自身产业的增值并通过与其他经济领域的互动融合向实体产业和城市发展进行拓展(如图3-12所示)。

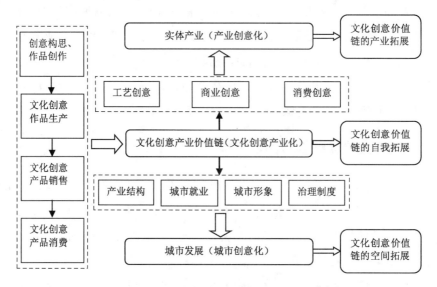

图 3-12　基于文化创意产业价值链拓展的城市经济转型发展
资料来源：根据相关文献，笔者绘制。

文化创意产业提升了产业的附加值和产品的观念价值。随着经济发展和收入水平的不断提高，促进产品价值增值的基本趋势是沿着功能价值到观念价值的路径展开，从而推进文化创意的产业化过程，体现出文化创意产业价值链的自我拓展。文化创意产业通过产业关联对实体产业产生改造和提升的作用，通过由服务内容提供的消费创意、由产品设计和营利模式的创新进行的工艺和商业创意，将文化创意元素融入实体产业的产品和服务，进而提升各产业的附加值，这表现为文化创意价值链在产业层面拓展，反映了文化创意产业对其他实体产业的渗透及对整个经济系统的影响。文化创意产业与城市（区域）发展是一种互动耦合的关系。文化创意产业通过重塑城市产业结构、提升城市形象、拉动城市就业和引致城市治理结构全面创新等，促进城市发展，这是文化创意价值链系统向空间拓展的重要价值增值方式，反映了文化创意产业对城市经济乃至整个经济社会的全方位拉动作用。

从产业关联的角度来看，文化创意产业通过前向、后向和旁侧关联与其他产业之间产生直接的关联效应。文化创意产业与其他产业的前向关联主要体现为生产型文化创意产业对其下游产业的影响。如工艺设计、工业设计与技术研发等行业部门通过知识研发创造活动为其他产业提供新的生产方式、产品、技术和服务等集合要素,在促进后者发展的同时也可能催生出新的产业部门。文化创意产业处于产业链的顶端,与三次产业均有价值联系,这就决定了它对各种产业都具有较强的前向关联效应。通过向其他产业提供适量的中间投入品,文化创意产业的发展可以实现相关产业结构比例的协调,促使产业结构的合理化。文化创意产业领域中一些对技术要求较高的行业,如计算机与软件服务业、广播影视等行业,需要依靠复杂的高技术设备,这种依赖和要求关系,使得这些行业发展的同时必然带动上游的相关材料和设备制造行业的发展。通过对投入品的需求增加或要求提高,文化创意产业的发展可以引起相关产业相应地扩大投资、提高产品质量、完善管理、加快技术进步等变化,带动产业向高技术含量、高附加值方向发展,促使产业结构的高级化。文化创意产业与其他产业的旁侧关联主要表现为文化创意产业的产品和服务能提高其他产业的附加值。如咨询策划行业通过为其他产业提供咨询、营销、策划等服务,为其他产业改善经营管理水平、树立品牌形象和扩大消费市场,进而提高这些产业的附加值,使其发展壮大。

  从产业融合的角度来看,文化创意产业的发展能够加快产业结构的优化和传统产业升级。产业融合是指不同产业或同一产业内的不同门类相互渗透、相互交叉,最终融为一体,逐步形成新产业的动态发展过程[①]。文化创意产业是文化、科技和知识调整融合的产物,其产品与服务凭借着文化内涵,借助高科技信息技术的融合,被广泛应用于各产业形态中,与三次产业的各行业之间进行跨界重组,体现出产业融合的产业发展新趋势。一方面,文化创意产业的发展延展了产业的价值链。首先,文化创意产业的发展为第一产业的发展注入新的元素。新技术、文化创意与农业生产与外延行业的融合,产生了休闲农业、观光农业等新型农业形态,使得农业的发展更加多元化,实现产业链的延伸,极大地提高了农业的附加值以及现代社会需求变化的适应性,提升了第一产业的经济效益与可持续发展能力。其次,文化创意产业中的技术研发、工艺设计等,对第二产业的生产具有较强的关联效应和波及效果,在提升产品的功能价值和体验价值、增强产品市场竞争力的同时,推动第二产业内部由劳动密集型向知识技术密集型方向演进。"文化引领科技""文化创意带动创新"成为实现制造业中高端化的重要途径。再次,文化创意产业作为现代服务业的重要组成部分,其文化性与创新

---

① 厉无畏.创意产业导论[M].上海:学林出版社,2006.

性使之相较于传统服务业的服务理念更加突出审美享受和满足精神需求的功能，是第三产业发展的高级化阶段的重要体现。文化创意产业与三次产业融合的结果使得各产业的知识、技术集约化程度和趋势加强，通过文化创意要素的投入，促使各产业向价值链的高级化迈进，从而促进产业间结构的优化和产业内部结构的高级化，成为三次产业持续创新发展的起点和动力源。

　　国内外的发展实践表明，科技创新和文化创意是现代经济增长的双引擎，也是文化创意产业发展的两翼。在技术进步、产业融合、消费升级的大背景下，文化创意产业所表现出来的创新性、渗透性、高增值性、强辐射力、高科技含量等特征与城市综合竞争力的构建具有一致的路径选择。随着社会经济的发展，在推进科技创新的同时大力发展文化创意产业，推进文化创意成果在更广泛领域的应用和创新，以科技创新和文化创意"软硬兼施"的双创发展观来提升城市综合竞争力，硬实力和软实力互为补充，形成合力从而获得更大的竞争优势。

第4章
城市文化创意产业空间集聚的动因

伴随着文化创意产业的兴起与发展,文化创意产业呈现出空间集聚态势。从世界范围来看,文化创意产业大多集聚在经济发达程度较高的大都市地区。诸如纽约、巴黎、伦敦,亚洲的东京、首尔、新加坡以及我国的北京、上海、香港等世界各大主要城市都是文化创意产业最发达、最集中的地区。之所以在发达的大城市集聚,是因为这些地区能够满足文化创意产业发展的必要的"社会生态环境"。因此有人提出,城市中心总是"创意力之炉"。如伦敦在"多元文化的浸染"和"政府的激励"下成为全球最重要的创意产业发展地之一。巴黎是设计者的工作天堂。其涵盖的设计领域主要包括:产品设计、服装设计、时尚设计、环境设计、包装设计等。由设计而生的时尚消费也占据了很重要的位置。纽约坐拥基础设施便利、社会网络密集、宽容度高、生活方式多元化等得天独厚的"社会生态"优势,成为创意人才的"寻梦地"。东京则是内容输出和"动漫王国"的核心地带。然而,也并非所有的创意集聚点都是知名的、大体量的国际化都市。如手工艺和民间艺术城市埃及的阿斯旺和美国新墨西哥州的圣菲、美食城市哥伦比亚的波帕扬等被列入联合国教科文组织"创意城市联盟"内的多座城市都是发达国家名不见经传的小城镇,但它们也能够凭借其文化个性走出自己的特色之路,同样成为世界瞩目的焦点。

可见,文化创意产业的勃兴与城市规模没有直接联系,而是其所在城市的经济社会发展到一定阶段的产物。文化创意产业在这一区域中拥有集聚能力或潜力需要具备以下三个基本条件:一是城市需要满足文化创意产业发展的特定基础条件,尤其关注的是已有的基础和区域本身的产业特点能否对文化创意产业的迅速发展和壮大给予一定的支持;二是文化创意产业所代表的各个行业本身是否具有集聚所需要的特性;第三,文化创意产业新增附加价值的比重和土地利用效率是否较高。

从企业层面来看，文化创意产业的发展不是某一企业或个人的单一行为，它更强调集体的互动以及企业在地理上的集中。城市需要为文化创意产业的价值实现提供多样化的市场需求、灵活的创意人才市场、专业化的培训教育、关联产业的支撑以及频繁的信息交流等外部条件。正如产业集群研究专家王缉慈认为的那样，"文化企业、非营利机构和个体艺术家集聚和互动，形成独特的集群发展环境"，它的特征在于"生活和工作结合、文化产品生产和消费结合，有着多样化的宽松环境、独特的本地特征，而且与世界各地有密切的联系"[①]。

文化创意企业选择地理上集中发展主要是在某些诱因条件下，通过不断的自我强化而逐渐形成一个具有巨大磁力的专业化区域。这一类集聚样式的运行主要有两种方式。一种是具有生态化或市场化的自我发展机制，因此被认为是"自下而上"的自发集聚。"少量的大企业，大量的小企业"是其产业组织的重要特征。大量的创意工作室和小型企业常常围绕在相关的大型企业所在区域附近形成集聚的空间态势。另一种文化创意企业的集聚主要是源自政府主导的"自上而下"的"划园而治"。它是由政府主导并规划建设，具有相当的可复制性和可推广性，因而被许多文化创意产业后发国家或地区青睐。

文化创意产业集聚并不是一种普适性的产业组织形式，在市场经济欠发达、产业水平较低的条件下，想要构建文化创意产业集聚，建立文化创意产业的内生机制，实现空间集聚化发展，是有难度的。因此，文化创意产业集聚的动力机制是文化创意产业研究的一个核心问题。

4.1 文化创意产业集聚的特点

经济增长及其在空间上表现出来的集聚特征具有某种内在的混合属性。一方面，增长通过创新促使经济活动在空间上集聚；另一方面，集聚能够带来更低的创新成本从而更快地促进增长。由此产生的增长与集聚的累积循环效应改变了厂商的空间分布进而导致地理集中，而地理上的集中又因为成本降低进一步影响到增长速度。地区间自然禀赋的差异性是导致经济活动空间集聚的重要原因，但"即使初始状态根本不存在任何不同，即假设全球自然资源是均匀配置的，

---

① 王缉慈.创意产业集群的价值思考[EB/OL].北京国际城市发展研究院中国领导决策信息系统数据库,中国政务信息网: www.ccgov.net.cn.

专业化的情形和活动的集中仍不可避免地按照经济的、社会的和政治的原理而出现"[1]。因此，集聚的根本动力来自内在的社会经济力量。

文化创意产业集聚是由产业集聚衍生而来。世界知识产权组织（WIPO）将文化创意产业集聚定义为：创意产业（工艺、电影、音乐、出版、互动软件、设计等）在地域上的集中，将创意产业的资源集合在一起，使创意产品的创造、生产、分销和利用得到最优化，这种集聚行为最终将促使产业合作的建立和网络的形成。作为一种新兴的产业形态，文化创意产业集聚具有其自身的特性。

（1）分层性。文化环境、资源基础、外部政策环境等的区域差异性，使得文化创意产业集聚的形成和发展表现出较强的区域性。文化创意产业集聚形成的空间组织，根据其自身不同的规模和地域分布，显示出"分层集聚"的特征（如表4-1所示）。"国家"层面的文化创意产业集聚得益于一国对于支柱产业发展战略的制定；"城市"层面的文化创意产业集聚主要是受区域政策的倾斜性支持以及城市文化特色的影响；"社区"意义上的文化创意产业集聚，是最小的"细胞"和重要的载体，往往与城市居民的生活密切相关。

表4-1 文化创意产业"分层集聚"的特征

集聚的区域范围	影响因素	示例
国家层面	国家相关政策支持一国范围内的文化创意企业及其相关企业或机构的相互合作	数字化内容产业（澳大利亚国家发展政策）
城市层面	城市发展政策支持城市内的文化创意企业及其相关企业或机构的相互合作；城市的文化特色等	广播、电影、动漫等（英国布里斯托尔）
社区层面	属地化的政策支持城市某一特殊区域内文化创意企业或机构的合作	艺术设计（荷兰赫尔辛基诺基亚公司的老电缆工厂）

（2）演化性。受产业发展、技术和社会进步、市场竞争、政策变更等多重因素的影响，文化创意产业的空间集聚伴随产业自身发展的不同阶段表现出不同的形式，也呈现出生命周期特性（如表4-2所示）。

---

[1] 藤田昌久,雅克-弗朗科斯瓦·蒂斯.集聚经济学：城市、产业区位与区域增长[M].刘峰,张雁,陈海威,译.成都：西南财经大学出版社,2004：34.

表 4-2 文化创意产业"演化集聚"的特征

产业发展阶段	集聚表现	示例
起步阶段	政府直接政策干预和经济支持使得一些文化创意企业得以发展,并通过特殊津贴的资助鼓励和扶持企业在空间上的集聚	圣彼得堡创意产业发展中心
成长阶段	出现一些独立的文化创意企业,空间集聚的推动力仍主要来源于政府	布里斯班创意区
勃兴阶段	文化创意企业的数量和规模不断壮大,政府加大文化基础设施的投入,本地和区域市场扩张,开始向国际市场拓展,空间集聚性增强形成产业集群	英国格拉斯哥的电影、电视业
成熟阶段	某些行业内的大规模的文化创意企业成为产业集群的主导力量,具有高度发达的国内和国家市场	意大利米兰的时尚设计
衰退阶段	企业生产成本上涨、生产协作网络的维护成本增加,企业创新能力减弱等因素导致产业集群的衰退	—

（3）柔性化

与制造业类似,文化创意产业集聚也表现出"地理临近、产业关联和行为主体的互动"的特征,但它们之间又存在差别(如表4-3所示),主要源于文化创意产业的空间集聚更接近于服务业的集聚范式。"服务业集聚既有同种行业的集聚,也有异种行业的集聚"①,而这些行业是竞争或者互补的关系,因此,服务业集聚发展的关键因素是互补共生。

表 4-3 文化创意产业集聚与制造业集聚的差异

	文化创意产业集聚	制造业集聚
区位选择	大都市或城市核心区域	城市边缘地带
联结方式	以公共性投入和生产要素(尤其智力资源)的共享或互补为主导	以产业链为主导
网络组织	强调社会网络的构建,尤其注重发挥非营利性组织的作用,以交流活动为基础的松散型社会关联模式,多是嵌入性关系	强调专业化分工,以交易活动为基础的紧密型社会凝聚模式,多是市场性关系

---

① 吕拉昌,阎小培.服务业地理学的几个基本理论问题[J].经济地理,2005(1):117-120.

(续表)

	文化创意产业集聚	制造业集聚
价值创造	间接创造价值,产业共生性决定了其最终价值依附于其他相关产业	直接价值创造,主要体现在税收贡献
本质属性	关注文化创意、技术支撑,强调知识密集交换和创新链接	关注生产与效率,强调价值链或供应链的互动链接

斯科特(Scott)认为新柔性集聚区域主要显著地建立在三大产业部门,即"重获新生的工艺和设计密集型产业、高技术产业、服务性产业"。制造业的集聚主要是从供需角度去考虑,制造业企业形成了以产品为导向、以产业链为主导的联结方式,集聚多发生在价值链上的各个环节。服务业主要基于学习和创新环境考察集聚利益,企业的联结方式多是以公共性投入和生产要素的共享或互补为主导。文化创意产业集聚具有服务业集聚的特征,文化创意企业是以文化传播和渗透以及价值实现为联结的,很大程度上源于对知识共享的需要集聚而生,具有虚拟网络的柔性效应。文化创意企业间的柔性联结使其内在的结构和可扩展性较以往有了很大提高,使传统企业集聚的竞争关系走向关联化的竞合关系。

4.2 文化创意产业集聚动力的一般性分析

4.2.1 知识溢出

现代知识管理理论认为,知识包括显性知识和隐性知识两个大类。其中,可以通过语言、书籍和文字等形式进行传播和学习的是显性知识,而那些与个体的体验和经验有关的,且不易于用语言、文字等形式传播和学习的则属于隐性知识。显性知识可以通过大众媒体进行传播,往往不受空间和地域的限制,并且传播成本相对较低,而隐性知识则只能通过人与人之间的面对面交流才能进行传播与学习,所以其地域性、地方性色彩较强。

罗默的知识溢出理论认为,知识是追逐利润的厂商进行投资决策的产物。知识具有溢出效应,反映的是知识再造的过程。"虽然来自距离最小化的交易成本节约也是知识密集型服务企业集聚的原因,但这不足以解释高附加值和知识密集型集群的持续增长,而获取当地化和相对不流动的缄默知识以及知识外溢却相当重要"①。企业在创新活动中所获得的新技术、新产品及新管理方式等新知识外溢出去,转变为集聚区内的显性知识流和隐性知识流。显性知识流包括各类知识产权、外观设计专利和著作权等受法律保护的有形技术,可以进行编码和传递,一般通过合法交易实现跨边界转移和扩散外溢;隐性知识流则是在集聚区内特有的创意思维和管理方式,往往产生于各类协作分工活动中,通过近距离的知识交互使得隐性知识大量溢出。

文化创意产业属于知识密集型产业,其发展更多地是取决于人力资本而非物质资本,因此,创意人才的知识和技术是文化创意企业的核心资源。同时,文化创意产业主要是以符号性商品和信息为生产与经营对象,因此,创意性、知识性是其产品经济价值的基本来源。文化创意产品的特性以及隐性知识传播范围的有限性,要求从业者进行面对面交流(如自由的社交、文化氛围等),如艺术家们往往会聚集在同一地区,这不仅仅是出于其人际交往的需要,更重要的是通过与同行们的交流,把握艺术创作上的前沿动态,从而获得创作上的灵感。而知识在空间上的根植性决定了知识尤其隐性知识的传播是有成本的,这就需要通过产业的集聚(即实现区位极化)来降低交流的成本。通过知识溢出的作用,实现了知识的共享,而有效的知识共享,一方面可以为文化创意产业的知识创造提供知识与技术上的支持;另一方面可以使得产业集聚区内各个企业实现知识的互补,并有利于将外部知识内部化,从而获得巨大的学习效应,这两个方面的共同作用促进了文化创意产业集聚发展的能力。

企业在地理空间上的集聚为知识溢出提供了温床,而依靠企业间的知识溢出、外部辅助网络的知识溢出、人力资本企业间的流动以及创意工作者之间近距离的交流与沟通,集聚产生的知识溢出加速了知识的共享与新知识的产生。因此,知识溢出是文化创意产业集聚形成的前提,也是保障集聚区内创新能力持续更新的源泉,知识溢出是文化创意产业发展和集聚的根本动力。

4.2.2 协同竞争

波特的企业竞争优势模型认为,生产要素、需求条件、相关与支持产业战略结构和同业竞争是决定企业具有竞争优势的必要条件。在业务联系上具有关联

---

① Pinch S, Henry N. Paul krugman's geographical economics, industrial clustering and the british motor sport industry[J]. Regional Studies, 1999, 33(9): 815-827.

性的文化创意企业集聚在特定的空间上,可以共享大部分的产业要素,产生共生效应,从而获得规模经济效益。同时,集聚也加剧了竞争,给企业带来了创新的压力与动力,无形中强化了激励机制,促进了文化创意企业的成长和发展。熊彼特提出了"创造性破坏"的概念,认为市场经济过程中的新商品、新技术、新供给来源的竞争和新组织形式的竞争是创新的重要源泉,"创造性破坏"比价格竞争更重要[①]。

"协同"是与竞争相对立的概念,代表合作、互助和同步等行为。"协同"和"竞争"的对立统一是社会演化过程的动力源泉,是知识经济时代企业群体竞争观念的创新,能带来一个有机的、相互依存和相互作用的产业集群。相互关联的文化创意企业在追求集聚区系统的整体平衡和有序结构目标的同时,在价值创造上出现协同与竞争并存的现象。集聚区内各文化创意企业间既相互竞争又相互合作,实现了一种长期性的、基于彼此信任或承诺进行无契约性的交易方式。同时,当面对外来竞争者时,各企业又合作表现出竞争优势。协同与竞争能够推动系统向有序化方向发展:竞争的压力促使企业加大对创新行为的投入;协同的创新活动实现各企业同步联合,有利于创新环境的形成,共同构建集群网络创新体系。而网络创新体系又能进一步提升区域的创新能力,通过创新使集聚区获得可持续发展的能力。文化创意产业集聚获得竞争优势的一个重要原因在于创新的外部效应。同时,集聚形成的竞争优势具有磁吸功能,能对区域内外的人、财、物和信息等有形或无形资源产生吸引力。人才集聚、信息集聚和技术集聚加强了集聚空间内企业的竞争优势。因此,协同竞争是文化创意产业集聚形成的动力源泉。

4.3　文化创意产业集聚动力的经济学分析

文化创意产业的行业特征和企业运作方式决定了文化创意企业集聚的动力很大程度上归功于正外部性的作用,而这种外部性更多地体现在选择地理空间上集中的文化创意企业间存在着的知识或者技术外部性上。

伴随全球经济从农业经济到工业经济再到知识经济的时代演进,经济发展

---

① 约瑟夫·熊彼特.经济发展理论[M].北京:商务印书馆,1990.

出现了"再结构的过程",以高新技术为主导的研发创新以及以人的创造力和知识文化要素为主导的文化创意成为推动经济增长的主导要素。从对土地、资金等硬性资本的重视转向知识、文化、技术等软性资本的关注成为经济学领域研究的重要特征。通过技术创新渗透到生产能力的知识积累和知识溢出是新经济内生增长理论的一个中心主题。

知识生产函数(knowledge production function,KPF),这一概念最早是由格瑞里茨(Grilichers)在估计创新过程的产出与以研发或创新型活动相关的不同要素之间的关系时提出,他将知识和产出效益紧密地联系在一起,用以分析知识对于经济发展与经济增长的影响。其基本假设是将创新过程的产出看作研发资本或人员投入的函数,基本表达式为:

$$Y=F(X,K,\mu)$$

式中,Y 是宏观或微观水平的产出;X 是劳动力与资本等生产投入向量;K 表示技术知识水平,部分由现在和过去的研发费用决定;μ 是其他因素的作用或随机误差。技术知识水平由现在和过去的研发投入决定,即 $K=G[W(B)R,\upsilon]$,其中,$W(B)$ 是一个滞后多项式,B 是滞后算子;R 是研发费用;υ 是随机误差项。

格瑞里茨用柯布—道格拉斯生产函数(C—D 函数)形式对知识生产函数进行了具体的表述:$Y=AC^{\alpha}L^{\beta}K^{\gamma}e^{\lambda t+\mu}$,其中,$A$ 是常数项;t 为时间;e 为自然对数;α、β、γ 和 λ 为待估参数。

此后,诸多学者对知识生产函数进行更加深入的研究,并在知识对经济增长的作用、知识的溢出效应、研发型活动的生产效率、区域创新的影响因素、研发部门的绩效等方面的研究中得到了广泛的应用。研究表明了格瑞里茨的知识生产函数是分析区域或产业层面上知识生产与溢出的一个强有力的工具模型。然而,该函数在机构、企业等微观层次上却无法直接确定创新投入和产出之间的关系。

对于中小企业,甚至是小微企业而言,它们只有很少的 R&D 投入,但为什么却能有比较多的创新产出?由于知识在某种程度上来说具有公共品的特性,这就决定了无论是源于企业自身还是来自其他企业的 R&D 投入,所有企业的创新产出都会随 R&D 投入的增加而增加。这在一定程度上意味着企业在地理上临近或者空间上集聚的需要。杰菲(Jaffe)认为新经济知识是最重要的产出,企业追求新经济知识并将其投入生产过程,而投入变量则包括研发经费投入和人力资源投入。他将空间因素引入知识生产函数框架,肯定了地理上接近大学、研究机构或者其他企业的重要性,其知识生产函数表达为:

$$Q = AIR^{\alpha} \times UR^{\beta} \times (UR \times D^{\gamma}) \times \varepsilon$$

式中,Q 是研发活动强度或创新产出,A 是常数项;IR 表示企业的研发投入;UR 是大学的研发投入;D 表示大学和企业间的距离。统计结果 α、β、γ 均大于 0,验证了知识溢出的存在,同时也肯定了有第三方使用了从大学、企业的研究中溢出的知识和技术。知识生产函数的空间模型充分证明了:正外部性的溢出机制是包括文化创意产业在内的以研发或创新型活动为基础的产业集聚动力的主要来源。

4.4 文化创意产业集聚动力机制

一般认为,产业集聚来源于分工专业化、规模效应报酬递增或者外部性,其一般逻辑在于分工和专业化通过报酬递增和正外部性促成集聚。但也有学者提出了质疑。美国学者艾利(Ellisonetal)通过实证分析得到"自然优势"因素可以解释五分之一的产业集群现象。藤田昌久和蒂斯也在理论上证明了"在不存在报酬递增和非完全竞争的情况下,经济人之间非市场的交流,也能导致各种类型的集聚发生"。因此,企业选择空间上的集聚,其动因不仅与分工专业化、报酬递增或外部性有关,还与自然资源、土地利用、市场潜力、创新能力、交易成本等诸多因素有着密切的联系。这也就意味着文化创意产业的集聚不能简单地以纯粹的正外部性加以概括。本研究拟从区位因素、外部环境和网络组织三个维度进一步梳理出文化创意产业集聚的动力因子,从而构建文化创意产业集聚的动力机制。

4.4.1 文化创意产业集聚动力机制的关键因子

(1) 区位因素

区位因素强调的是地域特色为区位选择带来的增值,可看作自然属性的表达,具体涵盖了自然的、历史的因素和条件,如地区的自然资源禀赋、地域文化和历史文化的积淀等。

自然资源禀赋是大多数传统行业的企业决定集聚某地的关键条件，但对于文化创意企业来说却不是重要的影响因子。虽然文化创意产业并非是特殊资源依赖型的，却倾向于集结在具有特别的地域文化（比如地方传统文化、民俗文化等）、特殊类型的生产能力和技术（比如手工工艺等）的区域。如英国曼彻斯特北部文化创意产业集聚区的形成就与当地悠久的、与众不同的音乐历史及享有国际声誉的滚石和流行乐队有关。对于文化创意产业而言，文化内涵始终是最为核心和重要的因素，这就决定了文化创意企业的集聚地多是文化底蕴较为丰富的区域。如上海的老码头文化创意产业集聚区就是融入了石库门、黄浦江等老上海情调的核心元素由一座老厂房改建而成的。

马库森认为，具有"黏结性"的区位是高度地域化的，它可能来自区域内部沉淀的产业特定性要素，比如自然资源、基础设施等，也可能来自该地区的知识与技能。而前一类型的作用力正在逐步削弱，后一类型中鉴于制度、知识、能力等要素的不易模仿与低流动性而具有较强的地域根植性特征。这种根植性条件为企业带来的超额利润得益于文化的浸润和影响。对于所有文化创意型企业而言，文化内涵始终是创新过程中最为核心和关键的资源禀赋。很多文化创意产品可能会具备与其原产地直接相关的标记，而且这种特性的经济效益极其巨大，比如伦敦西区的戏剧、好莱坞的电影、拉斯维加斯的娱乐、米兰的服装设计，等等。这些地方存在的习俗、传统文化或者某项技能的特殊潜质，能够为产品注入一种其他地方所不能完全模仿的"气氛和气质"，有人把它称之为"地区象征"。

选择临近市场是文化创意产业集聚的另一种倾向，这不仅是出于生产者对文化社会生态环境的考虑，更多地是考虑临近消费者需求、满足消费市场的要求。文化创意产业是以消费者的需求为导向的，生产的每个环节都需要根据顾客需求精心设计和挖掘。同时，还非常看重对产品的评价和文化认同感，因此，企业集聚地临近市场，更容易获得来自消费者的反馈与互动。文化创意产品具有文化性、审美性和符号性的典型特征，超越了一般意义上产品的功能价值，体现出更多的精神层面或者体验意义上的价值。这样的产品消费只有在经济发展水平达到一定阶段的区域才可能实现。因此，文化创意产业集聚的区位选择大多在大城市或位于城市的中心地带，比如，瑞典首都斯德哥尔摩的城市中心集中了该国一半左右的音乐制作公司，大量专业和非专业的音乐工作者和艺术家聚集在那里，原因之一就在于当地有巨大的音乐市场消费能力。

(2) 外部环境

外部环境强调的是符合特定行业发展的动态的、复杂的产业成长环境,可看作社会属性的表达,具体指的是产业发展所需的政策、法律、金融、人才以及高校及科研院所、行业协会等支撑机构。文化创意产业集聚的环境依赖主要是指对"人造环境"或者"建构环境"的依赖。文化创意企业通过地理空间的集聚获得空间非自由流动资源的使用权和控制权,从而集聚区域内特有的产业发展环境和生产经营环境为企业带来了额外的利润。

政策可以左右城市的发展路径,它影响着教育、金融、法律等软环境构建的方方面面。好的公共政策,如宽松的人才环境、多元的文化氛围和创造性的教育体制等能够为城市营造高品质的创意环境。正如彼得·霍尔(Sir Peter Hall)指出的"城市政策像磁石一般吸引着天才的移民和财富的创造者"[1]。文化创意产业从概念提出开始就具有一定的政策导向意义,尤其在知识经济时代背景下,各个国家或地区致力于发展文化创意产业的原因之一在于通过政府政策的引导和推动来促进一系列以新技术和内容生产为核心的新兴产业的发展,所以政策在文化创意产业发展过程中具有特殊而重要的地位。对于以中小企业甚或小微企业为主的文化创意产业领域而言,企业孵化环境是由政府、科研机构、行业协会等多主体构成的,其中,政策支持是最为重要的一环,从资金援助、专项扶持到最终"软环境"的构建,沿着产业扶持政策、经济系统政策和社会环境政策的轨迹层层递进。

创意人才是文化创意产业发展的核心要素,Florida称之为"创意阶层(creative class)"。这一阶层对于区位的选择相对苛刻,往往具有很强的"便利性指向"和城市选择性。如被誉为"艺术守门人"的一类特殊群体,他们在时尚界具有权威和话语权,因为他们掌握着这一时尚行业领域未来变动的脉络,而接近这类人群则比较容易引起大众和传媒的关注,这就使得相关领域内的企业为之追随。与传统的"企业引导人才流动"观念不同,"企业追随人才而做出区位变动"的决策行为在文化创意产业领域更为突出,知识型人才越密集或人力资本越丰富的区域越容易吸引文化创意企业的集聚。因此,创意阶层的崛起是文化创意产业得以兴盛的根本原因,文化创意产业集聚在本质上可看作创意人才的

---

[1] Hall P. Creative cities and economic development[J]. Urban Studies, 2000, 37(4): 639-649.

集聚。

资金对文化创意产业的发展起到关键性作用。文化创意产品的产业化和市场化的运作等都需要耗费大量的资金,而对于初创型的中小企业或小微企业来说,由于自身资金有限或难以通过版权等无形资产做抵押申请银行贷款,政府资金优惠或者税收奖励等政策扶持以及创新金融等举措、集聚区运营方而提供资金援助的做法成为企业向区域集聚的重要原因,并由于资金的嵌入从而生成一种稳固的集群生态关系。因此,来源于"政策高地"的资金吸引力成为众多文化创意企业集聚的重要原因。

(3) 网络组织

文化创意产业价值链系统的复杂性决定了它需要多层次、多样化的网络与之相匹配。在文化创意产业集聚并走向集群化发展的过程中,会产生生产者网络、市场终端网络、关系网络和服务支撑网络等四种不同类型但彼此相互联系的网络①。文化创意产业价值链上的所有参与者都能够从这些网络通道中获得所需资源,并取得协同发展。

溢出效应是集聚区内正外部性的体现。文化创意产业集聚过程中有显著的溢出效应。文化创意产业"项目式"的阶段化特征决定了企业人员的流动较为频繁,这就为企业通过溢出效应而获得学习机会提供了可能。同时,文化创意产业的集聚,更多地是强调创意的生产者与消费者、知识组织之间的创新互动。由于相关领域具有典型的"黏性"特质的知识或被学者称之为"缄默知识",只能在具有共同实践和专业化技能的专业人士面对面的交流中才能实现,而地理空间上的靠近提供了获得这种外部性的可能。因此,集聚所带来的"生产者网络"十分有利于文化创意企业的发展,且在这样的网络环境和体系下,大量的知识、技术以及市场信息通过正式或非正式的渠道和场合得到流通,彼此间的一种隐性心理激励也成为溢出因素。

公共品牌的塑造是以共同的终端市场为基础的。众多拥有相同或者相近终端市场的企业集聚在一起,在降低交易双方的搜寻成本同时更有利于塑造出集聚区的公共品牌,且由于网络效应的存在而产生广泛的辐射影响。如果所在的集聚区公共品牌形象得到较高的业内认可度或美誉度,则区内单个企业就都能

---

① 孙洁.文化创意产业集聚动力机制研究[M].上海:上海人民出版社,2013:82-83.

从中受益。因此,借助于公共品牌的知名度和认可度提升自己企业的受关注程度是众多文化创意企业尤其是中小型企业考虑集聚发展的重要原因之一。

企业拥有各自的专业化领域,相关联企业的集聚与合作,有助于扩大各类型的专业化市场,通过互补资产的培育,产生规模效应,带来报酬递增的收益。不同规模和类型的文化创意企业及其分公司或者同盟企业之间集聚在一定的空间范围内,他们之间存在着竞争关系,但更多的是基于企业之间"采购者—供应商"联系基础上的合作关系。因此,集聚在一起的企业之间更容易形成一种动态网络,使各个企业在关注其核心能力的同时能够与产业价值链上的其他企业结成合作伙伴,互相寻求发展的外部互补性资产,为企业赢得更多的市场机会。

集聚另一个重要的吸引力在于集聚区所提供的服务功能。无论是管委会运作,还是企业运作,又或是社会网络方式搭建起来的服务平台,对于企业而言,都能够从中获得额外收益。面向中小企业的各类公共服务平台构建,能够为企业在商务活动、市场营销、产品研发等各个阶段提供支持,如针对动漫游戏企业的共性需求搭建动漫游戏渲染平台、测试平台等;为企业初期所需的天使投资,中期的银行低息贷款和风险资本介入提供融资渠道和服务平台;作为企业自身策略行为的补充,提供更多更广泛的渠道信息。服务平台建设是一个多主体的社会网络构建过程,不仅依赖于集聚区运营者、中介机构或者行业协会,某种程度上还需要政府行为的介入。

4.4.2 文化创意产业集聚动力机制的构建

通过以上分析可以看出,文化创意产业的集聚具有社会经济系统的动态复杂性、时变性和非线性的特征,是在多重因子的共同作用下而产生的一个多因子、多变量、非线性的动态反馈的复杂大系统,而这正是文化创意产业集聚动力机制的表现形态(如图 4-1 所示)。

初始原动力的形成要充分尊重区域的文化特质和市场趋向。文化资源的地域根植性形成的"诱致力"和文化创意产品的市场需求产生的"拉动力"构成了区位选择层面上生成的文化创意产业集聚的根本动力。

在集聚效应发挥、竞争力生成的初期,地方政府、资金保障、创意阶层等因素的推动对产业基础的积累性投入具有重要意义。政府扶持与引导形成的"驱动力",包括创意阶层、知识产权保护、资金渠道、品牌认知等在内的体制机制保障

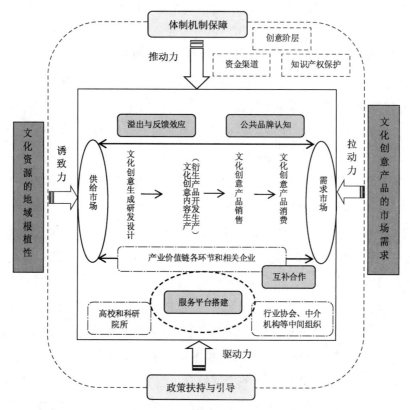

图 4-1　文化创意产业集聚动力机制
资料来源：根据相关文献，笔者绘制。

产生的"推动力"构成了外部环境层面上生成的文化创意产业集聚的外生动力。

　　从文化创意生成、研发和设计、内容生产和衍生产品开发与生产、产品销售到产品消费的全过程，各个环节中知识和技术的溢出、互补关系的建立、服务平台的搭建、公共品牌的共同享有，大大提高了集体效率，增强了企业在竞合关系中形成的"协同力"。基于文化创意产业的价值链各环节中的相关企业互补合作形成的自组织网络体系是网络组织层面上生成的文化创意产业集聚的内生动力。

第 5 章
苏州市文化创意产业发展条件分析

苏州市是大运河文化带重要的节点城市,也是我国长江下游江苏南部地区的经济和文化中心,其文化底蕴深厚,各类文化设施、高等教育资源高度集聚,具有发展文化创意产业的先天优势;苏州市是长三角城市群、扬子江城市群和G60科创走廊重要的中心城市之一,是我国高新技术产业和第三产业最为发达城市之一,具有发展文化创意产业独特的区位优势和产业基础;苏州市是我国最早提出"文化立市"的城市之一,2001年确立了"文化强市"的战略目标,并于2015年进一步提出了"把苏州市打造成区域性文化创意产业中心,形成与相关产业全方位、深层次、宽领域的融合发展格局"的战略目标。目前,已先后出台《苏州市2001—2010年文化强市建设规划纲要》《关于加快苏州市文化产业发展的若干政策意见》(苏府〔2009〕182号)、《关于加快文化改革发展若干经济政策的意见》(苏府〔2011〕231号)、《关于推进苏州市文化产业融合创新发展的指导意见》(苏文产〔2013〕7号)、《关于进一步加快文化创意产业发展的若干政策意见》(苏府〔2015〕108号)等一系列政策性文件,并于2009年专门成立了"苏州市文化产业发展领导小组",设立了文化创意产业发展专项基金,为该产业发展提供了有力的政策支撑和组织保障。

近年来,苏州市文化创意产业发展速度较快,发展势头强劲,已经成为该市经济发展的重要增长点,这与其发展文化创意产业所具备的极佳的内生资源和外部条件密切相关。

5.1 历史文化资源

2500多年的城市发展历史,形成了由太湖史前石器文化、春秋吴越文化、隋唐运河文化、宋元水城文化、明清园林文化以及都市现代文化构成的独具魅力的苏州文化(如表5-1所示)。

表 5-1 苏州市核心文化

历史时期	核心文化特征	典型代表
史前	石器文明	三山岛旧石器遗址
春秋	吴越文化	木渎春秋古城遗址
隋唐	运河文化	京杭大运河水利
宋元	水城文化	老城"水陆双棋盘"
明清	园林文化	拙政园、留园等
现代	都市生态文化	金鸡湖、太湖等
	自然生态文化	西山国家森林公园等
	江南村镇文化	东山镇、陆巷村等
	水乡农耕文化	太湖鱼虾、基本农田等
	传统工艺文化	昆区、苏绣、核雕等

资料来源：笔者整理。

苏州市是世界上文化资源总量最多、品种最齐全的城市之一，也是中国首批24座国家历史文化名城之一，并于2012年成为国家历史文化名城保护区。目前，已划定平江路、拙政园、阊门、怡园、山塘街五个历史文化街区和阊桃片（阊门历史文化街区、桃花坞片区）、拙园片、平江片、怡观片（怡园历史文化街区、观前片区）、天赐片、盘门片、虎丘片、西留片、寒山片等九个历史文化片区，各个历史时期的文物古迹达800多处，遍布整个市域范围，并以古城区分布为主（如图5-1所示）。

苏州市还拥有各级非物质文化遗产321项，其中世界级6项，国家级32项，省市级283项，包括了传统戏曲艺术（如昆曲、苏剧、评弹等）、传统手工技艺（如宋锦、缂丝、香山帮传统建筑营造技艺等）、传统美术（如苏绣、木雕、玉雕等）以及民间文学、民俗、中医等文化形式。丰富璀璨的历史文化遗产构成了苏州市最难被替代和被模仿的、最持久的城市竞争优势，也是发展苏州市文化创意产业最重要的生产要素和创意生成空间。

此外，作为中国近现代民族工业的发祥地之一，苏州市积淀了深厚的地域工业历史文化（表5-2）。在"退二进三"的产业调整政策下留下的大批工业用地和工业建筑，形成了包括厂房、仓库、工业建筑物和构筑物、工商业名人故居等丰富多样的工业遗产，具有重要的历史、艺术和经济价值。

第 5 章　苏州市文化创意产业发展条件分析

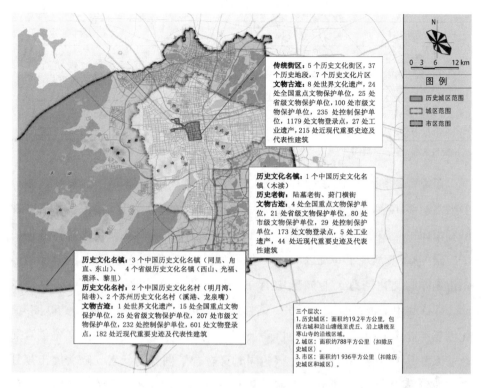

图 5-1　苏州市历史文化保护区分布图
资料来源：根据《苏州历史文化名城保护规划（2013—2030）》及相关资料，笔者整理自制。

表 5-2　苏州市工业发展阶段的代表性工业遗存

发展阶段	城市发展特征	工业发展特点	代表性工业遗存
萌芽（辛亥革命前）	传统工商业城市	以纺织业、食品加工业为主	与纺织业相关的名人故居、工商业管理衙署等
初期发展（民国至解放前 1912—1948 年）	现代工商业城市转型	以纺织业、手工业为主	前店后坊式手工业作坊，对工业发展起保障、促进作用的市政服务设施等
快速发展（改革开放前 1949—1978 年）	形成中的轻工业城市	以轻纺业和轻工业为主	轻纺企业
全面发展（改革开放后 1979—1990 年）	轻工业城市	以轻工制造业为主	电器制造业"四大名旦"

(续表)

发展阶段	城市发展特征	工业发展特点	代表性工业遗存
用地置换 （20世纪90年代 1991—2000年）	外向型城市	古城内用地置换，乡镇和园区工业崛起	无较大规模新建生产性工业厂房
功能置换 （2000年至今）	外向型城市	古城内工业功能更新，乡镇和园区工业发展	无新建生产性工业厂房

资料来源：笔者整理。

研究资料和调查结果显示，苏州市现存工业遗产主要分布在古城区内，划分为平江丝织工业片区、阊门厂商工业片区、胥江滨水工业片区、沧浪技术工业片区和南门民族工业片区5个片区[①]。工业遗产为苏州市发展文化创意产业提供了广阔的空间，涌现了一批以旧工业建筑为基础的文化创意产业园。据统计，苏州市创办的文化创意产业园区中有43家（占该市文化创意产业园区总数的55.13%）利用了闲置的工业厂房。诸如江南文化创意产业园、"姑苏·69阁"文化创意产业园、989文化创意产业园等均改建于原有工业厂房，一批文化创意类企业入驻其中，在保留旧工业文脉的同时又融合了创意的元素。随着城市规划和产业发展，苏州的工业遗产有了不同程度和模式的更新建设（如表5-3）。但由于产权问题及城市规划中对更改用地、建筑等相关要求和限制性意见，使得利用工业遗址发展文化创意产业还存在着较大的不确定因素。

表5-3 苏州市工业遗址改造的代表性案例

工业片区	原工业厂名称	地址	改造后现状描述
阊门厂商 工业片区	苏州檀香扇厂	西北街90号	苏州工艺美术博物馆
	新光丝织厂	桃花坞大街158号	桃花坞创意园，多为设计工作室、小型企业、影楼、小型旅店等，部分公共活动场地未开发
平江丝织 工业片区	苏州市电力电容器有限公司	白塔东路26号	容·创意产业园，多为餐饮、影楼及设计工作室，商业气息浓重，公共活动与交流场地较少
	苏州第三纺织机械厂	白塔东路60号	书香世家平江府酒店，酒店大堂与苏州半园相结合

---

① 夏健，王勇，杨晟.基于城市特色的苏州工业遗产保护框架与再利用模式[J].规划广角，2015（04）：110-116.

(续表)

工业片区	原工业厂名称	地址	改造后现状描述
南门民族工业片区	苏州第一丝织厂	南门路94号	0130号市级文保单位,以工业旅游、室内参观体验及购物为主
南门民族工业片区	苏伦纺织厂	人民南路53号	490号市级文保单位,城市综合体,包括北区商业、南部综合体、西部住宅区、吴门新天地四个部分
南门民族工业片区	苏州关税务司署	南门路8号	250号市级控保单位,活动举办的场所,苏州青少年活动中心的组成部分
沧浪技术工业片区	苏州半导体总厂	新市路138号	部分改造成了植园饭店与咖啡馆,公共活动场地较少
胥江滨水工业片区	苏州火柴厂	阊胥路798号	247号市级控保单位,仓库改造为宏盛楼餐饮和古运河旅游公司,旧址背后沿运河设有休闲步道
胥江滨水工业片区	苏州第二制药厂	盘胥路859号	"姑苏·69阁"文化创意产业园,多为设计工作室、影楼、婚庆服务店、咖啡吧、餐吧等,部分公共活动场地未开发

资料来源:笔者整理。

5.2 文化基础设施

苏州市文化基础设施种类齐全,数量较多。截至2017年,苏州市公共文化设施总面积已达300万平方米,人均0.29平方米,基本实现了公益性文化设施市、县、镇、村四级全覆盖。苏州市现有公共图书馆11家,并形成了以苏州图书馆和7个以县市区图书馆为总馆,以乡镇(街道)图书馆为分馆和村(社区)基层综合信息服务中心为基层服务点的总分馆体系,分馆数量达363个,年接待人次超过2 500万;文化馆11家,各类文化馆和文化站举办展览共1 041个,文艺演出活动1.36万次,可用于活动的建筑面积约50万平方米;博物馆44个,可用于展览的建筑9.3万平方米;艺术表演场馆23个,座席数2.9万个,演出24.25场次,建筑面积75.09万平方米。这些文化基础设施成为苏州市文化创意产业门类中会展广告业、影视演艺娱乐业、广播电影电视和音像业等产业发展的重要依托。苏州市文化设施总体空间布局结构为"三核、两轴、两带、多点"①（如图5-2所示），基本形成了覆盖所有居住社区、城乡一体的公共文化圈设施网络。

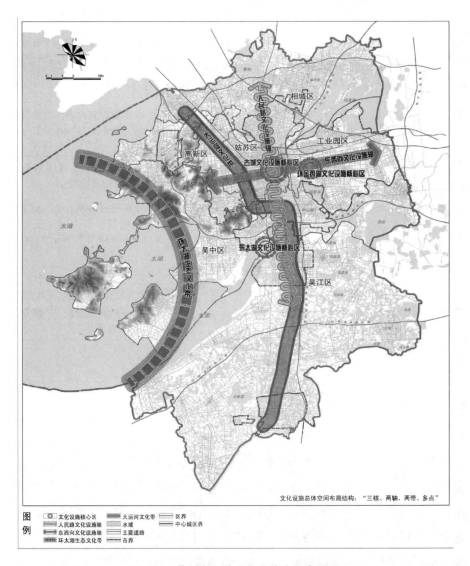

图 5-2 苏州市公共文化设施空间布局图

资料来源：《苏州市公共文化设施布局规划（2015—2030）》（苏府〔2017〕6号）。

---

① "三核"为古城文化设施核心区、环金鸡湖文化设施核心区和东太湖文化设施核心区。"两轴"为人民路文化设施轴和东西向文化设施轴。"两带"为环太湖生态文化带和大运河文化带。"多点"指服务于不同人群、不同区域的各级公共文化设施。

5.3 人力与科教资源

作为个体创造性极强的文化创意产业,其发展高度依赖于人力资本的投入产出和创意阶层的崛起。人才,尤其是创意人才在产业发展过程中具有举足轻重的作用。苏州市是我国人力资源和人才集聚较为密集的地区之一。根据2010年第六次人口普查数据,苏州市常住人口1 045.99万人,各种受教育程度的人口975.11万人,其中,大专及以上学历146.30万人,占受教育人口总数的15%。2017年,苏州市引进人才15.40万人,包含大专及以上学历或中级以上职称及其他相当人员在内的人才总量达260.01万人,其中研究生学历或高级以上职称及其他相当人员的高层次人才22.29万人;高技能人才总量达54.87万人,占技能劳动者比例达33%,每万名劳动者中高技能人才数达793人。国家"千人计划"人才总数累计达到237人,其中创业类人才127人;江苏省"双创计划"人才782人;国务院特殊津贴专家651人;国家级和省级突出贡献中青专家分别为19人和238人;博士后科研工作站415个,在站博士后425人。2009年以来,苏州市每年举办以"汇聚全球智慧、打造创业天堂"为主题的"苏州国际精英创业周"活动,成为苏州市重要的高层次人才引智平台。据统计,创业周活动举办十年来,苏州市引进和培养国家"千人计划"人才、江苏省"双创计划"人才和姑苏创新创业领军人才共计633人;累计落户项目3 785个,共获授权专利4 301项,有19个创业项目年销售额过亿,14个新三板挂牌。为了鼓励海外人才到苏州开展科研创新活动,自2011年起,苏州市实施柔性引进海外智力的"海鸥计划",截至2017年,累计共有596个项目涉及790名外国专家入选,补贴资金6 037.77万元。在"人才强市"和"人才优先发展"战略目标导向下,苏州市致力于"人才首选"城市建设,一方面,通过深入开发国内外人才资源,大力引进和培养高层次、高技能及创新创业人才,有力地推动了高层次人才集聚和新兴产业发展;另一方面,通过人才集聚和人才结构调整引领产业集聚和产业结构调整,实现人才集聚与产业发展的良性互动。

苏州市高教资源较为丰富,形成了包含苏州大学、苏州科技大学、中新苏州工业园区职业技术学院等高等院校、独墅湖高等教育园、石湖国际教育园以及工业园区、高新区、昆山高中级人才培训基地等在内的高等教育和职业技术教育集群。2017年，苏州市现有的26所普通高等学校教职工数量1.81万人，其中专任教师1.21万人；在校学生数量达22.28万人，其中研究生人数为1.4万人。在各类高校的专业设置中，涵盖了信息技术、计算机和软件、建筑、工业设计、艺术等，是该市文化创意产业发展重要的人才培养基地和输送渠道。以国家"211工程"重点建设高校、江苏省属重点综合性大学——苏州大学为例，根据中国校友会团队发布的数据，该校在2017年全国大学排名中位列第52位，全国综合类大学排名第23位，江苏省高校排名第7位。苏州大学设有文学、经济学、艺术学、教育学、管理学和历史学等12个学科门类、24个学院（部）。2017年，在校生数3.93万人，其中研究生人数1.17万人，各类留学生0.26万人；毕业生总数9 615人，其中研究生3 142人，本科生6 473人，选择在苏州市就业的毕业生人数占该校总就业人数的比重为71.82%，其中很大一部分成为苏州市文化创意产业的从业者①。

苏州市科技创新步伐加速推进。2017年，该市科研机构数量155个，规模以上工业有科研机构的企业数量4 421个；各类专业技术人员174.26万人，其中高级职称人员9.16万人，中级职称人员40.92万人；专利申请量和授权量分别为113 694件和53 223件，居全国第四位，专利转让许可备案年均增长40%左右，专利运用能力和企业知识产权商品化水平不断提升。科技活动投入和科技创新载体建设力度持续加大。2017年，苏州市财政性科技投入123.7亿元，占一般公共预算支出的7%；全社会研究与试验发展经费支出占地区生产总值比重达2.81%，科技进步贡献率达63.7%；推动企业研发投入增长10%以上，其中，规模以上工业企业R&D经费内部支出393.43亿元。通过支持企业建设重点实验室、工程（技术）研究中心、公共技术服务平台等各类创新载体，全面提升企业研发机构建设水平。2017年，苏州市省级以上企业研发机构达1 200多家，大中型企业研发机构建有率达93%；省级以上公共技术服务平台60家，其中国家级15家。另外，加快发展产、学、研、用相结合的综合型众创空间，并将其作为承载区域创新创业、新兴产业培育等功能的核心载体，初步形成了由政府主导，企业、高校、投融资机构等社会力量多元共建的众创空间建设模式。2017年，苏州市共有248家众创空间，其中，国家级51家，省级60家，市级137家，在苏州各区市

---

① 数据来源于江苏省高校毕业生就业管理信息系统——《苏州大学2017年毕业生就业质量年度报告》。

均有分布。

但是,与北京、上海等城市相比,人才短缺仍是苏州市文化创意产业发展面临的最紧要问题。调研资料显示,70%以上的文化创意企业认为缺乏高端创意人才和经营管理人才,尤其是动漫制作、网络媒体、时尚设计等新兴行业人才最为紧缺。

5.4 支撑产业

苏州市经济实力相当雄厚,且产业结构较为合理。2017年,苏州市地区生产总值达17 319.51亿元,居江苏省首位,在长三角城市群中仅次于上海,在全国排名第七位;地区生产总值构成中,第二、三产业占比98.8%,与国内主要发达城市的差距极小(如表5-4所示)。与文化创意产业相关联的支持性、引导性和需求性产业的快速发展为苏州市发展文化创意产业提供了良好的产业基础。

表5-4 2017年我国部分城市经济发展水平比较

城市	GDP(亿元)	二、三产业占比(%)
上海	30 133.86	99.70
北京	28 000.40	99.60
深圳	22 438.39	99.90
广州	21 503.15	98.91
苏州	17 319.51	98.80
杭州	12 556.00	97.50
南京	11 715.10	97.70
无锡	10 511.80	98.70
宁波	9 846.90	96.80

数据来源:各城市2017年国民经济和社会发展统计公报。

5.4.1 金融业

金融业是苏州市重要的支柱产业之一,其综合实力在全国排名前十位。至"十二五"期末,苏州市金融业增加值1 180亿元,占地区生产总值比重的8.1%,占服务业增加值比重的16.5%;金融从业在编人员6.6万人;金融总资产达3.8

万亿元(2017年达5万亿元);金融机构总数759家(2017年达848家),其中,含国有银行、股份制银行及外资银行等在内的银行业机构63家;全国25%的证券期货公司和51%的保险机构在该市设立了分支机构,数量达251家;金融业态日臻丰富,形成了以传统金融机构(银行、证券、保险等)为主,担保再担保、典当、融资租赁、股权投资、金融中介等新型金融业态相结合的基本架构[①]。

金融业是促进实体经济发展的"输血器"和产业提升的"助推器",其主要功能是为经济平稳发展提供充足的资金保障,以高风险、高成长的中小型企业为主体的文化创意产业的发展更是离不开金融业的支持和保障。2010年12月,苏州市出台《苏州市金融支持文化产业发展实施意见》,提出建立由政府主导的文化产业发展资金,包括文化产业发展专项扶持资金、文化产业担保基金和文化产业引导投资基金,并利用多层次金融市场资源搭建文化企业融资平台,大量支持文化产业的发展。2015年9月发布的《苏州市金融支持企业自主创新行动计划(2015—2020)》(苏府〔2015〕136号)旨在充分调动金融资源支持企业创新发展,重点解决市级及以上人才企业、拥有自主知识产权的企业、文化创意类企业、专精特新企业、"新三板"挂牌和拟挂牌企业等的资金需求。同时,苏州市金融服务能力不断提升,综合金融服务模式——"苏州模式"不断深化,形成了以政府打造的产业环境和政策体系为基础,以银行为中心,结合证券、保险、创投等金融机构和会计师事务所、律师事务所、人力资源机构等中介服务机构,为企业发展提供综合化、专业化的金融服务体系。

此外,通过建立"苏州地方企业征信系统""企业自主创新金融支持中心"和"苏州综合金融服务平台"三大基础平台,利用互联网信息技术,极大地提升了金融资源供需对接效率,充分发挥出金融工具的支持效应。以苏州综合金融服务平台为例(如图5-3和图5-4所示),截至2018年3月,在平台上登录的企业有36 228家,发布融资需求44 306笔5 936.40亿元;银行机构34家,保险机构9家,担保机构16家,金融产品166项;银行和担保机构分别为平台知识产权企业、文化创意企业和人才企业等各类企业解决了5 750.07亿元和4.05亿元的融资需求,有力地缓解了苏州市科创型企业融资难的问题,提高了金融服务效率。

---

① 苏州市政府办公室关于转发《苏州市"十三五"金融业发展规划》的通知(苏府办〔2016〕125号)。

第5章　苏州市文化创意产业发展条件分析

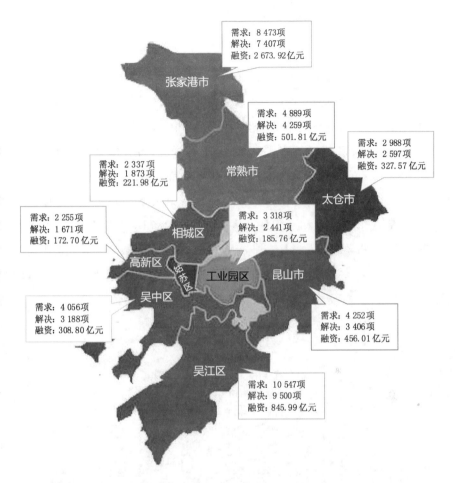

图 5-3　苏州综合金融服务平台银行机构解决企业融资需求地区分布

资料来源：苏州综合金融服务平台 https://www.szjrfw.com/#entCount，笔者自制。

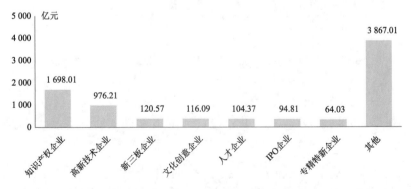

图 5-4　苏州综合金融服务平台银行机构解决融资需求的企业类型

资料来源：苏州综合金融服务平台 https://www.szjrfw.com/#entCount，笔者自制。

087

5.4.2 高新技术产业

苏州市是国家高新技术产业基地。2011年至2017年,该市规模以上高新技术产业和新兴产业产值分别由10 516亿元和10 758亿元增加到15 300亿元和16 229亿元,年均增长率分别为6.5%和7.27%,分别高出同期该市规模以上工业总产值年均增长率4.6和5.4个百分点;占规模以上工业总产值的比重分别由37.86%和38.73%上升到48.62%和51.72%;高新技术产业企业数量和平均从业人员分别由2 355家和139.35万人增加至4 469家和146.52万人,新兴产业企业数量和平均从业人员分别由1 710家和101.16万人增加至2 687家和131.33万人。从产业行业领域来看,苏州市已经形成了电子信息、智能和高端装备、新材料、新能源、新型平板显示等千亿级主导产业,同时还在节能环保、生物技术和新医药、集成电路等领域取得了较大进展(如图5-5和图5-6所示)。

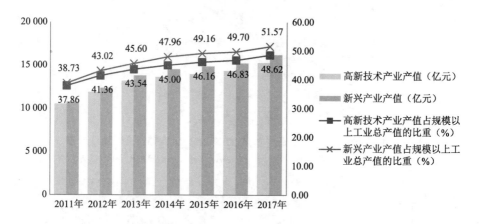

图 5-5　2011—2017 年苏州高新技术产业和新兴产业发展状况

数据来源:2012—2018 年《苏州市统计年鉴》。

苏州市加大创新投入力度,并以建设苏南国家自主创新示范区[①]为契机,

---

① 苏南地区包括了江苏省的南京、苏州、无锡、常州和镇江5市。2014年10月,国务院批准南京、苏州、无锡、常州、昆山、江阴、武进、镇江等8个国家高新区和苏州工业园区建设国家自主创新示范区,成为全国首个以城市群为基本单元的自主创新示范区。其战略定位为"创新驱动发展引领区、深化科技体制改革试验区、区域创新一体化先行区",力争建成具有国际竞争力的创新型经济发展高地。

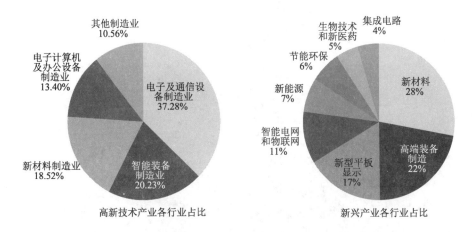

图 5-6　2017 年苏州市高新技术产业和新兴产业行业分布

资料来源：根据 2017 年苏州市国民经济和社会发展统计公报，笔者自制。

构建了"三核、两中心、多区"的高新技术产业空间布局①，通过集聚科技资源和创新要素，促使企业自主创新能力和水平得到了极大的提升。2017 年，苏州市创新综合指数为 162.93，对苏南创新指数增长的贡献率达 40.55%，居苏南五市之首，成为苏南国家自主创新示范区建设的主力。苏州市中小科技企业，尤其小微科技企业是高新技术产业的生力军。2013 年实施"瞪羚计划"②以来，已有 346 家中小科技型企业作为重点扶持对象，其中，工业园区、高新区和昆山市占到 53.18%（如图 5-7 所示）。这些企业涵盖了高新技术产业各行业领域，其中，电子信息技术领域入选的瞪羚企业占全部企业数的50%左右。

---

① "三核"为苏州工业园区、苏州高新区和昆山高新区，着力打造成为创新驱动的核心区，"两中心"为国家技术转移苏南中心和区域性科技金融服务中心，"多区"指吴江汾湖高新区、常熟高新区以及各县级市（区）的省级高新区。

② 一般将高成长中小企业称为"瞪羚企业"。一个地区的"瞪羚企业"数量越多，表明这一地区的创新活力越强，发展速度越快。但"瞪羚企业"通常面临着产业发展资金匮乏，融资渠道狭窄等问题。"瞪羚计划"最早由中关村管委会于 2003 年推出，旨在解决高科技中小企业"融资难"的问题。"瞪羚计划"创造性地采取了市场化筛选机制，通过政府政策引导、多方合作的方式，将信用评价、信用激励和约束机制同担保贷款业务进行有机结合，通过政府的引导和推动，凝聚金融资源，构建高效、低成本的担保贷款通道。

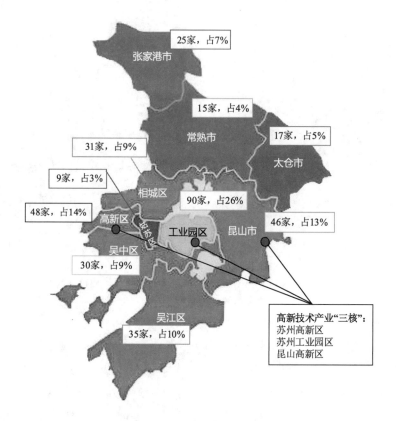

图 5-7　2017 年苏州市瞪羚企业地区分布

资料来源：根据苏州市人民政府网站"苏州市瞪羚计划（2017—2018 年）"拟入库企业名单公示，笔者整理自制。

5.5　平台建设

国内外产业发展的实践经验表明，文化创意产业的发展与社会网络、创意氛围有着密切的关系，其中，公共服务平台和中介机构（行业协会）在促进文化创意产业发展中发挥着重要的作用。如纽约 SOHO 区的 HERE 艺术中心、香港创意产业及科技创新委员会、上海创意产业协会、深圳文化创意产业协会等非营利性社会机构，是政府与企业、企业与企业及企业与相关机构之间重要的桥梁纽带，发挥着"政府助手、企业推手、行业管家"的功能，这些行业协会通过整合创意资源和集聚创意人才，为政府产业发展决策提供咨询和建议，并为文化创意企业提供重要的交流与合作平台，在凝聚产业发展合力方面起着积极的作用。

苏州市构筑了研发设计、人力资源、创业投资、信息服务、知识产权等公共服务平台，为文化创意产业的发展提供了有力的科技、人才和金融支撑。同时，根据文化创意产业的行业特点，相继成立了工艺美术、广告、印刷、动漫游戏等行业协会（如表5-5所示）。2008年成立的一级行业协会——苏州市创意产业协会，涵盖了影视传媒、创意设计、数字出版、文化旅游、广告会展、动漫网游、演艺娱乐、文化遗产保护开发等创意产业领域，为提升苏州市文化创意产业发展水平做出了重要贡献。2011年，由苏州市从事文化创意产业和相关产业的企事业单位和文化创意工作者自愿组成了全市性、联合性、非营利性的社会团体——苏州市文化创意产业联合会，设立了文化遗产保护利用、影视和传媒、数字内容和动漫游戏、创意策划、印刷复制和会展服务等6个专业委员会以及大设计研究发展中心和创客孵化中心两大机构。联合会现有的137个会员中，除了文化创意产业及相关产业的行业协会外，还包括江苏（太仓）LOFT工业设计园、江南文化创意设计产业园、苏州长润文化产权交易服务有限公司等文化创意产业园区和相关行业的企业。这些社会组织、产业园区及各行业领域的企业共同构成了文化创意产业联盟，在资源共享、成果转让、产权保护、产业链合作及文化创意产品和资源要素的流通等方面发挥着重要的促进作用。

表5-5　苏州市与文化创意产业相关的部分行业协会

名　称	地　址	性质与特色
创意产业协会	狮山路22号	苏州市一级社会组织，涵盖影视传媒、创意设计、数字出版、文化旅游、广告会展、动漫网游、演艺娱乐、文化遗产保护开发等文化创意产业领域
广告协会	胥江路89号	宣传、指导苏州市广告行业，开展广告企业资质认定工作，重点扶持优势广告企业；支持广告企业创新发展和创意园建设，不断拓展广告业发展空间；积极组织会员开展大型原创设计展览活动
印刷行业协会	公园路45号	行业性民间组织，具有社会团体法人资格，现有2 500多个会员单位，旨在加强印刷业企业之间的联系与协作，协助政府有关部门加强行业管理，提高印刷企业的总体水平，促进印刷行业的良性发展

(续表)

名　称	地　址	性质与特色
软件行业协会	工业园区星湖街328号创意产业园	从事软件和信息服务业以及软件开发、信息服务、业务培训、应用配套等相关业务的企事业单位结成的全市性、行业性的非营利性社会组织
动漫游戏行业协会	工业园区星湖街328号创意产业园	动漫游戏产业领域的企事业单位、教学院所和个人自愿组成的非营利性的社会组织。开展中外学术交流、研究、咨询服务等工作，促进企业间的交流与资源共享，实现优势互补与合作，并为政府有关部门决策提供参考
工艺美术行业协会	西北街88号	以刺绣、缂丝、檀香扇、剧装戏具、红木家具、民族乐器、湖笔、玉雕、漆器、石雕、金银饰品、桃花坞木刻年画等企业为主体自愿组成的非营利性社会团体，苏州市首批"4A"级社团组织（2010年）。配合政府部门培养和选拔人才，推动人才创造业绩；加强工艺美术保护，推动技艺保护传承；搭建展览展示平台，推动创新创优；加强技艺交流，扩大宣传传播
漫画学会	十梓街458号	由漫画及其衍生品的机构和动画专业工作者组成的苏州市一级社会团体。具有业务协调、中外交流、学术研究、教学培训、信息传播、咨询服务及平台搭建等功能，促进漫画及其衍生品（包括动画、动漫演艺、游戏、周边产品）的发展（研发、生产、推广、销售），提升苏州漫画创意产业的发展水平
人力资源服务行业协会	干将西路298号	现为江苏省人力资源服务行业协会副会长单位，苏州市社会组织促进会会员单位，苏州市4A级社会组织，江苏省示范性社会组织
歌舞娱乐场所行业协会	十全街燕家巷18号	打造具有强大竞争力的娱乐行业品牌项目和品牌企业
旅游文化产业协会	姑苏区新市路138号6号楼6203室（文旅大楼）	由苏州市旅游局主管，整合旅游文化产品的资源，聚力发展，宣传、推广苏州旅游文化产品

资料来源：苏州市文化创意产业联合会网站（http://wca.szwhcycyw.com），笔者整理自制。

5.6 产业政策及其空间引导

5.6.1 文化产业政策[①]

"文化产业"和"文化产业政策"的概念于2000年在《中共中央关于制定国民经济和社会发展第十个五年计划的建议》中被正式提出,2002年党的十六大正式确立了文化产业的国家战略地位。此后,全国性和地方性文化产业政策性文件纷纷出台,并逐渐形成了比较完善的政策体系,对文化产业发展方向及价值取向、促进文化体制改革、规范文化产业市场、支持多产业的成熟化、网络化发展等方面起到了非常重要的作用。从文化产业政策创新实践的角度来看,我国文化产业大致可分为提速发展期、扎实推进期和纵深发展期三个阶段[②]。苏州市在贯彻执行全国性文化产业政策的同时,制定并出台了一系列推动文化产业发展的政策与措施(如表5-6所示)。

表5-6　2000—2017年苏州市部分文化产业政策

政策类型		目标性战略政策	规范性管理政策	支持性发展政策
主要政策文件	全国性	《国家"十一五"时期文化发展规划纲要》(2006年) 《文化产业振兴规划》(2009年) 《国家"十二五"时期文化改革发展规划纲要》(2011年) 《国家"十三五"时期文化发展改革规划纲要》(2017年) 《文化部"十三五"时期文化产业发展规划》(2017年) 《中国传统工艺振兴计划》国办发〔2017〕25号	《关于推进文化创意和设计服务与相关产业融合发展的若干意见》国发〔2014〕10号 《关于深入推进文化金融合作的意见》文产发〔2014〕14号 《关于加快发展对外文化贸易的意见》国发〔2014〕13号 《关于大力支持小微文化企业发展的实施意见》文产发〔2014〕27号 《关于推动特色文化业发展的指导意见》文产发〔2014〕(28)号 《关于推动文化文物单位文化创意产品开发的若干意见》国办发〔2016〕36号	《关于推动我国动漫产业发展的若干意见》国办发〔2006〕32号 《关于促进电影产业繁荣发展的指导意见》国办发〔2010〕9号 《关于支持电影发展若干经济政策的通知》财教〔2014〕56号

[①] 由于我国采用的是"文化产业",因此本节文化创意产业的相关政策采用"文化产业"这一称谓。
[②] 蔡尚伟,何鹏程.回眸与展望:中国文化产业政策的创新演变[J].成都大学学报(社会科学版),2010(02):5-8.

(续表)

政策类型		目标性战略政策	规范性管理政策	支持性发展政策
主要政策文件	苏州市	《苏州市传统工艺美术产业优化发展规划》苏府〔2012〕133号 《苏州市"十三五"服务业发展规划》苏府〔2016〕164号 《苏州市文物保护事业"十三五"发展规划》苏府办〔2016〕258号 《苏州市区公共文化设施布局规划（2015—2030）》苏府〔2017〕6号 《大数据产业发展规划（2016—2020年）》苏府〔2016〕196号	《关于推动苏州文化产业跨越发展的意见》苏府〔2009〕182号 《关于进一步加快文化创意产业发展的若干政策意见》苏府〔2015〕108号 《关于促进大数据应用和产业发展的若干政策意见》苏府〔2016〕197号	《苏州市金融支持文化产业发展的实施意见》苏办发〔2010〕104号 《关于推进苏州市文化产业融合创新发展的指导意见》苏文产〔2013〕7号 《苏州市文化"走出去"扶持项目资金补贴办法（试行）》苏文规字〔2013〕5号 《"文贷通"苏州市文化产业企业贷款担保基金实施细则》苏文规字〔2014〕5号 《苏州市文化创意产业投资引导基金管理办法（试行）》苏文规字〔2016〕8号
政策目标		确立文化（创意）产业发展的总体目标和要求	制定规范的管理途径和方式内容，规范管理文化（创意）产业的发展过程，形成良好秩序和氛围	采取财政、金融等措施支持和促进文化（创意）产业的加速发展

资料来源：根据苏州市人民政府网站（http://www.suzhou.gov.cn/szsrmzf/zfxxgkzl/xxgkml.shtml?para=dfbmptlj）"全市政策文件库链接"，笔者自制。

从某种程度上来说，苏州市采取的是一种"战略赶超型"的产业政策，以鼓励和引导为主，政府通过市场化的手段积极推动和引导重点文化创意产业的发展，主要表现在：一是成立了苏州市文化产业领导小组办公室，实行重点文化企业认定和考核管理制度，并对其给予优惠政策；二是采取金融与财政支持等主要政策措施，对文化创意企业给予财政奖励、补贴、税收优惠、融资政策倾斜、贷款贴息、担保等方面的支持，并在产品开发方面给予资金支持和税收减免等，全方位促进文化创意产业的发展；三是通过设立文化创意产业集聚区进行重点地区开发和重点产业发展。

《苏州市文化创意产业分类目录(2015)》(苏文广字〔2015〕17号)、《关于进一步加快文化创意产业发展的若干政策意见》(苏府〔2015〕108号)和《苏州市文化创意产业投资引导基金管理办法(试行)》(苏文规字〔2016〕8号)等是该市以"文化创意产业"命名的主要政策性文件,其主要内容:一是对苏州市文化创意产业给出了具体定义和划分标准;二是明确将创意设计、文化旅游、工艺美术及非遗传承开发、数字内容与新媒体、影视演艺娱乐、文化会展广告等作为重点发展领域;三是加大财政支持,设立文化创意产业投资引导基金和文化创意产业发展专项扶持资金(每年不低于1亿,并逐年增加),重点扶持龙头企业和产业园区(基地)以及具有示范性、导向性的文化创意产品生产和文化服务项目,并以补助或奖励的形式支持设计、动漫游戏、影视和出版等原创性文创产品、非遗资源利用开发和创意人才的创业;四是高度重视知识产权的保护和运用;五是通过创新文化金融产品和服务,拓展融资渠道,促进文创产业与金融资本的对接。可以看出,现阶段的政策设计主要是通过优化市场竞争环境、激发原创活力、鼓励创新创业、培育产业主体、拓展内外市场、构建服务平台、强化人才保障、拓宽融资渠道和加强组织协调等措施,对产业发展实行前期保护、中期服务和后期奖励,并与产业转型、科技产业和人才等政策相互支撑配套,进而有效地推动文化创意产业的发展。

5.6.2　政策空间引导

2016年,苏州市发布《苏州市城市总体规划(2011—2020年)》(简称《规划》),确立了该市"三心五楔,T轴多点"的城市空间结构①。其中,苏州市中心城区为"一心、两区、两片"构成的"T型"、多组团的空间结构②。《规划》中对中心城区的产业布局进行了引导,总体包括由北部高新技术产业带、中部公共设施服务带和南部创新文化产业带组成的东西城市发展主轴和以商贸业为主体,串联古城城市中心、吴中片和相城片的城市副中心的南北城市发展次轴以及各组

---

① "三心",即三级绿心。"五楔",即伸入中心城区的5条生态绿楔,包括西南角、东南角、东北角、西北角和西部5大绿楔。"T轴",即东西向和南北向发展轴线,包括城市中心区、高新区城区、工业园区城区、相城片、北部组团、吴中片和南部组团。"多点",即中心城区周边的特色镇和特色村,包括6类特色镇和3类特色村。

② "一心"指以苏州古城为核心、老城为主体组成的城市中心区;"两区"为高新区城区和工业园区城区;"两片"为相城片和吴中片。

团的产业定位。

目前，苏州市形成了以江南文化创意产业园、姑苏·69阁文化创意产业园为代表的文化创意产业，以工业园区国家动画产业基地、阳澄湖数字文化创意产业园、张家港软件动漫产业园为代表的数字内容产业，以苏州科技城文化科技产业园、太仓天镜湖文化科技产业园为代表的文化科技融合产业，以平江路和山塘街片区、太湖旅游度假区、尚湖旅游度假区为代表的文化旅游产业，以福纳影视基地、苏州文博中心为代表的影视演艺娱乐产业，以中国工艺文化城、宋锦文化产业园为代表的工艺美术（丝绸）产业以及以苏大维格、昆山张浦彩印为代表的数字印刷产业等。文化创意产业集聚区在苏州市各区县（市）均有分布，主要集中在中心城区，与苏州市重要的政策性空间分布有很大重合。

图5-8 苏州市主要文化创意产业集聚区空间分布图
资料来源：笔者自制。

历史文化资源、文化基础设施、人力与科教资源、相关产业支撑、平台建设和产业政策等共同构成了苏州市文化创意产业发展的内生资源和外部条件。这些资源和条件在空间分布上各有特点，历史文化资源和文化基础设施在苏州市域范围内均匀分布，其中，现存工业遗产主要分布在古城区（姑苏区）内；高教科研资源、金融业支撑和行业协会等主要分布于城市功能核心区，即中心城区；高新技术产业是苏州市文化创意产业发展的重要支撑力量，依托"三核、两中心、多区"的高新技术产业空间布局，苏州市各区市各级高新技术产业区是文化创意产业集聚发展的重点地区，现有文化创意产业园区（基地）与其关联性较强；产业政策及其配套措施是苏州市文化创意产业迅速发展的主要外在因素，发挥着重要的促进和引导作用，尤其在文化创意产业集聚区建设中起着主导作用。

第6章 苏州市文化创意产业发展现状和特征分析

伴随着经济实力的提升和城市化进程的推进,文化创意产业正作为苏州市新一轮经济结构转型与升级的润滑剂和推进器,成为该市打造"长三角地区创意和研发产业基地之一"和建设"科学发展的样板区、开放创新的先行区和城乡一体化的示范区"以及"高端产业城市、最佳宜居城市和历史文化与现代文明相融的文化旅游城市",即"三区三城"的中坚力量,在该市社会经济发展过程中发挥着增强城市竞争力和提升城市软文化实力的重要作用。基于上一章对苏州市文化创意产业发展条件的分析,本章通过构建综合评价指标体系和评价模型,对苏州市文化创意产业发展水平进行定量评价和定性分析,在此基础上,总结苏州市文化创意产业发展的特征。

6.1 苏州市文化创意产业发展现状评价

6.1.1 文化创意产业发展水平影响因素的理论模型构建

国内外学者从不同角度对文化创意产业发展水平的影响因素进行了分析与阐述,构建出一系列用于分析和评价文化创意产业发展状况的评价模型和指标体系。其中,创意指数是衡量一国或地区文化创意产业发展现状的定量描述和分析比较的最常用工具,其实际应用范畴涵盖了国家、区域和城市三个层面。

综合比较国内外已有研究成果和表6-1中所列出的国内外具有代表性的创意指数[1][2][3]可以看出,由于文化创意产业发展所根植的国民经济基础不同以

---

[1] Landry C. The creative city: a toolkit for urban innovators[M]. London: Earthscan publications LTD, London, 2000.
[2] Florida R, Tinagli I. Europe in the Creative Age [M]. New York: Basic Books, 2004.
[3] Hui Chenuk Kuen, Baseline. Study on Hong Kong's creative industries: a study on Hong Kong creativity index [R]. Hong Kong: Home Affairs Bureau, the government of the Hong Kong Special Administrative Region, 2004.

第6章 苏州市文化创意产业发展现状和特征分析

表6-1 国内外代表性创意指数及其比较

代表人物/机构	评价模型	指标体系构成要素	一级指标权重	数据来源	数据标准化	指数应用
Charles Landry (2000)	创意城市指数	"7要素理论",即人员品质、意志与领导力、人力的多样性与各种人才的发展机会、组织文化、地方认同、都市空间与设施、网络动力关系	非等权重	硬数据、调查数据	规范化方法	中长期
Richard Florida & Irene Tinagli (2004)	欧洲创意指数 (ECI)	"3Ts理论",包含3个一级指标和9个二级指标,即欧洲人才指数、科技资本人才指数、欧洲科技指数、创新指数、高科技创新指数、研究和发展指数、欧洲包容指数、态度指数、价值指数、自我表达指数	等权重	硬数据、调查数据	线性转换	中长期
联合国教科文组织 (2004)	亚太地区文化产业"驱动器"指标	人力资本:总体教育水平、有关创意技能和知识的教育及职业培训、创意人力等;科技发展:创新能力、信息构造的实用性;市场需求:居民购买力、其他部门对创意产品和服务的使用、国内消费模式及出口;行政机构:包括法律、制度和金融方面	等权重	硬数据	规范化方法	长期
香港大学文化政策研究中心(2004)	香港创意指数 (HKCI)	"5Cs"理论,包含5个一级指标,即创意的成果、结构或制度资本、社会资本和文化资本、人力资本、经济效益、政府投入、研究与发展、竞争力、市场化、人力资源和消费,下设88个二级指标	等权重	硬数据、调查数据	规范化方法	中长期
台湾地区政府	台湾创意绩效指数 (TWCD)	包含8个一级指标,即产业规模、经济效益、政府投入、研究与发展、竞争力、市场化、人力资源和消费,下设33个二级指标	等权重	硬数据、调查数据	规范化方法	短期
上海创意产业中心(2006)	上海创意指数 (SHCI)	包含5个一级指标和33个二级指标,其中,一级指标及权重:产业规模(30%)、科技研发(20%)、人力资源(20%)、文化环境(15%)、社会环境(15%)	非等权重	硬数据、调查数据	以2004年为基准,纵向比较	短期
中国人民大学文化创意产业研究中心(2012)	中国省市文化产业发展指数	包含3个一级指标和8个二级指标,即产业生产力、文化资本、人力资源、产业影响;经济影响、社会影响、市场环境、公共环境、创新环境	等权重	硬数据、调查数据	规范化方法	中长期
深圳大学文化产业研究院(2012)	中国城市创意指数 (CCCI)	包含4个一级指标和11个二级指标,即要素推动力、人力资源、科技创新、文化资金投入;需求拉动力、消费支出、发展支潜力、基础设施、政府政策;发展机会、产业影响力、产业产出、发展潜力	非等权重	硬数据、调查数据	规范化方法	中长期
北京大学文化产业研究院(2018)	中国城市文化创意指数	包括2个维度、4个一级指标,即"文化创意"+"创意生态"、"文化创意"+审美驱动力和"文化"+创新驱动力及16个二级指标,即智力驱动力、产品设计力、消费驱动力、文化驱动力、文化潜力、GDP、价值驱动力、幸福感、智权成果、失败容忍度、创新研发力、城市美感度、城市普惠度、城市幸福感、失败容忍度、创新研发力、未来可塑性	非等权重	硬数据、调查数据	规范化方法(归一法、极限值法)	中长期

资料来源:根据相关文献整理,笔者自制。

及相关学者对文化创意核心价值的不同理解，各国或地区所构建综合评价指标体系差异性与共性并存。相较而言，国外相关研究较为成熟和完善，尤其基于"3Ts理论"的欧洲创意指数的使用率较高。该指数强调了创意阶层对文化创意产业发展水平提升的重要作用，并将城市的包容性看作关键性因素，值得借鉴。但由于其建立在发达国家成熟的创意经济的实践背景下，在应用于我国文化创意产业发展的实际时存在着适应性问题。国内关于创意指数的研究主要是在借鉴国外理论和经验的基础上，结合地方实际情况，"传承与创新并举"构建相应的评价指标体系，为系统考察我国城市文化创意产业发展水平提供了有力的依据。但由于我国现阶段对文化创意产业的界定未达成共识，相关指数在具体应用上还停留在针对特定的区域或城市，还没有形成统一的、符合我国城市发展自身特点的、具有全国普遍适用性的文化创意产业发展水平综合评价指标体系。各国或地区创意指数共性的一面体现在具体指标的设计上，主要包括了两个部分：一是文化创意产业形成与发展的影响因素，即文化、人才、科技、政策等软、硬条件；二是文化创意产业发展的具体表现和发展效果，即创意成果的数量和质量、产业规模和集聚状况、产业经济和社会效益等。基于此，可以构建出文化创意产业发展水平影响因素理论模型（如图6-1所示）。

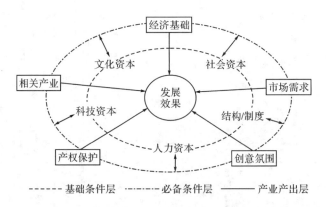

图6-1　文化创意产业发展水平影响因素理论模型

资料来源：笔者自制。

6.1.2　城市文化创意产业发展水平评价指标体系的构建

创意指数反映了文化创意产业与社会、经济、文化的关联度，反映出文化创意在各国城市经济发展中的活力、广度和动力的核心指标体系。已有研究为建立适用于我国城市文化创意产业发展指数体系提供了重要的依据。本研究在综合以上各测评指标体系观点的基础上,根据文化创意产业发展水平影响因素理论模型,结合影响城市文化创意产业发展的关键要素和发展实际,尝试构建"城市文化创意指数",用于对苏州市文化创意产业发展水平进行定量化测度和定性化分析,力使复杂问题简单化,并用数量的形式表现出来,从而对苏州市文化创意产业发展状况进行评估,并在此基础上为把握产业未来发展方向提供决策依据和指导。

文化创意产业本身所具有的多元复杂性及其影响因素的广泛性、层次性、系统性和实用性等特征,决定了在指标体系的设计上必须遵循全面性、实用性、动态性、指标数据的可得性和可量化性以及可比性等基本原则。同时,需要根据所构建的文化创意产业发展水平影响因素理论模型,充分考虑城市文化创意产业发展的实际,通过对已有创意指数测度指标体系中相关性较强的指标的合并和一些不必要、不可量化的定性指标的剔除,构建城市文化创意指数指标体系(如表6-2所示)。该指标体系由1个目标层——城市文化创意指数(CI)、2个准则层——发展条件(Y_1)和发展效果(Y_2)、8个二级指标——文化资本(X_1)、人力资本(X_2)、科技资本(X_3)、支撑产业(X_4)、文化需求(X_5)、政府支持(X_6)、经济效果(X_7)和社会效应(X_8)以及28个三级指标构成。需要注意的是:实践和经验表明,任何指标体系都不可能涵盖所有的指标因素,城市文化创意产业发展水平评价指标体系也不例外。因此,本文仅针对当前及未来一段时期,选取典型代表和主要因素来构建"城市文化创意指数"指标体系。因此,该指标体系具有较强的阶段性和区域性特征,并不是绝对的、一成不变的。随着时间的推移、理论的发展、认知的提升以及数据统计体系的不断完善和文化创意发展实践的不断丰富,需要在运用过程中对部分指标及时做出调整和改进。

6.1.3 城市文化创意产业发展水平评价模型的构建

城市文化创意指数指标体系中包含的28个三级指标所反映的信息不尽相同,且文化创意产业发展水平受单个指标的影响较小,更多地取决于各指标间的交叉作用和共同影响,因此,为了进一步明确各个三级指标,尤其是识别出其中

表 6-2 城市文化创意指数指标体系

目标层	一级指标	二级指标	三级指标	单位	指标来源
城市文化创意指数 (CI)	发展条件 (Y_1)	文化资本 (X_1)	国家级非物质文化遗产和全国重点文物保护单位数量 (x_1)	个	自制
			人均拥有公共图书馆图书数量 (x_2)	册/人	参考中国城市创意指数
			艺术场馆(含博物馆、文化馆、艺术馆等)数量 (x_3)	座	参考中国城市创意指数
			等级旅游景区数 (x_4)	个	自制
		人力资本 (X_2)	文化创意产业从业人员 (x_5)	万人	参考中国城市创意指数
			每万人高等学校在校生人数 (x_6)	人	参考上海创意指数
			专业技术人员数 (x_7)	人	参考欧洲创意指数
		科技资本 (X_3)	R&D经费内部支出占GDP比重 (x_8)	%	参考欧洲创意指数
			高等学校数量 (x_9)	所	自制
			每百万人专利申请授权数 (x_{10})	件/百万人	参考欧洲创意指数
			信息化发展指数 (x_{11})	%	自制
		支撑产业 (X_4)	第三产业占GDP比重 (x_{12})	%	自制
			高新技术产业产值占GDP比重 (x_{13})	%	自制
			金融业增加值 (x_{14})	亿元	自制
			旅游业总收入 (x_{15})	亿元	自制
		文化需求 (X_5)	人均GDP (x_{16})	元	自制
			城镇居民人均年可支配收入 (x_{17})	元	自制
			城镇居民人均文化娱乐消费支出占总消费支出比重 (x_{18})	%	自制

（续表）

目标层	一级指标	二级指标	三级指标	单位	指标来源
城市文化创意指数(CI)	发展条件(Y_1)	政府支持(X_6)	省级文化产业发展专项资金支持项目数(x_{19})	项	自制
			人均全社会固定资产投资总额(x_{20})	万元/人	自制
			人均科教、文化、体育与传媒支出(x_{21})	万元/人	自制
			知识产权保护的满意度(x_{22})	—	参考中国城市创意指数
	发展效果(Y_2)	经济效果(X_7)	文化创意产业增加值占GDP比重(x_{23})	%	参考北京文化创意指数
			规模以上文化制造业企业营业利润(x_{24})	万元	自制
			限额以上文化批发和零售业企业营业利润(x_{25})	万元	自制
			文化、体育、娱乐业地区生产总值(亿元)(x_{26})	万元	自制
		社会效应(X_8)	城市文化形象(x_{27})	—	参考中国城市创意指数
			城市幸福感(x_{28})	—	参考中国城市创意指数

注：① 人均数值均用常住人口计算。

② 信息化发展指数用来综合性地测量和反映一个国家或地区信息化发展总体水平。本文参照中国电子信息产业发展研究院（简称赛迪研究院）构建的国家信息化发展水平评估指标体系。该指标体系由网络就绪度指数(40分)、信息通信技术应用指数(40分)和应用效益指数(20分)三个一级指标构成，下设12个二级指标和19个三级指标。其中，网络就绪度指数由智能终端普及指数(8分)、光纤发展指数(8分)、宽带普及指数(8分)和宽带速率指数(8分)构成；信息通信技术应用指数由企业应用指数(15分)、政务应用指数(10分)和居民应用指数(15分)构成；应用效益指数由劳动生产率指数(5分)、技术创新指数(5分)和人均收益指数(5分)构成。具体参见中国电子信息产业发展研究院发布的《中国信息化发展水平评估报告》。

③ 城市幸福感是指城市民主体对所在城市的认同感、归属感、安定感、满足感以及外界人群的向往度、赞誉度。其特征是：市民普遍感到城市宜居宜业、地域文化独特、空间舒适美丽、生活质量良好、生态环境优化、社会文明安全、社会福利及保障水平较高。中国城市竞争力研究会建立的《GN中国幸福感城市评价指标体系》由城市民主满意度指数、生活质量指数、生态质量指数、社会文明指数、社会福利和经济福利指数5个一级指标构成，下设21个二级指标和47个三级指标构成。本文数据来源于中国城市竞争力研究会发布的《2017中国最具幸福感城市排行榜》。

④ 知识产权保护的满意度和城市文化形象数据通过调查问卷获得。

的关键因素及其对文化创意指数的影响程度,可构建多元线性回归模型,其公式为:

$$Y = \beta_0 + \sum \beta_i x_i + \varepsilon$$

多元线性回归模型以评价对象某一时期的静态截面数据作为样本,Y 表示文化创意指数,x_i 表示指标体系中各三级指标数据,β_i 为回归系数,反映 x_i 对 Y 的影响程度,β_0 为常数项,ε 为误差项。在估计模型参数时,考虑到各指标之间存在的相关性所产生的多重共线性问题会导致估算结果出现偏差,可采用主成分分析方法(Principal Component Analysis)分解出存在相关性的指标。其基本思路为:利用降维思想,归类分离出冗余信息,在减少信息重叠的可能性和保证剔除掉的指标对评价结果的影响程度相对较低的前提下,把具有相关性的多个指标通过线性变换重新组合成包含原指标大部分信息的综合性指标(即主成分),从而使评价过程更为简便,且能够保证结果的可靠性。

假设有 m 个样本,每个样本包含 n 个指标,构成了数据矩阵:$X = (x_{ij})_{m \times n}$,其中,$i = 1, 2, \cdots, n; j = 1, 2, \cdots, m$。

(1) 对原指标数据进行标准化处理(通常采用 z-score 方法),生成新矩阵:$X' = (x'_{ij})_{m \times n}$

(2) 判别各指标之间的相关性,利用公式:

$$r_{ij} = \frac{\sum (x_i - \bar{x}_i)(x_j - \bar{x}_j)}{\sqrt{\sum (x_i - \bar{x}_i)^2 \sum (x_j - \bar{x}_j)^2}},$$

得到样本的相关系数矩阵:$R = (r_{ij})_{m \times n}$。

(3) 根据方程:$|R - \lambda I| = 0$,得出数矩阵 R 的特征值 $\lambda_i (\lambda_1 \geqslant \lambda_2 \geqslant \cdots \geqslant \lambda_n \geqslant 0)$,再由齐次线性方程:$(R - \lambda I)L = 0$,求得对应的特征向量 $L_i [L_i = (L_{1i}, L_{2i}, \cdots, L_{ni})^r]$。

(4) 由公式 $\alpha_i = \lambda_i \Big/ \sum_{i=1}^{n} \lambda_i$ 计算出各主成分的贡献率 $\alpha_i (a_1 > a_2 > \cdots > a_n)$,则累计贡献率为 $\sum_{i=1}^{k} \lambda_i \Big/ \sum_{i=1}^{n} \lambda_i (k \leqslant n)$。

(5) 依据特征值大于 1 且累计贡献率达 85% 以上的原则提取 k 个主成分:

$$F_i = (z_{ji})_{n \times l} = X' L_i = (X'_{ij})_{m \times n} (l_{ij})_{n \times l} \quad (i = 1, 2, \cdots, k)$$

主成分变量 F_i 是 n 个原始指标数据标准化后的线性组合，表示各指标对文化创意产业发展水平的影响程度，将其作为解释变量纳入多元回归模型中，可以避免出现多重共线性问题，从而保证模型参数估计结果的准确性。由此得出城市文化创意指数 CI 的评分函数公式为：

$$CI = \beta_0 + \sum \beta_i F_i + \varepsilon$$

其中，CI 为城市文化创意指数的综合得分，F_i 为主成分得分，β_i 为回归系数，β_0 为常数项，ε 为误差项。

6.1.4 研究对象和数据来源及处理

长江三角洲地区(简称长三角)是我国现代城市发育最早、城市化水平最高、城市体系最完备的地区之一，也是目前我国六大文化创意产业集聚区之一。苏州是长三角地区重要的中心城市之一，是长三角城市群重要的组成部分。因此，为了对苏州市文化创意产业发展状况进行纵、横向的比较分析，本研究选择以长三角地区中与其综合实力相当的杭州、南京、无锡和宁波以及文化创意产业发展起步较早、产业发展相对成熟的上海市，共 6 个城市作为测评对象。从城市行政等级来看，上海属于直辖市，杭州、南京和宁波属于副省级城市，苏州和无锡属于地级城市，基本涵盖了城市文化创意产业发展的各个水平。

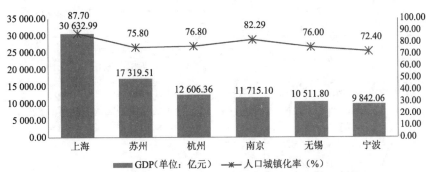

图 6-2 2017 年长三角地区部分城市经济社会发展水平状况

数据来源：2018 年各市统计年鉴。

本研究运用 2017 年文化创意产业相关数据定量评价相关城市文化创意产业发展水平。所有数据主要来源于各城市的《统计年鉴(2018 年)》《江苏文化产业发展研究报告(2018 年)》《上海文化产业发展报告(2018 年)》《中国区域文化产业发展报告(2018 版)》《中国文化及相关产业统计年鉴(2018 年)》和 2017 年各市国民经济和社会发展统计公报以及各市统计局、文化局、文物局和文化广电新闻出版局等权威部门发布的关于文化创意产业的基本数据。

6.1.5 城市文化创意产业发展水平测度与分析

(1) 原始指标数据处理

本研究所构建的城市文化创意指数指标体系中各指标所代表的物理涵义不同导致了量纲上的差异,为了能够对这些指标进行测度与分析,需要对指标的原始数据进行无量纲化处理。数据无量纲化处理常用的方法主要有极值化法、均值化法、极差正规化法、标准差标准化法(z-score法)和比重法等(如表6-3所示)。经过比较,本研究采用SPSS软件中通行的标准差标准化法(z-score法)来处理量纲,该方法简单易行,可适用于任何正态或非正态的数据,并且不改变原数据的分布。

表6-3 常用的数据无量纲化处理方法的比较

方法名称	数学表达式	特点
极值化法	正向指标:$x'_{ij} = \dfrac{x_{ij}}{\max(x_j)}$ 逆向指标:$x'_{ij} = \dfrac{x_{ij}}{\min(x_j)}$ ($i=1,2,\cdots,n; j=1,2,\cdots,m$) 式中,$x_{ij}$ 表示第 i 个对象的第 j 指标值的实际值,$\min(x_j)$ 表示第 j 指标值的最小值,$\max(x_j)$ 表示第 j 指标值的最大值	x'_{ij} 的取值范围在0~1之间,分布仍与相应原值分布相同。适用于呈正态分布或非正态分布指标的无量纲化。由于该方法仅与变量的最大值和最小值这两个极端值有关,使得该方法在改变各变量权重时过分依赖两个极端取值
均值化法	$x'_{ij} = \dfrac{x_{ij}}{\overline{x_j}}$ ($i=1,2,\cdots,n; j=1,2,\cdots,m$) 式中,$x_{ij}$ 表示第 i 个对象的第 j 指标值的实际值,$\overline{x_j}$ 表示第 j 指标值的平均值	x'_{ij} 的取值范围在0~1之间,分布仍与相应原值分布相同。适用于呈正态分布或非正态分布指标的无量纲化。该方法在消除量纲和数量级影响的同时,保留了各变量取值差异程度上的信息
极差正规化法（阈值法）	正向指标:$x'_{ij} = \dfrac{x_{ij}-\min(x_j)}{\max(x_j)-\min(x_j)}$ 逆向指标:$x'_{ij} = \dfrac{\max(x_j)-x_{ij}}{\max(x_j)-\min(x_j)}$ ($i=1,2,\cdots,n; j=1,2,\cdots,m$) 式中,$x_{ij}$ 表示第 i 个对象的第 j 指标值的实际值,$\min(x_j)$ 表示第 j 指标值的最小值,$\max(x_j)$ 表示第 j 指标值的最大值	x'_{ij} 的取值范围在0~1之间,分布仍与相应原值分布相同。适用于呈正态分布或非正态分布指标的无量纲化

(续表)

方法名称	数学表达式	特点
标准差标准化法（z-score法）	$x'_{ij} = \dfrac{x_{ij} - \overline{x_j}}{\sigma}$ $\sigma = \sqrt{\dfrac{1}{n-1}\sum(x_{ij}-\overline{x_j})^2}$ $(i=1,2,\cdots,n; j=1,2,\cdots,m)$ 式中，x_{ij} 表示第 i 个对象的第 j 指标值的实际值，$\overline{x_j}$ 和 σ 分别表示第 j 指标值的平均值和标准差	x'_{ij} 的取值范围在 $-3\sim 3$ 之间，处理后的数据符合标准正态分布，即均值为0，标准差为1。适用于呈正态分布指标的标准化。该方法利用原始数据较多，有利于对处理后的数据进行多元分析
比重法	$x'_{ij} = \dfrac{x_{ij}}{\sqrt{\sum_{i=1}^{n} x_{ij}^2}}$ $(i=1,2,\cdots,n; j=1,2,\cdots,m)$ 式中，x_{ij} 表示第 i 个对象的第 j 指标值的实际值	x'_{ij} 的取值范围在 $0\sim 1$ 之间，分布仍与相应原值分布相同。适用于呈正态分布或非正态分布指标的无量纲化

资料来源：笔者整理自制。

(2) 指标相关性分析

利用SPSS软件对标准化数值进行相关性分析，得出各三级指标的相关系数值（如表6-4所示）。当两个指标的相关系数的绝对值大于0.8时，表明二者具有高度相关性，且值越大，表明指标间的相关程度越高。若多个指标高度相关则表明指标组涵盖的信息具有高度重合性，存在指标重复的现象。

指标相关性分析表明，8个指标组28个三级指标之间共有 28×28 个相关系数，其中绝大多数（表6-4中加粗字体表示）相关系数的绝对值大于0.8，这说明指标体系中指标相关性较高，存在一定的信息重复率，若把三级指标全部放在回归模型中则会因为多重共线性问题而导致估计参数出现偏差。因此，需要通过主成分分析法精简指标，用少数几个综合指标对文化创意产业发展水平进行计算和评价分析。

(3) 主成分分析

运用SPSS软件对标准化数值进行主成分分析，得到相关系数矩阵的28个特征值及其方差贡献率（如表6-5所示）。按照累计贡献率大于85%且特征值大于1的原则，选取前4个主成分，分别记作 F_1、F_2、F_3 和 F_4，累计贡献率为95.773%。

表 6-4 相关系数矩阵

	zx'_1	zx'_2	zx'_3	zx'_4	zx'_5	zx'_6	zx'_7	zx'_8	zx'_9	zx'_{10}	zx'_{11}	zx'_{12}	zx'_{13}	zx'_{14}	zx'_{15}	zx'_{16}	zx'_{17}	zx'_{18}	zx'_{19}	zx'_{20}	zx'_{21}	zx'_{22}	zx'_{23}	zx'_{24}	zx'_{25}	zx'_{26}	zx'_{27}	zx'_{28}
zx'_1	1.000	0.715	0.431	0.656	0.743	0.417	0.820	0.651	0.591	0.711	0.788	0.621	−0.141	0.522	0.683	0.070	0.717	−0.112	0.419	−0.626	0.966	0.424	0.560	0.890	0.454	0.456	0.966	−0.080
zx'_2	0.715	1.000	−0.227	−0.046	0.235	0.108	0.722	0.046	0.116	0.263	0.202	0.002	−0.491	−0.010	0.026	0.542	0.299	0.376	−0.305	−0.161	0.731	0.124	0.066	0.792	−0.117	−0.213	0.731	0.335
zx'_3	0.431	−0.227	1.000	0.817	0.886	0.504	0.434	0.942	0.810	0.780	0.733	0.856	−0.886	0.950	0.945	−0.564	0.748	−0.355	0.881	−0.777	0.342	0.704	0.316	0.170	0.975	0.990	0.342	−0.781
zx'_4	0.656	−0.046	0.817	1.000	0.771	0.345	0.371	0.819	0.613	0.733	0.898	0.828	−0.652	0.724	0.922	−0.395	0.687	−0.669	0.909	−0.722	0.564	0.363	0.720	0.476	0.708	0.858	0.564	−0.496
zx'_5	0.743	0.235	0.886	0.771	1.000	0.490	0.745	0.936	0.824	0.940	0.838	0.795	−0.619	0.953	0.948	−0.349	0.932	−0.195	0.747	−0.901	0.668	0.800	0.304	0.551	0.920	0.878	0.668	−0.648
zx'_6	0.417	0.108	0.504	0.345	0.490	1.000	0.453	0.694	0.891	0.193	0.358	0.764	−0.665	0.411	0.490	−0.371	0.236	0.396	0.327	−0.126	0.496	0.577	0.413	−0.034	0.572	0.430	0.496	0.030
zx'_7	0.820	0.722	0.434	0.371	0.745	0.453	1.000	0.640	0.645	0.646	0.462	0.565	−0.171	0.620	0.566	0.284	0.638	0.261	0.151	−0.528	0.736	0.520	0.052	0.699	0.534	0.446	0.736	−0.293
zx'_8	0.651	0.046	0.942	0.819	0.936	0.694	0.640	1.000	0.935	0.779	0.786	0.948	−0.825	0.915	0.958	−0.443	0.764	−0.177	0.795	−0.736	0.589	0.738	0.433	0.334	0.948	0.927	0.589	−0.591
zx'_9	0.591	0.116	0.810	0.613	0.824	0.891	0.645	0.935	1.000	0.594	0.630	0.908	−0.794	0.777	0.805	−0.439	0.611	0.145	0.607	−0.535	0.594	0.782	0.381	0.195	0.867	0.758	0.594	−0.370
zx'_{10}	0.711	0.263	0.780	0.733	0.940	0.193	0.646	0.779	0.594	1.000	0.858	0.581	−0.410	0.888	0.877	−0.321	0.991	−0.356	0.735	−0.989	0.629	0.728	0.247	0.665	0.801	0.788	0.629	−0.662
zx'_{11}	0.788	0.202	0.733	0.898	0.838	0.358	0.462	0.786	0.630	0.858	1.000	0.701	−0.474	0.710	0.897	−0.483	0.864	−0.505	0.866	−0.856	0.771	0.588	0.704	0.647	0.694	0.739	0.771	−0.354
zx'_{12}	0.621	0.002	0.856	0.828	0.795	0.764	0.565	0.948	0.908	0.581	0.701	1.000	−0.841	0.764	0.881	−0.347	0.552	−0.190	0.729	−0.521	0.557	0.524	0.567	0.254	0.823	0.855	0.557	−0.438
zx'_{13}	−0.141	−0.491	−0.886	−0.652	−0.619	−0.665	−0.171	−0.825	−0.794	−0.410	−0.474	−0.841	1.000	−0.729	−0.746	0.642	−0.385	0.206	−0.757	0.413	−0.098	−0.551	−0.327	0.232	−0.846	−0.853	−0.098	0.593
zx'_{14}	0.522	−0.010	0.950	0.724	0.953	0.411	0.620	0.915	0.777	0.888	0.710	0.764	−0.729	1.000	0.921	−0.396	0.859	−0.239	0.761	−0.867	0.413	0.774	0.131	0.336	0.970	0.944	0.413	−0.834
zx'_{15}	0.683	0.026	0.945	0.922	0.948	0.490	0.566	0.958	0.805	0.877	0.897	0.881	−0.746	0.921	1.000	−0.463	0.851	−0.421	0.897	−0.856	0.601	0.671	0.505	0.457	0.913	0.952	0.601	−0.647
zx'_{16}	0.070	0.542	−0.564	−0.395	−0.349	−0.371	0.284	−0.443	−0.439	−0.321	−0.483	−0.347	0.642	−0.396	−0.463	1.000	−0.375	0.254	−0.718	0.416	−0.043	−0.601	−0.370	0.292	−0.550	−0.479	−0.043	0.247
zx'_{17}	0.717	0.299	0.748	0.687	0.932	0.236	0.638	0.764	0.611	0.991	0.864	0.552	−0.385	0.859	0.851	−0.375	1.000	−0.283	0.715	−0.983	0.667	0.787	0.257	0.659	0.789	0.740	0.667	−0.589
zx'_{18}	−0.112	0.376	−0.355	−0.669	−0.195	0.396	0.261	−0.177	0.145	−0.356	−0.505	−0.190	0.206	−0.239	−0.421	0.254	−0.283	1.000	−0.651	0.423	0.000	0.202	−0.477	−0.233	−0.163	−0.439	0.000	0.392
zx'_{19}	0.419	−0.305	0.881	0.909	0.747	0.327	0.151	0.795	0.607	0.735	0.866	0.729	−0.757	0.761	0.897	−0.718	0.715	−0.651	1.000	−0.775	0.377	0.545	0.604	0.228	0.794	0.880	0.377	−0.584
zx'_{20}	−0.626	−0.161	−0.777	−0.722	−0.901	−0.126	−0.528	−0.736	−0.535	−0.989	−0.856	−0.521	0.413	−0.867	−0.856	0.416	−0.983	0.423	−0.775	1.000	−0.554	−0.726	−0.242	−0.600	−0.788	−0.780	−0.554	0.678
zx'_{21}	0.966	0.731	0.342	0.564	0.668	0.496	0.736	0.589	0.594	0.629	0.771	0.557	−0.098	0.413	0.601	−0.043	0.667	0.000	0.377	−0.554	1.000	0.475	0.615	0.827	0.388	0.338	1.000	0.100
zx'_{22}	0.424	0.124	0.704	0.363	0.800	0.577	0.520	0.738	0.782	0.728	0.588	0.524	−0.551	0.774	0.671	−0.601	0.787	0.202	0.545	−0.726	0.475	1.000	0.053	0.198	0.830	0.617	0.475	−0.452
zx'_{23}	0.560	0.066	0.316	0.720	0.304	0.413	0.052	0.433	0.381	0.247	0.704	0.567	−0.327	0.131	0.505	−0.370	0.257	−0.477	0.604	−0.242	0.615	0.053	1.000	0.359	0.203	0.330	0.615	0.228
zx'_{24}	0.890	0.792	0.170	0.476	0.551	−0.034	0.699	0.334	0.195	0.665	0.647	0.254	0.232	0.336	0.457	0.292	0.659	−0.233	0.228	−0.600	0.827	0.198	0.359	1.000	0.181	0.226	0.827	−0.056
zx'_{25}	0.454	−0.117	0.975	0.708	0.920	0.572	0.534	0.948	0.867	0.801	0.694	0.823	−0.846	0.970	0.913	−0.550	0.789	−0.163	0.794	−0.788	0.388	0.830	0.203	0.181	1.000	0.944	0.388	−0.756
zx'_{26}	0.456	−0.213	0.990	0.858	0.878	0.430	0.446	0.927	0.758	0.788	0.739	0.855	−0.853	0.944	0.952	−0.479	0.740	−0.439	0.880	−0.780	0.338	0.617	0.330	0.226	0.944	1.000	0.338	−0.808
zx'_{27}	0.966	0.731	0.342	0.564	0.668	0.496	0.736	0.589	0.594	0.629	0.771	0.557	−0.098	0.413	0.601	−0.043	0.667	0.000	0.377	−0.554	1.000	0.475	0.615	0.827	0.388	0.338	1.000	0.100
zx'_{28}	−0.080	0.335	−0.781	−0.496	−0.648	0.030	−0.293	−0.591	−0.370	−0.662	−0.354	−0.438	0.593	−0.834	−0.647	0.247	−0.589	0.392	−0.584	0.678	0.100	−0.452	0.228	−0.056	−0.756	−0.808	0.100	1.000

表 6-5 成分特征值及其方差贡献率

成分	初始特征值	方差贡献率%	累计方差贡献率%
1	16.753	59.833	59.833
2	4.934	17.621	77.454
3	2.737	9.773	87.227
4	2.392	7.546	95.773
5	0.685	3.239	98.012
6	0.378	1.046	99.058
7	0.121	0.783	99.841
8	1.01E-13	0.159	100
...			
28	−1.03E-13	0.000	100

注:第8个变量及其后的特征值都非常小,贡献率接近于0,故在表中省略。

为了反映公共因子与各指标变量之间的关系,进一步对因子载荷做方差最大化旋转后得到旋转后的因子载荷矩阵,相关系数绝对值越大,说明关系越密切(如表 6-6 所示)。结果显示,第一主成分 F_1 在 x_3、x_8、x_{11}、x_{15}、x_{16}、x_{17}、x_{19}、x_{20}、x_{22}、x_{28} 等指标上有较高的载荷量,综合了整个指标体系 59.833% 的信息,主要反映影响文化创意产业发展的基础条件,可将 F_1 定义为基础因子;第二主成分 F_2 在 x_1、x_2、x_4、x_7、x_{18}、x_{21}、x_{24}、x_{25} 等指标上有较高的载荷量,综合了整个指标体系 17.621% 的信息,主要反映文化创意产业的发展潜力,可将 F_2 定义为潜力因子;第三主成分 F_3 在 x_6、x_9、x_{12}、x_{13}、x_{14} 等指标上有较高的载荷量,综合了整个指标体系 9.733% 的信息,主要反映文化创意产业发展的外部支持条件,可将 F_3 定义为支撑因子;第四主成分 F_4 在 x_5、x_{10}、x_{23}、x_{26}、x_{27} 指标上有较高的载荷量,综合了整个指标体系 7.546% 的信息,主要反映文化创意产业的产业效率,可将 F_4 定义为效率因子。

将通过 SPSS 软件生成的成分得分系数(即因子系数,如表 6-7 所示)和各个指标标准化数值带入线性方程,计算得出各城市文化创意指数的 4 个主成分值(如表 6-8 所示)。

表 6-6 旋转后的因子载荷矩阵

主成分	zx'_1	zx'_2	zx'_3	zx'_4	zx'_5	zx'_6	zx'_7	zx'_8	zx'_9	zx'_{10}	zx'_{11}	zx'_{12}	zx'_{13}	zx'_{14}	zx'_{15}	zx'_{16}	zx'_{17}	zx'_{18}	zx'_{19}	zx'_{20}	zx'_{21}	zx'_{22}	zx'_{23}	zx'_{24}	zx'_{25}	zx'_{26}	zx'_{27}	zx'_{28}
F_1	0.280	−0.149	0.838	0.565	0.459	0.072	0.451	0.701	0.497	0.500	0.547	0.505	−0.58	0.312	0.757	−0.306	0.775	−0.334	0.65	−0.832	0.129	0.632	−0.141	0.237	0.195	0.398	0.129	−0.964
F_2	0.894	0.932	0.024	0.282	0.339	0.197	0.741	0.281	0.283	0.008	0.533	0.226	0.288	0.190	0.315	0.395	0.535	−0.870	0.041	−0.415	0.91	0.267	0.356	0.919	0.845	0.041	0.304	0.219
F_3	0.257	−0.059	0.453	0.311	0.116	0.956	0.322	0.612	0.801	0.173	0.200	0.755	−0.705	0.925	0.396	−0.283	0.024	0.341	0.263	0.061	0.304	0.365	0.387	−0.203	0.481	0.341	0.196	0.027
F_4	0.234	−0.289	0.275	0.711	0.802	−0.07	−0.27	0.216	0.004	0.824	0.522	0.345	−0.262	0.071	0.396	−0.300	0.126	0.111	0.629	−0.215	0.196	−0.261	0.813	0.207	0.076	0.850	0.910	−0.032

表 6-7 成分得分系数矩阵

主成分	zx'_1	zx'_2	zx'_3	zx'_4	zx'_5	zx'_6	zx'_7	zx'_8	zx'_9	zx'_{10}	zx'_{11}	zx'_{12}	zx'_{13}	zx'_{14}	zx'_{15}	zx'_{16}	zx'_{17}	zx'_{18}	zx'_{19}	zx'_{20}	zx'_{21}	zx'_{22}	zx'_{23}	zx'_{24}	zx'_{25}	zx'_{26}	zx'_{27}	zx'_{28}
F_1	−0.029	−0.028	0.084	0.005	0.082	−0.108	0.070	0.036	−0.014	0.110	−0.017	−0.013	−0.020	0.132	0.051	0.053	0.091	−0.037	0.017	−0.110	−0.079	0.049	−0.176	0.020	0.090	0.095	−0.079	−0.217
F_2	0.135	0.180	−0.053	0.001	0.036	0.001	0.098	−0.006	0.002	0.058	0.067	−0.021	0.109	−0.019	0.004	0.057	0.070	0.039	−0.033	−0.047	0.150	0.029	0.048	0.159	−0.036	−0.053	0.150	0.089
F_3	0.027	−0.023	0.049	0.032	−0.005	0.292	0.068	0.114	0.191	−0.133	−0.053	0.206	−0.178	−0.008	0.027	0.026	−0.137	0.147	−0.026	0.166	0.033	−0.023	0.104	−0.120	0.047	0.041	0.033	0.086
F_4	0.049	−0.096	0.013	0.207	−0.050	−0.059	−0.130	0.002	−0.068	−0.036	0.116	0.082	−0.036	−0.067	0.062	−0.013	−0.060	−0.302	0.143	0.028	0.029	−0.212	0.287	0.052	−0.069	0.047	0.029	0.056

表 6-8 城市文化创意指数主成分数值

主成分	上海	苏州	杭州	南京	无锡	宁波
基础因子 F_1	1.957	0.825	0.922	0.603	0.177	0.33
潜力因子 F_2	0.532	1.654	0.952	0.157	1.113	0.89
支撑因子 F_3	0.447	0.947	0.876	1.492	0.541	1.027
效率因子 F_4	0.275	0.647	1.817	0.24	0.038	0.142

(4) 城市文化创意指数测度

以各主成分的方差贡献率为权重,与主成分数值进行加权汇总,得出城市文化创意指数计算公式为:

$$CI = 58.833\% \times F_1 + 17.621\% \times F_2 + 9.733\% \times F_3 + 7.546\% \times F_4$$

将表 6-8 中主成分数值代入,计算得出的文化创意指数得分,并以百分制表示,结果如表 6-9 所示。

表 6-9 各城市文化创意指数得分和排名

城市	基础因子 F_1		潜力因子 F_2		支撑因子 F_3		效率因子 F_4		文化创意指数 CI	
	得分	排名	得分	排名	得分	排名	得分	排名	得分	排名
上海	117.10	1	30.52	1	15.11	1	14.15	1	176.88	1
杭州	55.17	2	25.59	3	8.56	5	13.71	2	103.02	2
苏州	49.36	3	29.15	2	14.42	2	4.88	3	97.80	3
南京	36.08	4	17.04	5	13.60	3	1.81	4	68.53	4
宁波	19.75	5	15.68	6	10.04	4	1.07	5	46.54	5
无锡	10.59	6	17.85	4	5.29	6	0.29	6	34.01	6

需要说明的是,表 6-2 中所列出的 28 个三级指标并不能涵盖文化创意产业发展的方方面面,仅是影响该产业发展水平的具有一定代表性的指标。在此基础上采用静态截面数据计算得出的数值和排名并不是各市文化创意产业发展水平的精确值,仅在一定程度上反映了某一时点上各市的产业发展水平。但从"中国城市创意指数(CCCI 2018 年)排名榜"(深圳大学管理学院、文化产业研究院

和国家文化创新研究中心联合发布)和"2018年中国城市文化创意指数排行榜"(北京大学文化产业研究院、新华网、北京九州一方文化创意院联合发布)来看[①]，本研究测算结果与其基本一致。因此，本研究得出的评价结果既有其合理性的一面，能够实现研究目的，也有其不足之处，需要客观看待。

中国城市创意指数(CCCI)

"中国城市创意指数(CCCI)"是由深圳市宣传文化事业基金资助、深圳大学文化产业研究院主持开发的对我国跨地域文化产业创新研究领域的重要成果。该研究基于波特的钻石模型、系统论、Interbrand品牌评估法等相关理论方法，构建了由要素推动力、需求拉动力、相关支撑力和产业影响力4个分指数构成的中国城市创意指数(CCCI)模型。该模型的创新之处在于：一是在考虑人才、经费、科技、文化等资源推动作用的同时，还考虑到文化需求和消费潜力的拉动作用及通信、网络等相关行业的支撑作用；二是全部指标同时采取绝对值与相对值形式，并采用了乘法而非加法的指标汇总方法。2012年，CCCI排行榜首次发布，引起了社会各界广泛关注。作为国内首个跨地域对比的文化产业竞争力指数，其评估结果有利于城市文化产业竞争力的横向与纵向对比，助推城市文化产业政策完善，提升城市文化产业竞争力。

2018年12月1日，深圳大学管理学院、深圳大学文化产业研究院、深圳大学国家文化创新研究中心联合发布了"中国城市创意指数(CCCI 2018)"。CCCI模型涵盖了要素推动力、需求拉动力、发展支撑力和产业影响力4个一级指标，二级指标和三级指标分别由最初的9个和18个增至11个和28个。研究以中国50个大中型城市(含省会城市、港澳台、直辖市、副省级城市及经济较发达的城市)作为评估对象，指标原始数据来源于2017年的统计年鉴、统计公报及相关政府公开数据等。研究显示，北京、上海、香港、深圳、杭州、广州、台北、重庆、苏州、天津位居2018中国城市创意指数榜前十强，且中国城市创意指数与GDP的相关系数高达0.828。

---

① 在"中国城市创意指数(CCCI 2018年)排名榜"和"2018年中国城市文化创意指数排行榜"中，苏州市均位居前十强，综合排名第九位，在地级城市排行榜中分别位居第一、二位。

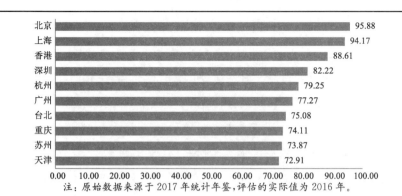

注：原始数据来源于2017年统计年鉴，评估的实际值为2016年。

中国城市创意指数(CCCI 2018)排行榜前十强

中国城市创意指数模型指标体系

一级指标	二级指标	三级指标
中国城市创意指数模型指标体系	要素推动力(EPI)	人力资源	文化产业就业总人数(万人)
			文化产业就业总人数占就业总人数比重(%)
		科技创新	每十万人专利申请数(件)
			专利申请总数(件)
			专利申请授权量(件)
			每十万人专利申请授权量(件)
		文化资源	公共图书馆总馆藏量(万册)
			人均拥有公共图书馆图书数量(册)
			艺术场馆(含博物馆、文化馆、艺术馆)数量(座)
			每十万人拥有艺术场馆数量(座)
		资金投入	全社会研发投入占GDP比重(%)
			全社会研发总量(亿元)
	需求拉动力(DPI)	消费能力	城镇居民可支配收入(亿元)
			城镇居民人均可支配收入(元)
		消费支出	城镇居民教育文化娱乐服务消费人均支出(元)
			城镇居民教育文化娱乐服务消费支出占全部消费支出比例(%)
	发展支撑力(DSI)	基础设施	宽带互联网总户数(万户)
			每千人宽带互联网用户数(户)
			移动电话总户数(万户)
			每千人移动电话数(户)
		政府政策	文化事业费总数(亿元)
			文化事业费占财政支出比重(%)
		发展机会	地区接待入境旅游人数(万人)
			地区国际旅游外汇收入(亿美元)
	产业影响力(III)	产业产出	文化产业增加值(亿元)
			文化产业增加值占全部GDP的比重(%)
		发展潜力	文化产业增加值的增长量(亿元)
			文化产业投入产出比(%)

中国城市文化创意指数

"中国城市文化创意指数"是由北京大学文化产业研究院、北京九州一方文化创意院承担的研究课题。旨在通过建立科学的、系统化的指标体系,借助指数的量化、可视化、工具化的优势,衡量一个城市的文化创意水平、文化创意资源条件以及文化创意对城市更新与变革的赋能和效率,为城市发展提供可资借鉴的评价工具和决策参考依据。研究以"文化创意+"理论为基础,认为文化创意的价值驱动和审美驱动,是推动城市变革的动力因素,文化创意对城市变革的作用与影响体现在城市经济和城市环境两方面。第一,文化创意可以无边界地与各个产业融合发展,实现传统产业的转型升级和供给侧产品结构改革与创新,向消费者提供高品质、高附加值、有竞争力的商品;第二,文化创意可以融入城市建筑、城市景观、城市公共设施等城市环境中,提升城市文化内涵,树立新的审美形象,提高居民生活品质和幸福指数;第三,文化创意具有集聚效应,可以形成人才吸引,人才聚集再带动各种城市配套环境的提升与发展,由此形成良性发展的生态闭环。

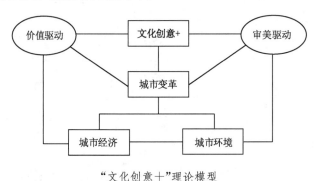

"文化创意+"理论模型

"中国城市文化创意指数"的核心评估模型借助了"太极生两仪、两仪生四象"的思辨方法。两仪:价值驱动,从超越经济活动的维度反映文化创意对城市的价值贡献;审美驱动,从精神与文化艺术的维度反映文化创意所带来的感动心灵的力量及构建美好社会意识形态的贡献。四象:"文化创意+"创意生态,是其他三象的前提基础,反映城市发展文化创意和开发利用文化创意的资源现状和条件基础;"文化创意+"赋能能力,反映文化创意对城市经济、产业转型升级、产品与消费升级以及城市的宜居而舒适的价值贡献;"文化创意+"

审美驱动力,反映文化创意对城市环境、城市软实力、市民的热情和友善、市民的审美趣味及审美水平的影响力和社会价值贡献;"文化创意+"创新驱动力,反映以文化创意作为创新要素及手段推动城市发展的能力,同时反映城市文化创意创新环境水平。由此构建了2个维度、4个一级指标、16个二级指标和45个三级指标组成的"中国城市文化创意指数"核心评价体系,并以国内130个城市作为研究样本进行了评估。

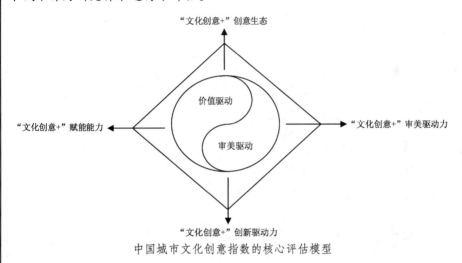

中国城市文化创意指数的核心评估模型

中国城市文化创意指数评价体系

	维度	一级指标	二级指标
中国城市文化创意指数评价体系（100分）	价值驱动	"文化创意+"创意生态（20分）	智力资本
			资本环境
			政策环境
			市场潜力
		"文化创意+"赋能能力（30分）	文化创意GDP
			价值驱动力
			产品设计力
			消费驱动力
	审美驱动	"文化创意+"审美驱动力（30分）	城市好客度
			城市美感
			城市普惠度
			城市幸福感
		"文化创意+"创新驱动力（20分）	智权成果
			失败容忍度
			创新研发力
			未来可塑性

2018年12月,北京大学文化产业研究院、新华网、北京九州一方文化创意院联合首次发布了"2018年中国城市文化创意指数排行榜"。研究显示:北京、深圳、上海、东莞、杭州、广州、重庆、天津、苏州、成都位居中国城市文化创意指数排行榜前10。

中国城市文化创意指数排行榜前十强

城 市	分指数				综合指数	综合排名
	"文化创意+"创意生态指数	"文化创意+"赋能能力指数	"文化创意+"审美驱动力指数	"文化创意+"创新驱动力指数		
北京(直辖市)	18.691	23.902	12.837	16.274	71.704	1
深圳(副省级)	6.083	21.053	25.217	14.342	66.696	2
上海(直辖市)	8.827	22.551	8.362	13.767	53.507	3
东莞(地级市)	2.875	12.824	20.557	5.396	41.653	4
杭州(副省级)	5.703	20.148	7.900	5.494	39.244	5
广州(副省级)	6.829	18.796	8.167	5.324	39.116	6
重庆(直辖市)	8.826	9.712	11.454	5.574	35.566	7
天津(直辖市)	6.770	14.405	6.550	7.340	35.065	8
苏州(地级市)	4.447	13.132	6.939	8.664	33.182	9
成都(副省级)	5.437	10.156	8.867	6.455	30.916	10

(5) 城市文化创意指数分析

城市文化创意产业发展水平的高低是由创意资本(包括文化、人力、科技和制度资本)、支撑产业、文化需求、产业产出(包括经济产出和社会效应)等众多因素综合作用的结果。从城市文化创意指数综合得分来看,测评的6个城市的文化创意产业发展水平存在显著的差异性。上海市文化创意指数四个主要影响因子和综合得分均位居六市之首。上海市是我国重要的经济、文化和金融中心,也是世界上规模和面积最大的都会区之一,城市的开放性和国际性是其发展文化创意产业的独特优势,而其相对优势主要体现在经济基础、资本要素等文化创意产业发展的基础条件方面,表现为基础因子得分明显高于其余五市。苏州市作为地级城市,文化创意指数低于上海市和杭州,但高于南京和宁波两个副省级城市以及同级别的无锡市。伴随着工业化进程,苏州已与上海、杭州等传统强市、区域性中心城市处于同一经济水平上,成为"长三角经济强市"，使得苏州市以经济、科技等"硬实力"为基础，以文化、制度、管理等"软实力"为核心发展文化创意产业具有极大的可能性和潜力，表现为其潜力和支撑因子得分均仅次于上海，排名第二。此外，同上海市一样，苏州市文化创意产业发展的各个环节具备一致性，表现为在发展基础、发展潜力、支撑条件和发展效率四个主要影响因子上位序差为1(上海市各因子位序差为0)，说明该市文化创意产业发展在投入产出上呈现均衡状态。

以上分析表明了文化创意产业的发展既与城市经济社会发展水平存在密切关联，又因为产业发展特性受其他因素影响，一定程度上可突破固有的政治经济中心城市发展的束缚。同时，苏州市文化创意产业具有极大的发展潜力，这将为其实现由"长三角经济强市"向"长三角次级商务中心"转变、由经济强市向区域中心城市职能转变的城市发展目标提供可靠的保障。

6.2 苏州市文化创意产业发展特征分析

6.2.1 产业增长

虽然较之于北京、上海、广州、深圳、杭州等我国主要发达城市，苏州市文化创意产业起步较晚，产业总量不高，产业增加值占GDP的比重仍明显偏低（统计口径不一样，不具备严格意义上的可比性），如图6-3所示。但凭借其丰富的资源要素条件和较为雄厚的经济基础，苏州市文化创意产业一直处于高速发展中，总体实力不断提升，产业规模不断壮大，产业结构逐步优化，产业效益持续增长，显示出巨大的发展潜力，日益推动苏州经济社会转型升级。

数据显示（如图6-4所示），2010年至2017年，苏州市文化创意产业营业收入由1 370亿元增加到5 346亿元，年均增长25.47%；文化创意产业增加值及其占GDP的比重分别从319.53亿元和4.14%上升到1 416.87亿元和8.19%，年均增幅超过28%，高于该市GDP增速1倍之多。2017年，苏州市各类文创企业法人单位达3万多家，从业人员70多万人，占该市从业人员总量的10.13%，占第三产业从业人员数的27%左右。经过近十年的快速发展，苏州市文化创意产业无论是在该市经济增长方面，还是在就业带动方面，均发挥着日益重要的作用，支柱产业地位得到进一步的确立。

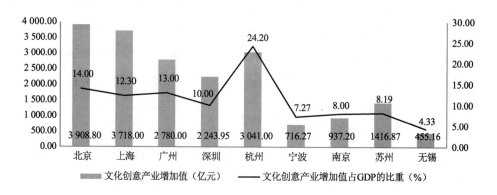

图 6-3 2017 年国内部分城市文化创意产业增加值及其占 GDP 的比重
数据来源：各市 2018 年统计年鉴和 2017 年各市国民经济和社会发展统计公报。

图 6-4 2010—2017 年苏州市文化创意产业发展基本情况
数据来源：2011—2018 年苏州市统计年鉴和 2010—2017 年苏州市国民经济和社会发展统计公报。

6.2.2 产业结构

当前，苏州市文化创意产业各行业类型的企业没有明确的调查标准和准确的统计数据。各级政府规划建设的文化创意产业园区根据园区自身定位集聚了同类或相关类型的文化创意企业，如苏州市政府出台的《苏州市文化产业示范基地认定命名管理办法》中明确要求在创意产业园入驻企业中，文化创意类企业应达到 65% 的标准。同类或相关类型的企业聚集在文化创意产业园区中表现为该园区的产业属性，进而使得文化创意产业园区在一定程度上能够反映地区的文化创意产业结构。据此，本文以苏州市文化创意产业园区类型数量来间接地分析该市文化创意产业结构。

作为文化创意产业重要的空间载体,苏州市文化创意产业园在数量上发展迅速,并形成了一定的规模。截至2017年,苏州市域范围①内已有国家级文化产业示范基地(园区类)8个,省级示范基地(园区类)15个,市级示范基地(园区类)57个。通过资料收集和实地调研,本研究选取其中47家文化创意产业园区(基地)作为分析对象。依据《苏州市文化创意产业分类目录(2015)》(苏文产字〔2015〕17号),由文化创意产业园的类型数量(以园区中文化创意型企业占比最大的行业数量为标准)和所占比重得出文化创意产业园的主导产业类型(如表6-10所示),进而判断苏州市的文化创意产业结构。总体上来说,苏州市文化创意产业门类齐全,基本涵盖了文化创意产业的所有范围,并已初步形成了以文化艺术服务业(工艺制造、艺术品交易、文艺会展等)、数字内容与动漫游戏业(软件开发、网络数字、影视文化、动漫游戏等)、设计服务业(工业设计、广告设计等)和文化旅游业为主导的文化创意产业体系。

苏州市是我国最重要的民间手工艺中心之一,手工艺历史悠久,门类众多,发展文化艺术产业具有良好的基础和实力。2014年11月,苏州市以"手工艺与民间艺术之都"称号加入联合国教科文组织设立的"全球创意城市网络(简称 UCCN)",表明该市文化艺术突出特质的同时,极大地提高了城市的知名度和影响力,进一步推动了该市文化创意产业的发展和创意城市的构建,使文化艺术产业成为文化创意产业结构中主导产业之一。以网络技术和数字技术为代表的高新技术与文化的融合成为苏州市文化创意产业发展的新趋势和新动力,同时依托优越的区位条件、强大的制造业基础、丰富的历史文化和旅游、人力资源等,"文化创意+"和"互联网+"在产业发展过程中的作用日益彰显,反映在文化创意产业结构方面即表现为数字内容与动漫游戏产业、设计产业和文化旅游业的迅速成长,成为苏州市文化创意产业结构中的主导产业。

---

① 2012年9月,苏州市行政区划进行了调整,将原沧浪区、平江区、金阊区合并为姑苏区,原县级吴江市设立为吴江区,现苏州市行政区划为"六区四县市",即姑苏区、相城区、吴中区、吴江区、虎丘区(高新区)、工业园区、张家港市、常熟市、昆山市、太仓市,构成了苏州市整个市域范围。

表 6-10 苏州市文化创意产业园(基地)主导产业类型

主导产业类型	文化创意产业园名称	数量(家)	占比(%)
文化艺术服务业	苏州市婚庆文化创意产业园、苏州沧浪文化创意产业街区、苏州桃花坞文化创意园、989文化创意产业园、相联婚庆文化创意产业园、盛泽纺织创意产业园、震泽蚕丝文化产业集聚区、胥口书画全国文化(美术)示范基地、香山工坊古建文化产业基地、中国(苏州)工艺文化城、舟山核雕村、镇湖苏绣文化产业群、苏州百匠街工艺美术产业基地、苏州文化艺术中心	14	29.79
数字内容与动漫游戏业	苏州阳澄湖数字文化创意产业园、同里影视摄制基地、东山影视基地、苏州国家动画产业基地、苏州欧瑞动漫产业园、张家港软件(动漫)产业园、沙家浜江南水乡影视产业园、江苏网路神文化产业园、太仓市科技文化产业园、太仓天镜湖电子竞技小镇、昆山文化创意产业园、昆山软件园动漫数字产业基地	12	25.53
设计服务业	江南文化创意设计产业园、姑苏·69阁文化创意产业园、江南智造文化科技创意园、苏州科技城文化科技产业园、蓝海"创意云"众创空间、苏州X2创意街区、常熟国家大学科技园、常熟同济文化科技产业园、江苏(太仓)LOFT创意产业园、天镜湖文化科技产业园、昆山智谷创意产业园	11	23.40
文化旅游业	苏州容·创意产业园、苏州山塘历史文化街区、苏州元和文化创意产业园、苏州浦江源文化旅游产业集聚区、苏州南太湖文化产业示范园区、李公堤文创街区	6	12.77
其他	金枫路创新创意产业街区、苏州金枫广告产业园、苏州动漫人才培训基地、虞山尚湖江南文化博览园	4	8.51
合计		47	100

资料来源：笔者自制。

6.2.3 产业布局

文化创意产业的高速成长使其占据了苏州市产业空间中的重要地位。根据《苏州市重点文化企业认定和考核管理暂行办法》(苏文产办规字〔2010〕3号)和《苏州市优秀新兴业态文化创意企业评选办法(试行)》(苏文规字〔2016〕7号)的规定，截至2017年，苏州市先后认定了138家市级重点文化企业(其中有5家企业已注销)和 24 家市级优秀新兴业态文化创意企业(其中有 9 家与重点文化企业重名)。这些企业涵盖了文化创意产业的所有门类,一定程度上可代表苏州市该产业发展的整体水平和实力,因此,结合上文苏州市文化创意产业园和 148 家重点文化创意企业,考察苏州市文化创意产业的空间分布总体状况。

总体而言,苏州市文化创意产业企业主要集中在以工业园区和姑苏区为核心的市区范围内,占比达 73.65%,其余分布在各县级市,这与苏州市文化创意产业园区分布高度重合。从各区市重点文化创意企业分布来看(如图 6-5 所示),相城区文化创意产业发展相对滞后,2017 年,相城区文化创意产业增加值 53.9 亿元,仅相当于工业园区(185.65 亿元)的 29%,重点文化创意企业数量占比 2.70%。在苏州的四个县级市中,昆山市文化创意产业发展相对较好,2017 年,文化创意产业增加值约为 328.7 亿元,占 GDP 的比重约为 7.5%左右,重点文化创意企业数量占比达 10.14%。除了自身具备的发展条件外,还得益于紧邻离上海市的区位优势,接受创意辐射和知识溢出的作用比较明显。因此,文化创意产业成为昆山市的支柱产业之一,而昆山市则是苏州市文化创意产业发展的中坚力量。

图 6-5 苏州市重点文化创意企业地区分布比例图

资料来源:依据《苏州市重点文化企业认定和考核管理暂行办法》(苏文产办规字〔2010〕3 号)和《苏州市优秀新兴业态文化创意企业评选办法(试行)》(苏文规字〔2016〕7 号)认定的重点文化(创意)企业,笔者自制。

6.2.4 文化创意产品消费

改革开放以来,伴随着城乡居民收入水平的不断提高,苏州市居民消费结构加快升级。根据联合国粮农组织提出的恩格尔系数划分阶段①,苏州市城乡居民生活于2003年达到富裕水平(城镇和农村居民恩格尔系数分别由2002年的42.1%和40.6%降至2003年的37.8%和37.6%),2015年至今则达到绝对富裕水平(2017年城镇和农村居民恩格尔系数分别为26.5%和25.6%)。收入和生活水平的提高带来了居民消费能力的提升,促使苏州市居民消费的需求结构发生变化,即由生存型转变为以精神需要为主的发展型、享乐型。如表6-11所示,与2000年相比,2017年苏州市居民八大类消费"三升五降",其中,居住、交通通信和教育文化娱乐三项支出比重提高了26.5%,消费热点逐渐增多,消费结构升级明显,享受型消费快速增长。2017年,苏州市居民人均教育文化娱乐消费支出占比14.37%,高于全国平均水平(11.4%),也高于上海(11.78%)、无锡(12.33%)、杭州(10.94%)和宁波(11.38%)。

表6-11 苏州市全体常住居民人均生活消费支出构成 （单位：%）

指标	2000年	2017年	2017年比2000年
食品	41.71	26.30	-15.41
衣着	6.24	5.64	-0.60
居住	10.91	23.67	12.76
生活用品及服务	12.00	5.27	-6.73
医疗保健	6.62	4.86	-1.76
交通与通信	6.81	17.41	10.60
教育文化娱乐服务	11.23	14.37	3.14
其他用品及服务	4.48	2.49	-1.99
总计	100.00	100.00	

数据来源：2001年和2018年苏州市统计年鉴。

与此同时,苏州市居民文化消费规模不断扩大,文化消费产品和服务的消费能力不断提升。苏州市居民文化消费总量由2000年的45.09亿元上升至2017年的474.23亿元,年均增速14.86%;城镇居民人均文化消费占总消费支出的比重呈波浪式上升趋势(如图6-6所示),这主要是其间受全球金融危机的影响以及整体宏观经济环境的变化所导致的结果。但总体增长的趋势表明了文化消费

---

① 联合国粮农组织恩格尔系数的划分标准：59%以上者为绝对贫困；50%～59%者为温饱；40%～50%者为小康；30%～40%者为富裕；30%以下者为绝对富裕。

具有"口红效应"①,即受以往消费习惯的影响,即使在经济不景气的情况下,人们的文化消费欲望也不会减弱。

从苏州市文化消费支出的构成来看(如图 6-7 所示),文化娱乐消费和教育消费支出占比变化互为交叉,总体呈现文化娱乐消费占比上升,教育消费占比下降的特点,一定程度上表明了苏州市文化消费结构升级化趋势。从苏州市居民文化消费调查问卷的统计结果可以看出(如图 6-8 所示),看电影、听音乐(68.54%),购买图书(30.12%),旅游体验(28.79%)等在苏州市居民经常参与的文化消费项目中占比较高。以上均表明了伴随着体验经济时代的到来,苏州市居民文化消费结构、内容及形式均发生了显著的变化,对文化娱乐产品和服务的需求日益呈现出高端化、享受化和多样化趋势,文化消费层次在不断地提升。

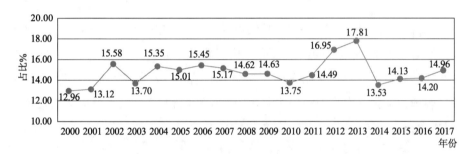

图 6-6　苏州市城镇居民人均文化消费支出占总消费支出的比重变化

数据来源:2001—2018 年苏州市统计年鉴。

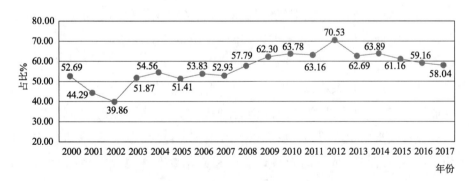

图 6-7　苏州市城镇居民文化娱乐消费占文化消费支出的比重变化

数据来源:2001—2018 年苏州市统计年鉴。

---

① "口红效应"是指因经济萧条而导致口红热卖的一种有趣的经济现象,也叫"低价产品偏爱趋势"。

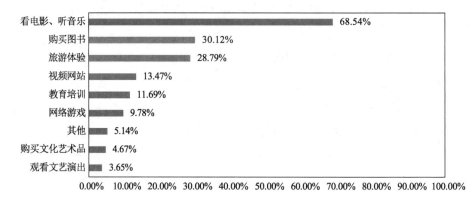

图 6-8 苏州市居民经常参与的文化消费项目调查结果比例图
数据来源：根据问卷调查结果汇总计算而得。

从文化消费的地区分布来看，常熟市、吴江区和昆山市居民文化消费活动最为活跃（2017年按各地区的居民人均文化消费支出分别为 5 593 元、5 495 元和 5 516 元）。另外，各类文化创意产品和服务的消费与行业的地区分布存在密切关系，表现为文化艺术类的消费主要集中在姑苏区和吴中区；设计服务类的消费主要集中在高新区和工业园区；而文化传媒类的消费主要分布于昆山市和常熟市，文化旅游类的消费则在各区市均有分布。

6.2.5 文化创意产业园区

文化创意产业园区是城市经济发展转型、产业规模化和细分领域发展的重要途径和空间载体。21世纪以来，伴随着城市经济社会的发展，苏州市文化创意产业园在开发模式、空间规模和布局、主要功能业态等方面都发生了显著变化。从生成模式来看，苏州市的文化创意产业园区主要以政府主导型和由企业投资建设、政府政策扶持的混合型模式为主，鲜有创意人才（艺术家等）、企业自发集聚生成；从发展模式来看，则主要包括了独立新建、旧建筑（主要为工业厂房）改造、依托高教科研院所和文化生态景观等类型（如表6-12所示）。

苏州各区市根据自身资源禀赋大力发展文化创意产业，均已形成了一定数量和规模的文化创意产业园区，47家市级以上文化创意产业园区中有74%分布在市区范围内，且表现为以古城（姑苏区）为中心集聚的态势（如图6-9所示）。

表 6-12 苏州市部分文化创意产业集聚区生成和发展模式

集聚区名称	生成模式				发展模式		
	自发集聚型	政府主导型	混合型	独立新建型	旧建筑改造型	高教科研院所依托型	文化生态景观指向型
苏州谷·创意产业园							√
苏州桃花坞文化创意园			√		√		
苏州婚庆文化创意产业园			√		√		
江南文化创意设计产业园		√	√		√		
989文化创意产业园				√			
姑苏·69南文化创意科技园		√					√
江南智造文化科技创意园			√				
苏州沧浪文化创意产业街区		√	√				
苏州山塘历史文化街区		√		√			
苏州博济平江科技创意园		√				√	
苏州阳澄湖数字文化创意产业园		√		√	√		
苏州元和文化创意街坊			√				√
相联婚庆文化创意产业街				√			
同里影视摄制基地							√
盛泽纺织创意产业园		√					
苏州浦江源文化旅游产业集聚区		√		√			√
震泽蚕丝文化产业集聚区			√				
苏州南太湖文化产业示范园区		√					√
胥口书画全国文化(美术)示范基地	√						
金枫路创新创意产业园			√				√
香山工坊古建文化产业基地		√					
中国(苏州)工艺文化城		√		√			
舟山核雕村	√						
苏州金枫广告产业园		√		√			√

（续表）

集聚区名称	生成模式				发展模式		
	自发集聚型	政府主导型	混合型	独立新建型	旧建筑改造型	高教科研院所依托型	文化生态景观指向型
镇湖苏绣文化产业群							√
东山影视基地		√					√
苏州百匠街工艺美术产业基地		√	√				
苏州科技城文化科技产业园			√	√		√	
苏州X2创意街区			√		√	√	
苏州国际科技园（包含国家动画产业基地、苏州动漫人才培训基地等）			√	√		√	
苏州工业园区创意产业园（苏州国际科技园五期）			√	√	√		
创意泵站（苏州国际科技园六期）			√	√			√
苏州文化艺术中心			√	√			
李公堤文创街区		√	√				
张家港软件（动漫）产业园				√		√	√
沙家浜江南水乡影视科技园		√	√				√
常熟国家大学科技园		√	√			√	
虞山尚湖江南文化博览园		√	√	√			
江苏网路神文化产业园			√	√	√		
常熟同济文化科技产业园		√	√			√	
江苏（太仓）LOFT创意产业园		√	√	√			
天镜湖文化科技产业园		√		√		√	
太仓天镜湖电子竞技小镇		√	√	√			
昆山文化创意产业园		√	√	√			√
昆山软件（动漫数字）产业基地			√	√		√	
昆山智谷创意产业园			√	√			√

资料来源：根据苏州市现有文化创意产业园（基地），笔者自制。

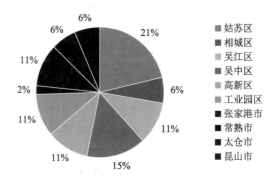

图 6-9 苏州各区（市）文化创意产业园区数量占比
资料来源：根据苏州市现有市级文化创意产业园，笔者自制。

在 30 多年古城建设和保护的思想以及"东园西区，一体两翼""东进沪西、北拓平相、南优松吴、西育太湖""一核四城"等城市空间发展战略指引下，通过对风景园林、文物遗迹、工业遗址等传统文化资源的"再设计"和"再利用"，姑苏区的文化创意产业园在政府政策指引、企业参与建设下，以旧建筑改造型和文化生态景观指向型发展模式为主。吴江区、吴中区、高新区和工业园区已显现出文化创意产业集聚发展的趋势，其中，依托丰富的文化资源，吴中区和吴江区两区的文化创意产业园大部分以文化艺术类和旅游休闲娱乐类为主导产业，具有鲜明的文化生态景观指向性；依托高新技术和高校科研院所及人才优势，工业园区和高新区文化创意产业园则以高新技术类和文化传媒类为主导产业。相较而言，相城区文化创意产业园数量较少，且区内以中小型企业为主，尚处于简单初级集聚阶段。另外，苏州市四个县级市的文化创意产业园占比 26%，主要集聚了数字内容、动漫游戏、影视制作和文化旅游等文化创意类企业。

表 6-13 我国部分城市文化创意产业集聚区空间分布特征比较

城市	核心城区集聚程度	与高教科研院所的关系	与轨道交通的关系	与城市水系的关系
北京	80%分布在北京五环以内	高新技术类文化创意产业园与高教科研院所形成了互动发展	近 60%的产业园区位于城市轨道交通沿线附近	与城市水系关系不明显（缺乏重要的城市内河水系）
上海	近 70%分布在内环线以内	高新技术类文化创意产业园与高教科研院所形成了互动发展	城市轨道交通发达，大多产业园区布局于沿线附近	在苏州河和黄浦江沿岸集聚分布

（续表）

城市	核心城区集聚程度	与高教科研院所的关系	与轨道交通的关系	与城市水系的关系
广州	70%分布在中心城区	初步形成与高教科研院所互动发展	70%的产业园区分布在地铁口800米以内的区域	40%的产业集聚区布局在珠江沿岸
苏州	74%分布在中心城区	与高校和科研院所联系紧密的有8家，占17%，关联度不大	有7家布局于地铁口800米以内区域，占15%，关联度不大	沿胥江和大运河两岸布局的有13家，占27%，关联度不大

资料来源：根据参考文献①②整理，笔者自制。

从北京、上海和广州等文化创意产业发展较好的城市来看，文化创意产业园区的空间布局还具有一些鲜明的特征或规律性：一是主要分布在城市中心区，且多布局于城市水系景观两岸；二是与高校科研院所关联性较高，形成了产学研一体化良性互动发展模式；三是与城市交通的便利性和可达性关联性较大。对比而言，苏州市文化创意产业园主要集中在市区内环线以内，在核心城区集聚程度较高；与大学及科研院所、城市交通具有一定的关联性，但并不充分（市级以上产业园中仅有8家属于高教科研院所依托型发展模式，市区范围内有7家分布在城市轨道交通附近），与城市水系（胥江和大运河水系）关联度较低，苏州城市丰富的水系景观资源及沿线工业遗存独特的历史风貌和建筑空间尚未得到充分利用，这些可作为苏州市未来文化创意产业园空间布局的重点。

以上分析表明，苏州市文化创意产业表现出较为鲜明的发展特征：

（1）近年来，苏州市文化创意产业一直处于高速发展中，总体实力不断提升，产业规模不断壮大，产业结构逐步优化，产业效益持续增长，具有较强的发展潜力，日益成为苏州市的支柱性产业和推动苏州市经济社会转型升级的重要引擎，在该市社会经济发展中占有十分重要的地位。

（2）苏州文化创意产业综合发展水平较高，且得益于丰富的内生资源和良好的外部条件，现已形成了涵盖影视文化、数字内容、工艺制作、广告会展、建筑设计和动漫游戏等主要行业门类的文化创意产业体系。苏州市文化创意产业集聚发展的态势基本形成，现主要分布于以姑苏区和工业园区为核心的市区范围内，而在四个县级市中，昆山市文化创意产业发展相对较好，是苏州市文化创意产业发展的中坚力量。

---

① 陈向楠.苏州市区创意产业园发展现状及其规划策略研究[D].苏州：苏州科技大学，2016：31.
② 毛蓝平.杭州市文化创意产业园空间分布特征研究[D].合肥：安徽建筑大学，2014：45.

（3）随着城乡居民收入水平和生活水平的不断提高，苏州市居民消费的需求结构已由生存型转变为以精神需要为主的发展型、享乐型，居民文化消费意愿和预期不断上扬，对文化产品和服务需求保持着上升趋势。同时，伴随着体验经济时代的到来，苏州市居民文化消费结构、内容及形式均发生了显著的变化，对文化娱乐产品和服务的需求日益呈现出高端化、享受化和多样化趋势，文化消费层次在不断地提升。

（4）分布于各区市的各类文化创意产业园区是推动苏州市文化创意产业发展的最主要空间载体，主要分布在苏州市中心城区内；与大学及科研院所、城市交通、城市水系具有一定的关联性，但并不充分，可作为苏州市未来文化创意产业园空间布局的重点。

第7章
苏州市文化创意产业空间分布特征分析

任何经济社会活动都是在特定的空间中展开的。对于文化创意产业来说，包括文化创意企业、创意人才、地方政府、高教科研机构和行业组织等行为主体的区位选择及其影响因素（要素资源、技术和人才、产业关联、市场需求以及制度和政策环境等）和产业间的空间联系与特征等共同构成了文化创意产业发展的空间布局，并以文化创意产业园、产业基地和旅游景区等独特的城市空间和产业组织形态表现出来。

7.1 苏州市文化创意产业空间分布总体特征

7.1.1 苏州市文化创意产业空间的主要表现形式

(1) 产业园和产业基地

文化创意产业园，即文化产业集聚区，是按照产业集群理论由与文化相关联的、产业规模集聚的特定地理区域，是推进文化创意产业发展的一种有效方式和组织模式，也是提升文化创意产业竞争力的重要途径。文化创意产业园内由企业、政府和中介机构等行为主体的活动共同构成了一条或多条生产—销售—消费的产供销一体化的文化创意产业链，表现出经济、文化、技术、艺术、资源、市场和管理等方面独有的特征。政府在文化创意产业园的规划、建设和管理中发挥着重要作用，甚至直接影响着文化创意产业园未来的发展前景。苏州市文化创意产业园多数是由政府规划启动的，成为该市文化创意产业发展重要的空间布局形式之一。

文化产业基地是由各类所有制的文化企业申报、国家或地方政府批准的文化创意产业空间布局形式。按照行政等级划分，文化产业基地分为国家级、省级、市级和区级四个等级。苏州市自2011年开始进行文化产业示范基地的认定工作，包括文化产业园区类和骨干文化企业类两种类型，并分别给出了申报的一般条件和具体条件①。至2017年，苏州市分三批共认定了55家文化产业示范基地，其中，园区类的42家，企业类的13家。从具体的空间形式来看，产业园区和产业基地是密不可分的。

(2) 旅游景区和公共文化设施

苏州市共有10个旅游度假区(国家级2个、省级8个)、8个生态旅游示范区(国家级2个，省级6个)、52个省级乡村旅游区和40个工业旅游点(国家级11个，省级29个)以及62个A级旅游景区，是苏州市旅游与休闲娱乐类文化创意产业发展的最主要的空间表现形式。而图书馆、文化馆(站)、博物馆、艺术表演场馆等公共文化设施则是苏州市文化艺术类文化创意产业发展的重要空间载体。

7.1.2 苏州市文化创意产业空间分布的总体特征

从文化创意企业分布状况来看(如图7-1所示)，苏州市文化创意产业空间分布总体特征为：一方面，区与区之间的分布不均衡性，具体表现为高强度的向心集聚，并伴随着轴向蔓延与外围据点发展的态势。其中，以姑苏区和工业园区为核心的中心城区是苏州市文化创意产业企业分布最为密集的区域。另一方面，从各区市内企业分布状况来看，则呈现出区内不同程度的集聚发展态势，具体表现为各区市内依托产业园、产业基地、旅游景区等空间载体形成了各自的发展极核。

---

① 文化产业园区类示范基地是指在本市行政区域内，集聚了一定数量的文化创意企业，有一定的产业规模，并具有专门的服务机构和公共服务平台，能够提供相应的基础设施保障和公共服务，形成集群化和规模化发展格局，具有示范效应的产业功能区域。市骨干文化企业类示范基地是指在本市行政区域内，在同行业中具有较高技术水平、管理水平、市场开拓能力以及品牌影响力，具备自主创意研发能力、有一定的产业规模、能够发挥行业引领作用的文化创意企业。具体条件参见《苏州市文化产业示范基地认定命名管理办法(试行)》(苏府办〔2011〕89号)。

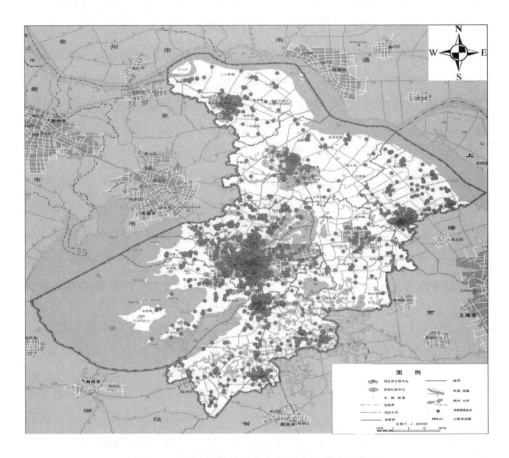

图 7-1　2017 年苏州市文化创意企业分布示意图
资料来源：利用启信宝官网根据企业成立时间和经营范围进行搜索，经整理后笔者自制。

7.2　基于不同门类的苏州市文化创意产业空间分布特征

　　文化创意产业的空间布局是多种因素共同作用的结果。生产要素、影响因素、经营方式、空间需求等的差异使得不同行业门类的文化创意产业形成不同的空间分布特征。因此，基于文化创意产业细分类型，对苏州市文化创意产业空间分布特征做进一步的分析，需要说明的是，由于目前并没有专门的对各类文化创意产业的统计，本文主要是根据企业的经营范围进行考察。

7.2.1 高科技类文化创意产业

本研究中的高科技类文化创意产业①主要是指软件、网络和信息技术服务业和动漫游戏业。从全市范围来看，此类企业主要集中分布于工业园区和姑苏区。工业园区具有良好的高新技术产业基础，同时依托高教科研资源和人才智力资源集聚的优势所形成的以企业为主体的产学研一体化合作发展体系，使得该区整体自主创新能力较强，易于形成高科技类文化创意企业。从工业园区此类企业的空间分布来看，国际科技园和独墅湖科教创新区（创意产业园）分布最为密集，此外，位于金鸡湖湖西的苏州市中央商务区（CBD）、位于湖东的苏州东部新城中央商业文化区（CWD）和白塘生态综合功能区（BGD）也有一定程度的集聚，体现出该类产业与商务服务业的互动。

作为苏州市中心城区的姑苏区是苏州市的古城区和历史文化名城保护的重点区域，在"保护与发展并重"的"第三条路径"指导下，借助于"退二进三"政策下闲置旧厂房等空间资源以及苏州大学等高校智力资源，集聚了诸如姑苏云谷、芯谷产业园等科技创新型产业园和众多高新技术类企业，为高科技类文化创意产业发展奠定了基础。从姑苏区此类企业的空间分布来看，姑苏区西部沿大运河一线，北起金阊新城，经北环路、广济路、盘胥路，南至南环路，形成了一条纵向的产业带，另外在沧浪新城和平江新城也形成了若干中心。

另外，高科技类文化创意产业空间分布与苏州各区市高新技术产业开发区（经济技术开发区）高度契合。如高新区（虎丘区）的此类企业在苏州科技城（东渚街道）和浒墅关国家经济技术开发区较为集中（另外在以狮山街道、枫桥街道为主的中心城区也有分布）。依托高新技术产业开发区密集的智力资源、开发的环境条件、完善的创新创业服务体系（即企业孵化器功能）以及官、产、学、研、资、介、贸的有机结合，能够快速而有效地促进"文化创意＋科技"的融合发展，推进高科技类文化创意产业化进程，使得以中小型企业为主体的文化创意产业在此集聚并迅速成长。从某种意义上来说，高科技类文化创意产业是高新技术产业的引领性产业和产业链的延伸。

---

① 根据《中国国民经济行业分类》（GB/T 4754—2017），通过启信宝官网对企业经营范围的搜索，高新技术类企业主要包含于 I.信息传输、软件和信息技术服务业、L.租赁和商务服务业、M.科学研究和技术服务业和 R.文化、体育和娱乐业等行业大类中。

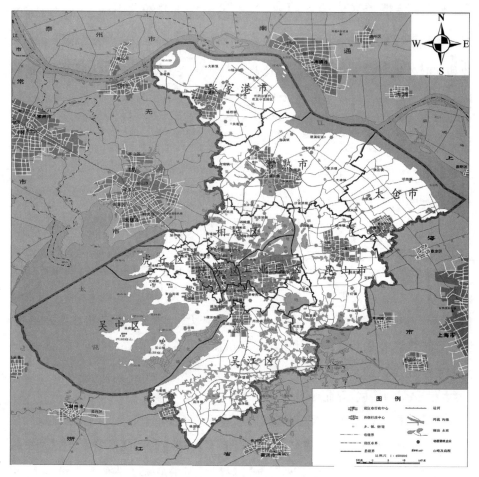

图 7-2 苏州市高科技类文化创意企业空间分布图
资料来源：利用启信宝官网根据企业经营范围进行搜索，经整理后笔者自制。

7.2.2 技术服务类文化创意产业

本研究技术服务类文化创意产业①主要是指设计服务业。苏州市设计服务业主要以建筑设计和工业设计为主，总体呈现技术资源导向型布局特点，并且通过企业自主创新能力与水平的提高和政府的规划引导，呈现出集团化、品牌化和

---

① 根据《中国国民经济行业分类》（GB/T 4754—2017），通过启信宝官网对企业经营范围的搜索，技术服务类企业在 E.建筑业、I.信息传输、软件和信息技术服务业、L.租赁和商务服务业、M.科学研究和技术服务业和 R.文化、体育和娱乐业等行业大类中均有涉及。

集聚化发展的态势。其中,建筑设计包括了园林建筑设计、室内设计和城市规划设计等行业,该类企业主要集中于市区范围内,即苏州市高校和科研机构、专业协会最密集的区域。具体来说,主要是围绕大型建筑设计研究院周边地区分布了若干设计企业及设计服务性(如效果图和模型制作等)企业,呈现出较为完整的产业链和簇群化的空间布局。

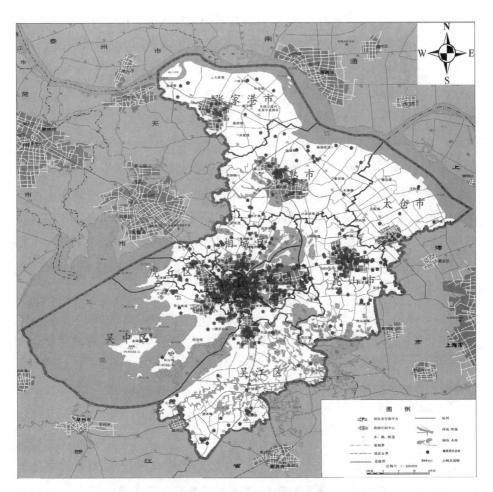

图 7-3　苏州市建筑设计类文化创意企业分布示意图
资料来源:利用启信宝官网根据企业经营范围进行搜索,经整理后笔者自制。

已经具有一定规模的建筑设计业集聚的地区有:(1)依托企业与高校"联姻"建立的产学研联合实验室、工程技术研究中心和科研工作站等重要资源、科研载体和成果产业化的服务平台,以苏州城市规划设计院、苏州工业园区建筑设计院与中科院合作建设的苏南工业技术研究院为核心集聚形成的建筑设计产业带,在工业园区(中新科技城、国际科技科技园和创意产业园)、高新区、吴中区[中国光华(苏州)文化创意园]内分别集中了大量的建筑设计企业,数量均超过1000家,创意设计人才超过2万人,并且在各区域内已形成了比较完善的产业链;(2)姑苏区内以苏州姑苏建筑设计院为核心,若干中小型设计公司和相关企业聚集形成了园林建筑设计产业聚集区。另外,依托江南文化创意设计产业园,在胥江路和养育巷集聚了众多建筑装饰设计类企业,并形成了一定的知名度,如养育巷装饰美居街。

苏州市工业设计主要涉及装备制造、电子信息、消费品等行业领域,依托现有的生产企业,在各区县均有分布。其中,江苏(太仓)LOFT工业设计园是江苏省首个工业设计创新与孵化基地、首批省级工业设计示范园,目前已有40多家企业入驻。苏州市还培育了一批较有实力的工业设计中心和工业设计企业。截至2017年,苏州已集聚专业第三方工业设计企业100多家,拥有市级以上工业设计中心92家,其中国家级工业设计中心2家(好孩子儿童用品有限公司科学育儿用品工业设计中心和莱克电气股份有限公司设计中心)、省级工业设计中心42家,平均拥有发明专利167件/家,工业设计新产品占企业产品率达到68%,处于全国领先水平。

另外,苏州市的特色设计行业——服装设计,主要集聚在常熟市,其余各区县均有分布。此外,通过调研发现设计服务类文化创意产业园区对旧建筑的改造利用较好,如苏州工业园区国际科技城六期——创意泵站和江苏(太仓)LOFT工业设计园均是由旧厂房以产业置换方式改造而成的。

7.2.3 文化和传媒类文化创意产业

本研究文化和传媒类文化创意产业[①]主要指广告会展业、影视业和文化艺术业(手工艺品、演艺娱乐等),呈现客户导向型或消费需求导向型空间布局特点。广告会展业主要集聚在苏州各区市的商贸中心。其中,位于苏州工业园区CBD核心区域的苏州文化博览中心(由苏州国际博览中心与苏州文化艺术中心

---

① 根据《中国国民经济行业分类》(GB/T 4754—2017),通过启信宝官网对企业经营范围的搜索,文化传媒类企业主要包含于I.信息传输、软件和信息技术服务业、L.租赁和商务服务业、M.科学研究和技术服务业和R.文化、体育和娱乐业等行业大类中。

组建而成)和苏州金鸡湖国际会议中心、吴中区的苏州广电国际会展中心 SBS-IEC(苏州广播电视总台建设的重点项目之一)和苏州太湖国际会议中心(位于苏州太湖国家旅游度假区环太湖大道)、吴江区的盛泽国际博览中心、昆山经济开发区的花桥国际博览中心和昆山科技文化博览中心以及常熟的国际展览中心,这些地区依托会展设施和饭店、写字楼等配套服务设施及其周边众多的服务机构形成了苏州市较为活跃和集中的会展地区。

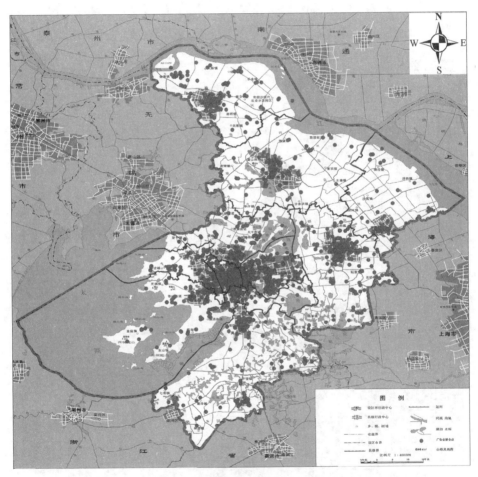

图 7-4　苏州市广告会展类企业分布示意图
资料来源:利用启信宝官网根据企业经营范围进行搜索,经整理后笔者自制。

影视类企业主要集聚于各区市的文化创意产业园区内。如工业园区依托创意产业园、创意泵站、国家动漫影视基地、华谊兄弟电影世界、启迪时尚科技城、传视影视等载体和重点项目主要分布于星湖街、唯新路和阳澄湖大道;相城区依托阳澄湖数字文化创意产业园、相城影视产业园、江苏正华影视文化创意产业园等载体主要分布于元和街道和高铁新城南天成路等;姑苏区依托5166和声影视互联网产业园等主要分布于劳动路和人民路;高新区依托文化科技产业园在科技城科灵路分布较多。此外,张家港软件(动漫)产业园、常熟沙家浜江南水乡影视产业园、昆山软件园(动漫数字产业基地)以及吴中区依托三福山、天池山和穹窿山风景区及太湖国家旅游度假区、吴江区依托同里古镇建立的影视基地都成为这些地区影视类企业分布的空间载体。苏州市各区市的影视类企业表现出高度集聚性,形成了由前期拍摄、制作和后期发行、交易以及衍生产业共同构成的影视产业链。

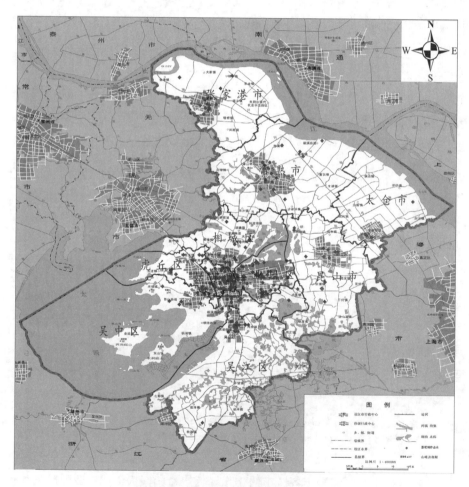

图7-5 苏州市影视类企业分布示意图
资料来源:利用启信宝官网根据企业经营范围进行搜索,经整理后笔者自制。

苏州市文化艺术类企业分布并没有明显的中心性，大多呈现散布状态，主要原因在于文化艺术业的种类繁多，分布规律各异，且大多数产生于SOHO状态。其中，传统工艺制作和交易类文化创意产业主要依托苏州市丰富的历史文化资源和发达的民间手工艺，以传统工艺美术产业为主。该类企业多以产业集聚区（园区）为载体，在旧城中心分布较为集中。如吴中区已形成了光福中国工艺文化城、胥口香山帮传统建筑营造技艺集聚区、穹窿山文体产业园、木渎金枫路创新创意街区、郭巷文化艺术街区、长桥特色文化产业园、度假区渔洋山吴文化集聚区、越溪旺山乡村文化艺术产业集聚区等具有吴文化特色的龙头文化创意产业园区及载体项目，如凤凰文化产业园的"苏州工匠园"，设置了12个不同主题的苏州工艺、苏州文化展示区域，聚集了64位当代苏州工艺美术大师，集中创作、展示、销售如玉雕、核雕、红木、刺绣、缂丝、旗袍、剪纸、苏扇等各类苏州工艺美术精品，同时设计、研发各类苏作文创新品。另外，太湖古镇古村文旅集聚区、木渎古镇风景区等历史风貌保护区也是创意商品小店云集的区域。此外，姑苏区的文庙古玩文化创意园、相城区的元和文化创意产业园、高新区的东渚镇工艺美术特色产业基地是苏州市文化艺术产业分布较为集中的区域，苏州相城的缂丝和镇湖刺（苏）绣（均于2006年被列入第一批国家级非物质文化遗产代表性项目名录）等传统工艺产业也形成了一定的集聚态势。而演艺娱乐产业主要依托艺术馆、文化馆和图书馆等面向全体居民服务的公共文化设施，同时结合地区性的商业中心，因此，该类产业呈现出散点、均衡且有固定服务半径的空间分布特征。

7.2.4 旅游与休闲娱乐类文化创意产业

本研究中旅游与休闲娱乐类文化创意产业主要指文化旅游产业。苏州是全国首批历史文化名城之一和著名的风景旅游城市，悠久的城市发展历史、丰厚的吴文化底蕴和"甲天下"的园林艺术以及"水陆并行、河街相邻"的双棋盘格局，"三纵三横一环"的河道水系和"小桥流水、粉墙黛瓦、史迹名园"的独特风貌[①]，造就了该市独特的自然和人文景观，再加上其优越的地理区位条件和雄厚的社会经济基础，使旅游产业的发展具有强劲的实力和动力，并日益成为苏州国民经济的战略性支柱产业。近年来，苏州市不断深化文化创意产业与旅游业融合发

---

① 刘国祥.渠化京杭运河江苏段的战略思考[J].改革与战略,2005(12):68-74.

展,非遗及民俗文化表演、文博、文创、工艺及演艺、影视娱乐旅游等文化旅游业态不断涌现,文旅产业不断发展壮大。

依托旅游产业"一核、一环、六区"的产业空间布局结构①(如图7-6所示),苏州市旅游与休闲娱乐类文化创意产业空间分布呈现各区市均质分布的特点,并且在政府的规划引导下呈现产业集聚化发展的态势。例如:姑苏区依托世界文化遗产资源,以国家古城旅游示范区为核心,打造苏州古城文化旅游板块,形成了以拙政园、虎丘、留园景点(区)及山塘街、平江路历史街区的周边地段的旅游"历史中心集聚区";姑苏区古城旅游产业和文化新经济产业功能区包括护城河以内古城核心区,山塘河、上塘河两线,以及虎丘、枫桥、西园留园三片,覆盖"一城两线三片"为内容的19.2平方公里历史城区。工业园区依托国家商务旅游示范区优势,围绕金鸡湖商圈(国家5A级景区),促进会展业与旅游业的融合发展,形成了商务旅游及MICE(商务会奖旅游)集聚区和文化娱乐及都市观光旅游、休闲度假旅游集聚区;依托独墅湖科教创新区的科研教育资源及生态自然风光,发展文创研学旅游、工业及科技旅游,形成独墅湖研修旅游产业集聚区;昆山市依托昆山花桥商务城,促进影视娱乐业与旅游业融合发展,形成了花桥工贸旅游集聚区;环太湖、阳澄湖及沿江各区市依托自然生态和历史文化资源,以度假区为核心载体,发展形成了休闲度假旅游集聚区以及东南部的水乡古镇形成的文艺旅游集聚区。

此外,苏州市现有的游乐园,如高新区的苏州乐园、苏州乐园水上世界、苏州糖果乐园,工业园区的苏州摩天轮主题公园和华谊兄弟电影世界②,吴中区的苏州欢乐岛游乐园、苏州乐活岛主题度假乐园,相城区的苏州侏罗纪恐龙主题乐园,昆山的周庄欢乐世界等,均成为文化旅游产业发展的重要空间载体。

苏州市文化创意产业空间分布呈现出以下特征:

(1)苏州市文化创意产业的主要空间表现形式主要包括产业园区、产业基

---

① "一核"为世界级旅游目的地发展极核,以姑苏区"国家古城旅游示范区"与苏州工业园区金鸡湖"国家商务旅游示范区"集中展示区为主体,带动苏州全域旅游的国际化发展。"一环"为环城游憩带,于"古城-园区"旅游主极核外围20~30公里距离的带状区域内,根据旅游资源产品特征设置特色旅游主题区段,构建便捷的旅游交通联系,打造容纳中短途客流的苏州旅游城郊缓冲区。"六区"为古城文化旅游板块、国际都市商旅综合发展板块、环太湖山水健康度假板块、水乡古镇文艺旅游板块、环阳澄湖湖荡休闲板块、滨江活力休闲板块。

② 苏州华谊兄弟电影世界是由华谊兄弟集团斥巨资重点打造、以自持电影知识产权为主题的世界级电影文化体验项目。它集穿越式游览、沉浸式体验、明星化服务、互联网消费于一身,是一个颠覆传统娱乐体验、传递感动和展示中国文化精髓的电影梦世界!包括星光大道(华谊电影文化长廊)、集结号区、太极区、非诚勿扰区、通天帝国区五大功能,是一家以电影为主题的乐园。

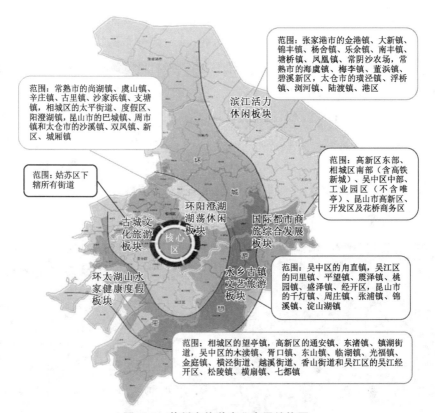

图7-6 苏州市旅游产业布局结构图
资料来源：根据《苏州市旅游业发展"十三五"规划（2016—2020）》，笔者自制。

地、旅游景区和公共文化设施等类型。苏州市文化创意产业空间分布的总体特征表现为区与区之间的不均衡性和区内以产业园区、产业基地、旅游景区和公共文化设施等形式表现出来的一定程度的集聚性，且集聚中心与各区市商业中心较为吻合，表明了良好的商业环境和市场接入性对文化创意产业企业具有强大的吸引力，文化创意产业发展与城市商业空间之间具有关联性。

（2）企业区位选择偏好和产业布局影响因素的差异性导致不同细分门类的文化创意产业在空间分布上呈现出各自的特点，表现出与资源分布格局的高度关联性。具体来说，高科技类文化创意产业与各区市的高新技术产业园区高度契合，且与商务服务业互动明显。技术服务类文化创意产业与高教、科研机构和相关的行业协会的空间分布高度重合，具有技术资源导向型特征。文化和传媒类文化创意产业中广告会展业与苏州各区市的商贸中心高度契合，具有客户导向型（消费需求型）特征；影视业依托产业园区和旅游景区等载体，具有分类集聚的特点；文化艺术业则依托苏州市广布的历史文化资源和具有一定服务半径的公共文化设施具有旧城中心集中及周边散点、均衡分布的特征。旅游与休闲娱乐类文化创意产业分布与苏州市旅游产业空间分布格局基本一致，具有分类向心（旅游景区、景点）集中的特征。

（3）在分析过程中发现，除企业之外，创意工作者（艺术家）创办的小型工作室也是苏州市文化创意产业重要的市场主体，在各区市内广泛分布（如图7-7所示），成为文化创意产业发展不容忽视的力量，这也将为苏州市孵化和培育文化创意企业，打造文化创意产业集聚区，进而推进文化创意产业集聚发展进程提供动力和方向。

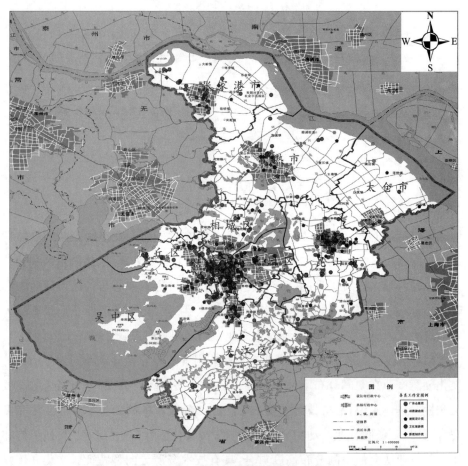

图7-7 苏州市部分文化创意行业工作室地区分布示意图

资料来源：利用启信宝官网根据经营范围进行搜索，经整理后笔者自制。

第8章
苏州市文化创意产业空间格局演化分析

产业经济活动具有明显的空间维度,若干行为主体在区位选择上的理性预期和策略博弈致使产业在城市的某个空间生成与发展,并依托一定的空间布局形式,通过产业链的前、后向联系及相关产业的横向联系构成产业网络结构,从而逐步嵌入地方,形成根植性,进而演化为特定的城市产业空间分布格局。因此,产业经济活动的空间分布格局并不是随机的,而是具有一定的规律性,表现出某种系统性的空间分布模式。对于文化创意产业来说,包括文化创意企业、创意人才、地方政府、高教科研机构和行业组织等行为主体的区位选择及其影响因素和产业间的空间联系与特征等共同构成了文化创意产业发展的空间布局,并以文化创意产业园区、产业基地和旅游景区等独特的城市空间和产业组织形态表现出来。

产业经济活动的空间问题历来是区域经济学研究的重点领域之一,大量成果从产业集聚理论角度出发对产业空间分布特征进行研究①②③④⑤⑥,由此形成了较为完善的分析框架(如表8-1所示)。关于文化创意产业空间问题的研究,多数学者采用了单一地理尺度方法或基于距离的多空间尺度方法,旨在揭示文

---

① Fan C C, Scott A J. Industrial agglomeration and development: a survey of spatial economic issues in east Asia and a statistical analysis of Chinese regions[J]. Economic Geography, 2003, 79(03): 295-319.

② Scott A J. The cultural economy of landscape and prospects for peripheral development in the twenty-first century: the case of the English lake district[J]. European Planning Studies, 2010, 18(10): 1567-1589.

③ Huber F. Do clusters really matter for innovation practices in Information Technology? questioning the significance of technological knowledge spillovers[J]. Journal of Economic Geography, 2012, 12(01): 107-126.

④ 刘春霞.产业地理集中度测度方法研究[J].经济地理,2006,26(05):742-747.

⑤ 刘惠敏.基于EG模型的北京都市区生产性服务业地理集中研究[J].地理与地理信息科学,2007, 23(2):56-60.

⑥ 赵继敏.京津冀地区与长三角地区制造业区域专业化特征分析[J].地域研究与开发,2008,27 (04):5-8.

化创意产业空间分布特征①②③④⑤⑥⑦,突出了文化创意产业的集聚性、集聚模式和集聚机制等,且相关实证研究大多聚焦于某一时间点的"静态"分布格局上,对相关过程和空间演化趋势的研究相对较少。同时,由于文化创意产业包含的门类众多,不同门类的文化创意产业有其独特的发展规律和要求,因而在空间布局上具有差异性。鉴于此,本章在苏州市文化创意产业的发展现状和特征以及不同门类文化创意产业的空间分布状况分析的基础上,从空间演化视角,基于不同细分类型的文化创意产业,进一步对苏州市文化创意产业的空间演化过程和不同行业类型的文化创意产业之间的差异性进行分析,以期为协调区域经济发展、优化苏州市文化创意产业布局提供重要的政策参考价值。

表8-1 产业经济活动空间分布特征的分析框架

研究目的	分析内容	方法与工具
产业经济活动的空间分布特征	地理集中程度	行业集中度、赫芬达尔-赫希曼指数、空间基尼系数、空间集聚(EG)指数
	地区专业化程度	区位熵系数
	产业地区关联	空间相关性分析(空间分离指数、Moran's I 指数)
	空间分布模式	GIS 专题地图

资料来源:根据相关文献整理后笔者自制。

产业经济活动存在着地区关联性,且一般而言,空间上愈是邻近的地区,其相互作用愈强。空间计量经济学理论认为,几乎所有空间数据都具有空间依赖性或空间自相关性的特征⑧。空间自相关性分析是测量空间单元的观测值是否与其相邻单元的值存在相关性的一种分析方法,它同时考虑了研究对象的位置

---

① 周尚意,姜苗苗,吴莉萍.北京城区文化产业空间分布特征分析[J].北京师范大学学报(社会科学版),2006(06):127-133.
② 褚劲风.上海创意产业空间集聚的影响因素分析[J].经济地理,2009,29(01):103-107.
③ 汪毅,徐昀,朱喜钢.南京创意产业集聚区分布特征及空间效应研究[J].热带地理,2010,30(1):79-83.
④ 薛东前,刘虹,马蓓蓓.西安市文化产业空间分布特征[J].地理科学,2011,31(07):775-780.
⑤ 黄江,胡晓鸣.创意产业企业空间分布研究——以杭州市为例[J].经济地理,2011,31(11):1851-1856.
⑥ 黄斌.北京文化创意产业空间演化研究[D].北京:北京大学,2012.
⑦ 姚磊,张敏,汪飞.基于细分类型的南京市创意产业空间演化特征与差异[J].人文地理,2013(05):42-48.
⑧ Anselin L. Spatial econometrics: methods and models [M]. Dordrecht: Springer, 1988.

信息和属性信息,因此,成了识别和度量产业经济活动空间演变规律和空间布局模式的一种有效方法和工具。

8.1 研究方法和数据来源

在城市尺度上,企业可看作连续空间上的一系列点,故本研究采用空间点模式方法来衡量苏州市文化创意产业空间分布格局及演化特征。依据空间计量经济学理论和方法,采用 Moran's I 指数分析苏州市文化创意产业集聚发展的地区间的依赖程度和空间集散水平,运用核密度分析法分析苏州市文化创意产业空间集聚的演变过程和规律。基本思路是:首先采取 Moran's I 指数法检验产业集聚因变量是否存在空间自相关性,若存在,则建立空间计量经济模型,进行空间计量估计和检验;按产业类别对样本企业进行核密度分析,并以图示表达研究时段文化创意产业空间分布的相对密集程度。其中,核密度值越大,表明该类企业在区域的分布越密集,反之亦然。

8.1.1 研究方法

(1) Moran's I 指数法

Moran's I 指数法用于度量目标变量的空间相关性,可分为全局指标和局部指标。前者用于研究整个区域某一观测值的空间模式,反映观测值在空间区域范围内集聚的整体趋势或空间依赖关系,可度量观测值在整体区域内的平均集聚程度;后者用于分析整个区域内局部空间单元观测值的相关程度,即空间的异质性,发现存在的局部显著性空间关联,从而确定集聚区的具体分布。

全局自相关性 Moran's I 指数的计算公式为:

$$I = \frac{\sum_{i=1}^{n}\sum_{j=1}^{n}W_{ij}(X_i-\bar{X})(X_j-\bar{X})}{S^2\sum_{i=1}^{n}\sum_{j=1}^{n}W_{ij}} \quad (i,j=1,2,\cdots,n,\text{且}\, i\neq j) \quad (1)$$

其中, $S^2 = \frac{1}{n}\sum_{i=1}^{n}(X_i-\bar{X})$, $\bar{X} = \frac{1}{n}\sum_{i=1}^{n}X_i$; X_i、X_j 表示第 i、j 个空间单元的观测值; n 为空间单元总数; W_{ij} 为空间权重矩阵,本文采用最常用的简单二分相邻矩阵,即有共同边界的两个地区视为相邻,取值为 1;否则,取值为 0。

Moran's I 指数的显著性可用基于正态性假设构造的标准化统计量 Z 来检验,其形式为:

$$Z = \frac{I - E(I)}{\sqrt{Var(I)}}$$

$$E(I) = -1/(n-1)$$

全局 Moran's I 指数的取值范围在 −1 和 1 之间,其绝对值越大表示空间相关程度越强。当显著为正时,存在显著的正相关,空间分布有聚类趋势且数值越大表示集聚程度越强[①];当显著为负时,存在显著的负相关,空间分布有分散趋势。与期望值 $E(I)$ 相比,当 $I > E(I)$,表示存在正相关,反之,则存在负相关;当 I 越接近于 $E(I)$(随着样本数量的增大,该值趋于 0)时,表示不存在空间自相关,研究单元内的产业经济活动在空间上随机分布。

由于全局 Moran's I 指数仅衡量了观测值在整个区域范围内的空间关联性和集聚程度,难以发现存在于不同位置区域的空间关联模式,因此,通常需要采用 Moran's I 散点图和局部自相关性 Moran's I 指数(LISA)来进行局部空间自相关性分析,从而确定整体区域内特定空间单元与邻近空间单元之间的空间关联关系和程度。

Moran's I 散点图以二维平面方式展现了局部的空间特性,由四个象限构成(如表 8-2 所示)。第一、三象限的属性值表示某空间单元与其相邻空间单元皆有较高(或低)程度的集聚,因而相邻空间单元集聚发展逐步趋向一致;第二、四象限的属性值表示某集聚发展程度较低(或高)的空间单元被邻近的集聚发展程度较高(或低)的空间单元包围,因而相邻空间单元集聚发展程度存在差异性。

表 8-2 Moran's I 散点图的特征

象 限	特 点
第一象限 (H-H)	某空间单元与其相邻空间单元的属性值均较高,该单元和周围单元组成的子区域即为热点区,存在显著的空间正相关性,即均质性
第二象限 (L-H)	某集聚发展程度较低的空间单元被其相邻集聚发展程度较高的空间单元包围,存在显著的空间负相关性,空间差异程度较大,即异质性

---

① 肖琛,陈雯,袁丰,等.大城市内部连锁超市空间分布格局及其区位选择——以南京市苏果超市为例[J].地理研究,2013,32(3):465-475.

(续表)

象 限	特 点
第三象限（L-L）	某空间单元与其相邻空间单元的属性值均较低,存在显著的空间正相关性,即均质性
第四象限（H-L）	某集聚发展程度较高的空间单元被其相邻集聚发展程度较低的空间单元包围,存在显著的空间负相关性,空间差异程度较大,即异质性

资料来源：根据相关文献,笔者自制。

Moran's I 散点图描述了每个空间单元与其邻近单元之间的相关关系,为了进一步衡量每个空间单元与其邻近单元显著性关联程度,可以采用局部自相关性 Moran's I 指数和热点分析方法。

局部自相关性 Moran's I 指数的计算公式为：

$$L_i = \frac{n(X_i - \bar{X})\sum_{j=1}^{n}W_{ij}(X_j - \bar{X})}{\sum_{i=1}^{n}(X_i - \bar{X})^2} \tag{2}$$

当 $L_i > 0$ 时,表示 i 地区与其邻近 j 地区空间差异程度小,表现为高值被高值或低值被低值包围;当 $L_i < 0$ 时,则表示 i 地区与其邻近的 j 地区存在明显的空间差异性,表现为低值被高值或高值被低值包围。局部 Moran's I 指数值可看作全局 Moran's I 指数值的某个空间单元的分量,反映了某空间单元周围相似属性值的集聚程度以及各空间单元的空间自相关现象对区域整体空间自相关的影响程度。

热点分析法也是空间自相关性分析的一种方法,可进一步识别局部空间区域的高值簇和低值簇,即集聚的"热点区"和"冷点区"的分布,其计算公式为：

$$G_i^* = \frac{\sum_{i=1}^{n}w_{ij}x_j - x\sum_{j=1}^{n}w_{ij}}{S\left\{\frac{1}{n-1}\left[n\sum_{j=1}^{n}w_{ij}^2 - \left(\sum_{j=1}^{n}w_{ij}\right)^2\right]\right\}^{1/2}} \tag{3}$$

其中,w_{ij} 为权重矩阵,表示空间单元之间的影响程度;x_i 表示第 i 个空间单元的观测值;n 为空间单元总数;S 为标准差。G_i^* 所得值高且大于 0,表示该空间单元为高值集聚或"热点"区域;G_i^*所得值高且小于0,则表示该空间单元为低值集聚或"冷点"区域。

(2) 核密度估计法

核密度估计法是空间分析中常用的非参数估计法之一,常用于分析观测值空间分布规律,能够较为直观地反映出核心集聚区及其空间影响范围和空间形态的规律特征。核密度估计方法是将点或线要素的集合(矢量数据)转换为栅格数据的一种手段,用于计算点要素或线要素在其周围邻域中的密度。其中,计算点要素密度的原理是:以样本点为圆心,靠搜索半径产生圆,圆心处的栅格单元密度值最高,离开圆心越远,密度越低,逐步递减,到边界处,密度值为零[1]。通过计算离散点在周边邻域内的密度使研究对象密度呈现空间连续的变化,进而通过点密度的空间变化分析对象的分布特征。核密度估计法的公式为:

$$\lambda(s) = \sum_{i=1}^{n} \frac{1}{h^2} k\left(\frac{d_{is}}{r}\right) \tag{4}$$

其中,$\lambda(s)$为空间位置s处的核密度;h为距离衰减阈值;k为点i与s的距离d_{is}的权重,通常被建模为一个距离衰减函数;n为与位置s的距离小于或等于h的要素点数。核密度值在每个核心处最大,并随着与核心处距离的增大而减小,直至达到阈值h时降为0。

本研究基于欧式直线距离度量来计算核密度值。实际操作过程中,需要注意的是阈值h主要与分析尺度和空间现象的特点有关,较小的阈值可以使密度分布结果中出现较多的高值或低值区域,有利于揭示密度分布的局部特点,而较大的阈值则更能反映出全局尺度下的热点区域。此外,阈值应与研究对象的离散程度成正相关。

8.1.2 数据来源与处理

不同行业类型的文化创意产业在生产要素、组织模式和空间需求等方面存在差异性,致使其空间分布与演化特征也不尽相同。因此,基于《苏州市文

---

[1] 宋小冬,钮心毅.地理信息系统实习教程(Arc GIS 9.X)[M].北京:科学出版社,2007:83.

化创意产业分类目录(2015)》,根据产业特性和行业门类,以苏州市动漫游戏业(科技类)、广告会展业(文艺类)、影视制作业(传媒类)和建筑设计业(设计服务类)四个细分行业的文化创意产业作为研究对象。同时,为了便于分析与比较,选择以苏州市10个地级区市作为空间分析单元,以2012年、2015年和2017年三个时点的文化创意企业数量作为研究样本数据,对苏州市文化创意产业空间分布特征和演化规律进行分析。

研究所采用的企业数据来自国家企业信用信息公示系统(江苏)的企业信息查询、苏州市工商行政管理局官网的企业基本信息查询以及启信宝AI商业调查工具等途径采集苏州市相关企业的基本信息,包括名称、类型、经营范围、注册时间和地址等。通过网上检索和比对,剔除信息不全和重复出现的企业,最终提取了苏州市10个行政单元共6 031个企业,其中,广告会展企业3 805个、建筑设计企业1 414个、动漫游戏企业524个、影视制作企业288个。根据企业地址在百度地图查询企业经纬度并导入到Arc GIS软件中,从而建立苏州市文化创意产业空间数据库。

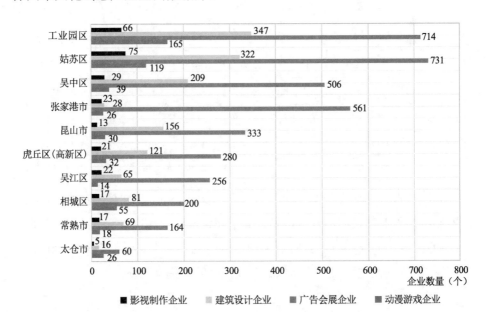

图8-1 苏州市四个细分行业文化创意产业地区分布

数据来源:根据搜集到的企业数据笔者自制。

8.2 基于细分行业类型的苏州市文化创意产业空间格局及其演化分析

8.2.1 苏州市文化创意产业空间格局的总体判断

根据空间自相关性的原理和步骤，利用 Geo Da 软件计算得出苏州市 10 个地级区市三个研究时点的四个细分行业的文化创意企业的 Moran's I 指数值，结果如表 8-3 所示。

从表 8-3 可以看出，2017 年，基于企业数量的四类文化创意产业的全局 Moran's I 指数值均大于 0，且至少通过 5% 显著性水平 Z 值检验(大于 1.96)，表明苏州市这四类文化创意产业并不是随机分布的，而是存在着显著的空间自相关性，即苏州市空间上邻近的地区具有相似的文化创意产业属性值，其分布呈现出集聚特征。苏州市内部区域之间存在近邻效应，某个地区的文化创意产业发展水平与邻近地区该产业发展水平有关，表现出一定程度的依赖性。

表 8-3 文化创意企业的全局 Moran's I 统计值

年份	广告会展业		建筑设计业		影视制作业		动漫游戏业	
	I 值	Z 值	I 值	Z 值	I 值	Z 值	I 值	Z 值
2012 年	0.344 7	1.506 0	0.262 8	1.202 3	0.927 1	3.743 4	−0.144 3	−0.199 5
2015 年	0.333 8	2.534 9	0.564 7	2.439 9	0.849 4	3.334 7	0.819 2	3.454 6
2017 年	0.637 7	2.457 4	0.763 4	2.924 5	0.818 2	3.251 3	0.931 5	3.683 2

注：所有年份的期望值 $E(I) = -0.1111$；表中的统计推断基于 Anselin L[①]提出的 999 次随机排列。

另外，通过各细分类型文化创意产业的全局 Moran's I 指数值的比较可以发现，影视制作业和动漫游戏业的指数高于建筑设计业和广告会展业，即苏州市文化创意产业中的新兴行业具有更为明显的空间自相关，表明了该市文化创意产业的空间依赖性主要表现为新兴行业在地区间的集聚效应。

---

① Anselin L. The moran scatter plot as an ESDA tool to assess local instability in spatial association [M]//Fisher M, Scholten H J, Unwin D. Spatial analytical perspectives on GIS. London: Taylor & Francis, 1996: 111-125.

8.2.2　广告会展业空间格局演化分析

（1）局部空间相关性分析

苏州市广告会展业全局 Moran's I 指数值从 2012 年的 0.344 7 上升到 2017 年的 0.637 7，表明广告会展业空间结构总体呈现集聚的特征，且集聚水平不断提升，各区市广告会展企业集聚水平显著地受到邻接区市的影响。为进一步衡量苏州市每个区市与周边地区的局部空间关联或差异程度以及空间格局的分布，首先采用 Moran's I 散点图进行局部空间相关性分析。根据 Moran's I 散点图原理，利用 Geo Da 软件得出了三个时点基于企业数量的苏州市各区市广告会展业的散点图（如图 8-2 所示）。其中，横轴表示研究期间苏州市广告会展业以企业数量为属性值的集聚度，纵轴表示邻近值的加权平均值，直线斜率表示全局 Moran's I 指数值。散点图中点（代表某一地区）与拟合曲线的距离越大，表示该地区广告会展业集聚发展水平与其他地区的差异性越显著。

从图 8-2 可以看出，苏州市广告会展业总体表现出明显的空间分异格局，且在研究期间基本保持稳定。在三个时点的散点图中，姑苏区和工业园区始终位于第一象限（H-H）内，这两个地区广告会展业自身集聚发展水平都很高，且空间上相互邻近，形成了强强联手、趋同发展的态势。吴中区和吴江区位于第四象限（H-L），这两个地区与邻近地区的广告会展业表现出空间异质性，虽然这两个地区广告会展业自身集聚发展水平较高，但邻近地区的产业集聚发展水平较低，进一步发挥这两个地区的扩散效应将有助于强化邻近地区的产业集聚发展程度。相城区、张家港市、常熟市和太仓市位于第三象限（L-L）关联区内，这 4 个地区广告会展业空间差异性小，呈现低水平集聚发展状态，产业发展水平亟待提升。2012 年和 2015 年，高新区和昆山市位于第二象限（L-H）内，这两个地区广告会展业表现出空间异质性，且集聚发展水平相对较低，但具有接受邻近高水平地区扩散效应的先决条件。2017 年，高新区由第二象限落入第三象限内，表明该区广告会展业相较于其他区市发展速度相对缓慢。

此外，位于第一象限（H-H）和第三象限（L-L）的点明显多于其他两个象限，表明苏州市广告会展业高高集聚和低低集聚态势明显，空间趋同性较为明显。

（2）热点分析

为了进一步衡量苏州市广告会展业在局部地区集聚程度和规模，并对其进

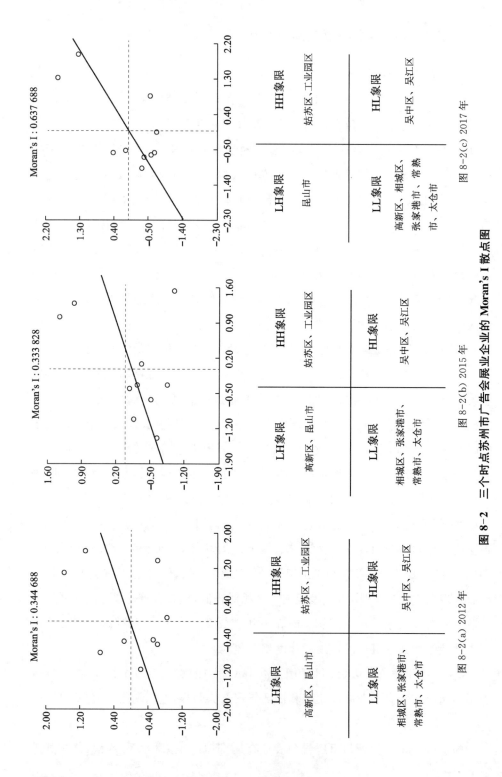

图 8-2 三个时点苏州市广告会展业企业的 Moran's I 散点图

行可视化表达,利用 Arc GIS 软件中的热点分析工具识别出高值聚类和低值聚类的分布区域。根据苏州市 10 个空间单元与各自邻接单元之间的相关关系建立空间权重矩阵,利用公式(3)计算出三个时点的各空间单元广告会展业企业数量的 G_i^* 统计量并采用 Jenks 最佳自然断裂法聚类后绘制成热点分析图,得到热点区域、次热点区域、次冷点区域和冷点区域四种类型的苏州市广告会展业集聚发展水平差异的空间分布模式(如图 8-3 所示)。

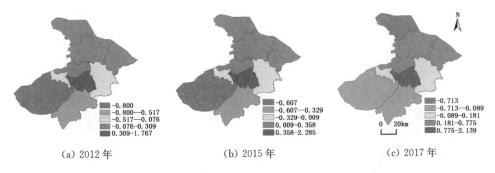

(a) 2012 年　　　　　(b) 2015 年　　　　　(c) 2017 年

图 8-3　三个时点苏州市广告会展企业热点分布图

从整体来看,研究期间苏州市广告会展业集聚发展水平的空间格局总体保持稳定,在空间上形成了显著的热点区域和冷点区域,呈现出"中心热,外围冷"的空间分布特征。姑苏区和工业园区是苏州市广告会展业集聚发展的显著热点区域,属于局部高值集聚类型,同时具有较高的发展水平与空间正相关性,形成了一定的协同作用和相同的发展趋势,且在空间上形成了强强集聚的"马太效应",对邻近地区产生了较强的正向辐射作用,带动周边地区的发展,但辐射强度随距离的增加而减弱。吴江区是苏州市广告会展业集聚发展的冷点区域,产业集聚发展水平亟待提升。次热点和次冷点区域分布较广,分别包括相城区、常熟市、太仓市和高新区、昆山市,这 5 个地区与热点区域相邻,接受热点区域的辐射作用显著。

以上分析表明,苏州市广告会展业在空间格局上呈现出显著的"同质集聚、异质隔离"的特征且存在明显的"热点区"和"冷点区"。

(3) 核密度分析

为了进一步分析苏州市各区市广告会展业空间集聚程度、演化过程和特征,以企业为计算条件,将距离阈值设置为 5 km,运用 Arc GIS 软件进行核密度分析,得出三个时点基于广告会展业企业数量的核密度图示。从图 8-4 中可以看出,苏州市广告会展业具有高度的中心集聚性。三个研究时点的广告会展企业密度高峰值均出现在姑苏区,且峰值逐年提高,由 2012 年的 2.491 上升至 2017 年的 17.865,表明该区是集聚的核心区域且企业聚集程度逐年增强;与之相邻的高新区和工业园区企业核密度值次于姑苏区,成为广告会展企业集聚的两个次级核心区域。伴随着时间的推移,苏州市广告会展业总体表现出"一核、多中心"的空间演化格局,空间扩散效应显现,大多数区市内形成了各自的集聚中心,在中心集聚性不断增强的同时在中心城区面状蔓延。

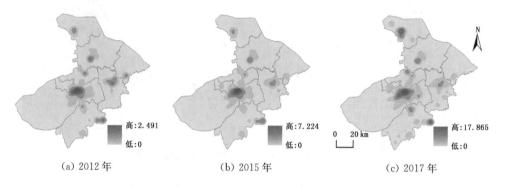

图 8-4　三个时点苏州市广告会展企业核密度分布图

上述集聚演化特征体现出苏州市广告会展业分布的市场和环境导向的叠合。从此类企业的具体地址来看,各区市的城市中心分布最为集中,另有部分企业则分布在商业用地相对集中的地区和高校科研院所附近,并沿城市主要道路轴向分布。城市中心便捷的交通条件、便利的商务环境和高教科研地区的人文环境和技术支撑对此类企业构成了强大的吸引力,是苏州市广告会展业集聚发展的先决条件。此外,在城市中心集聚的同时还呈现出向边缘地区扩散的倾向性,反映了地租因素对广告会展企业分布的持续诱导性。

8.2.3　建筑设计业空间格局演化分析

苏州市建筑设计业全局 Moran's I 指数值从 2012 年的 0.262 8 上升至 2017 年的 0.763 4,表明建筑设计业空间结构总体呈现集聚的特征,且集聚水平不断提升,各区市产业集聚水平显著地受到邻接区市的影响。

结合图 8-5 和图 8-6 来看,苏州市建筑设计业总体表现出明显的空间分异格局,且随着时间的推移,发生了显著的变化。研究期间内,姑苏区始终位于

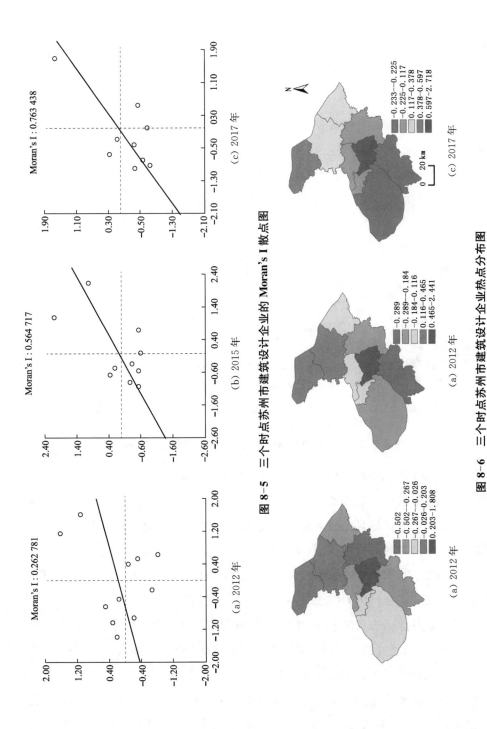

图 8-5　三个时点苏州市建筑设计企业的 Moran's I 散点图

图 8-6　三个时点苏州市建筑设计企业热点分布图

Moran's I散点图的第一象限(H-H)内,表明该区自身集聚发展水平较高,且在空间上具有趋同发展的态势,形成了苏州市建筑设计业集聚发展的热点区域。位于第三象限(L-L)内的点由2012年的2个演变为2017年4个,而位于第二象限(L-H)和第四象限(H-L)的点的总数由2012年的6个演变为2017年的4个,局部低值集聚区域增多,局部异质区域减少,表明建筑设计业空间差异程度趋于缩小。苏州市建筑设计业集聚发展的热点和冷点区域并存,且热点区域(姑苏区和工业园区)对周边地区的极化效应大于扩散效应,具体表现在其周边地区均是冷点或次冷点区域,辐射带动作用小。次热点区域主要在其北部的张家港市和太仓市(其中太仓市在2017年演变为次冷区域),成为建筑设计业集聚发展的"飞地"。

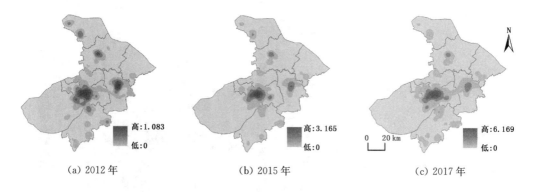

(a) 2012年　　　　　(b) 2015年　　　　　(c) 2017年

图8-7　三个时点苏州市建筑设计企业核密度分布图

从图8-7可以看出,苏州市建筑设计业表现出较强的中心集聚性。三个研究时点的建筑设计企业核密度高峰值均出现在姑苏区,且峰值逐年提高,表明该区是集聚的核心区域且企业集聚程度逐年增强;大多数区市呈现出微弱的中心集聚性。伴随着时间的推移,苏州市建筑设计业表现出由最初的各地区相对分散布局到中心集聚再到以姑苏区为主核、多点多中心集聚发展并在主城区范围内以姑苏区和工业园区为中心向外蔓延连片的空间演化特征。

建筑设计业所表现出来的空间演化特征揭示了该类企业的区位选择主要受市场需求、空间环境和关联行业等因素的影响。从企业的具体地址可以看出,建筑设计企业在各区市的中心集聚分布。一方面,建筑设计企业需要更多的与客户面对面交流和沟通的机会,因此,接近市场、交通便利的城市中心地区是最佳的选择,这也进一步表明了建筑设计企业的空间分布受市场导向性较为显著;另一方面,由于该类企业具备承受高额地租的能力,因此,随着产业逐渐发展成熟,城市中心完善的基础设施条件、舒适的工作环境及空间需求变化等促使企业向城市中心更为集聚。此外,苏州市建筑设计产业发展已相对成熟,产业链中关联行业之间形成了社会网络,企业之间的地理邻近性减少了交流与交通成本,进而促使建筑设计及相关产业空间集聚的加剧,形成了主城区片状发展的态势。

8.2.4 影视制作业空间格局演化分析

苏州市影视制作业全局 Moran's I 指数值从 2012 年的 0.927 1 下降至 2017 年的 0.818 2,总体呈现出集聚发展的空间结构特征,且集聚水平提升,各区市产业集聚水平显著地受到邻接区市的影响。结合图 8-8 和图 8-9 来看,苏州市影视制作业总体表现出高高聚类和低低聚类的趋同化发展态势,空间分布格局基本保持稳定。姑苏区和工业园区集聚发展水平较高,是苏州市影视制作业集聚发展的热点区域,而其余区市则表现为低水平集聚发展,表明了苏州市影视制作业高、低水平两极分化明显,尚未形成较为明显的空间溢出效应,相邻区市间的影视制作产业相互冲击产生消极作用,需进一步加强地区间的联系,充分发挥热点区域的辐射带动作用。

从三个时点苏州市各区市影视制作企业的核密度分布图(如图 8-10 所示)可以看出,苏州市影视制作产业表现出微弱的集聚性。三个研究时点的影视制作企业核密度高峰值从 2012 年的 0.188 至 2017 年的 1.581,峰值不高但有逐年递增的趋势,表明该产业集聚性在不断增强。苏州市影视制作业表现出中心外围式空间分布格局,具体表现为若干小据点上的小规模集聚,具有相对均衡的地区分布特征,进一步表现为由大范围均衡分散向向心集聚发展的空间演化态势。

影视制作业所表现出来的空间演变过程揭示了该类企业的区位选择主要受历史文化资源、人力资源和市场环境等因素影响。从影视产业链的角度和企业的具体地址来看,影视前期的取景和拍摄以及衍生品生产企业主要分散布局在苏州市外围各区市,而影视后期制作、发行和交易的企业主要集中在以姑苏区和工业园区为核心的主城区内。一方面,苏州市丰富的历史文化资源及其分散的空间分布特征,使得部分企业集聚分布于各区市的影视基地、旅游景区周边,表现出在各区市范围内的据点小规模集聚;另一方面,城市中心良好的商业环境、

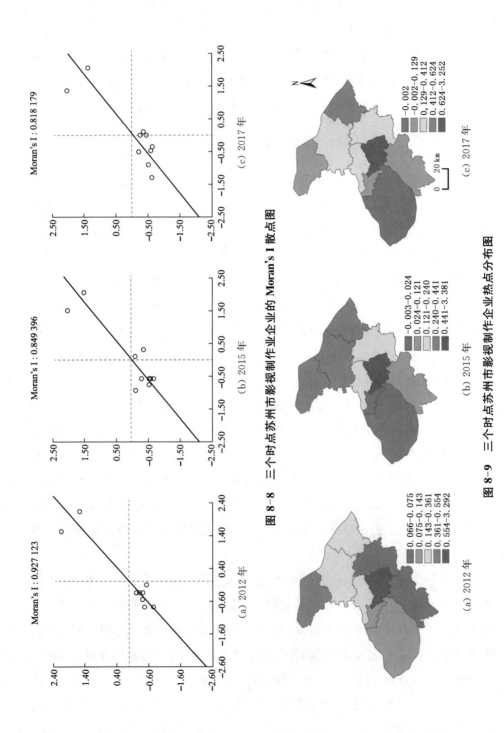

图 8-8 三个时点苏州市影视制作业企业的 Moran's I 散点图

图 8-9 三个时点苏州市影视制作企业热点分布图

完善的基础设施、相对集中的创意人才和消费人群等对市场导向性较强的企业具有强大的吸引力,同时,此类企业具有较强的地租承受能力,使其集聚于苏州市以姑苏区和工业园区为核心的中心城区,并以产业园区为主要空间载体,形成了大、中小型企业相互关联、向心集聚的空间布局特征。

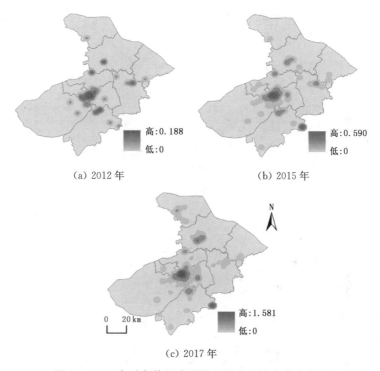

图 8-10　三个时点苏州市影视制作企业核密度分布图

8.2.5　动漫游戏业空间格局演化分析

苏州市动漫游戏业全局 Moran's I 指数值由 2012 年的－0.144 3 上升为 2015 年的 0.819 2,进一步提升至 2017 年的 0.931 5,表明其空间结构由最初的离散状态演化为集聚状态,且集聚程度日益加强,地区之间产业发展的依赖性逐渐加强。结合三个时点基于企业数量的苏州市各区市动漫游戏业的 Moran's I 散点图和热点分布图(如图 8-11 和图 8-12 所示)来看,2012 年,苏州市动漫游戏业 Moran's I 散点图的直线斜率为负,表明该产业分布空间差异性显著,表现出分散布局的特点;2015 年和 2017 年的 Moran's I 散点图的直线斜率均为正,表明该产业空间分异格局基本形成且保持稳定,总体表现出高高聚类和低低

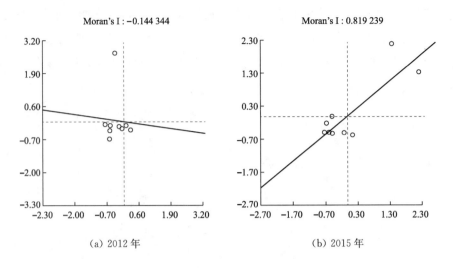

(a) 2012 年

(b) 2015 年

(c) 2017 年

图 8-11　三个时点苏州市动漫游戏企业的 Moran's I 散点图

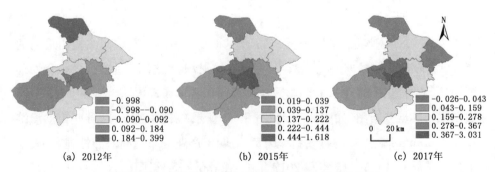

(a) 2012年　　　　　　　　　(b) 2015年　　　　　　　　　(c) 2017年

图 8-12　三个时点苏州市动漫游戏企业热点分布图

聚类的趋同化发展态势。姑苏区和工业园区集聚发展水平较高,是苏州市动漫游戏业集聚发展的热点区域,而其余区市则表现为低水平集聚发展。

从三个时点苏州市各区市动漫游戏企业的核密度分布图(如图 8-13)可以看出,与影视制作产业相类似的,动漫游戏企业核密度峰值不高,由 2012 年的 0.268 上升至 2017 年的 2.187,表现出微弱的集聚性。苏州市动漫游戏业总体呈现出相对分散的而又多中心集聚的空间分布特征,且在研究期间内并未发生明显的变化。这一特征表明苏州市动漫游戏业尚处于发展初期,受政府政策和行业自身特点的影响较大。一方面,产品自身和技术协作特点决定了该类企业受地理空间制约较小,促使企业在外围的分散分布;另一方面,苏州市动漫游戏业起步于政府对产业的政策支持和规划,大部分区市依托政府推动建设的创意产业园和动漫游戏产业基地,一批企业集聚其中,进而形成了多核集聚的特征。

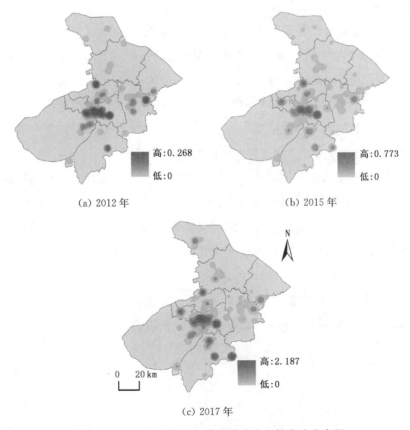

图 8-13　三个时点苏州市动漫游戏企业核密度分布图

基于苏州市广告会展业、建筑设计业、影视制作业和动漫游戏业四个文化创意产业的细分行业，运用 Arc GIS、Geo DA 空间分析工具分析了苏州市文化创意产业空间格局的演化过程和主要特征。总体上来说，苏州各区市文化创意产业均呈现出一定的集聚性，且相邻地区之间的关联性较强，已形成了集聚核心区域——姑苏区和工业园区，且表现出一定程度的城市中心指向性。

苏州市文化创意产业空间格局及演化的分类比较研究结果表明，影响因素、产业特性、发展阶段和发展规模等的差异性导致了不同类型文化创意产业空间格局及演化特征的基本差异性。

（1）苏州市四个细分行业类型的文化创意产业均具有一定的空间集聚性，但集聚强度存在明显差异。其中，广告会展业中心集聚度最高，建筑设计业紧随其后，而影视制作业和动漫游戏业中心集聚度较低，表明了苏州市各类文化创意产业处于发展的不同阶段。

（2）苏州市传统领域的广告会展业和建筑设计业发展相对成熟且增长趋势强劲，已经形成明显的集聚核心区（姑苏区）和集聚区，同时呈现出不同程度和方向上的面状扩散；而新兴领域的影视制作业和动漫游戏业尚处于发展的起步阶段，在空间上表现出较弱的集聚性，以相对均衡的点状分散布局为主要特征，并出现了向心集聚发展的趋势，反映出文化创意产业发展阶段所呈现出的共性特征，即起步阶段的点状分散发展——成长阶段的多中心集聚发展——成熟阶段的向心聚合并沿轴向或面状延伸发展的特征。

（3）苏州市四个细分行业类型的文化创意产业空间布局与演化特征的差异性还表现在空间分布模式方面。城市中心便捷的交通条件和市场接入性、便利的商务环境、高教科研地区的人文环境和技术支撑等对广告会展企业和建筑设计企业具有强大的吸引力，使得这两类文化创意产业空间布局表现出了更为明显的城市中心集聚性。而刚起步的影视制作业和动漫游戏业受资源和生产要素以及市场条件等因素的制约，主要以政府推动建设的产业园、产业基地为主要空间载体，形成了这两类文化创意产业集聚发展的据点。

第 9 章
国内外文化创意产业发展经验与启示

以文化创意、知识和科技为核心内容的文化创意产业是 21 世纪创意经济中最具生机的朝阳产业。通过政府规划引导和政策扶持以及市场化运作,国内外诸多国家和地区将"文化创意"作为推动城市经济转型升级发展的重要引擎,大力发展文化创意产业并取得了良好的经济和社会效益。

9.1 国内外文化创意产业发展状况

9.1.1 典型国家——美国和英国

(1) 美国文化创意产业发展概况和特点

早在 1996 年美国文化创意产业就已经成为该国增长速度最快的产业。美国的文化创意产业是以版权为基础的产业,称为"版权产业",由核心、交叉、部分和边缘四大类版权产业共同构成了"全部版权产业"(见表 9-1)。

表 9-1 美国版权产业分类

层次	定义	主要行业门类
核心版权产业 (Core Copyright-Industries)	受版权保护的作品或其他物品的创造、生产与制造、表演、宣传、传播与展示或分销和销售的产业	出版与文学;音乐、剧场制作、歌剧;电影与录影;广播电视;摄影;软件与资料库;视觉艺术与绘画艺术;广告服务;版权中介服务
交叉版权产业 (Interdependent Copyright-Industries)	生产、制造和销售产业,其功能主要是为了促进有版权作品的创造、生产或生产使用的设备	电视机、收音机、录音机、CD 机、DVD 机、答录机、电子游戏设备及其他相关设备的制作、批发、零售

(续表)

层次	定义	主要行业门类
部分版权产业（Partial Copyright-Industries）	那些有部分产品为版权产品的产业	服装纺织品与鞋类；珠宝与钱币；其他工艺品；家具；家用物品、瓷器与玻璃；墙纸与地毯；玩具与游戏；建筑、工程与测量；室内设计；博物馆
边缘版权产业（Non-dedicated Support Copyright-Industries）	那些主要目的是便于受版权保护的作品或其他物品的宣传、传播、分销或销售而有没有被归为"核心版权产业"的产业	版权产品的一般批发与零售；大众运输服务；电信与网络服务

资料来源：美国国际知识产权联盟（IIPA）：《美国经济中的版权产业：2004 年度报告》。

从产业增值来看，美国版权产业增加值实际年增长率远高于 GDP 实际年增长率，对经济发展做出了巨大的贡献，呈现出巨大的发展潜力。如图 9-1 所示，即使在 2008—2009 年美国经济出现负增长时，其版权产业的发展仍好于美国整体经济，全部版权产业的降速为 -2.07%，慢于美国 GDP 的降速 -2.63%。表 9-2 中的数据显示，2010—2015 年，美国核心版权产业和全部版权产业在美国 GDP 中的比例分别高于 6% 和 11%，且逐年增加。2015 年，美国全部版权产业增加值达 2.1 万亿美元，占经济总量的 11.69%。其中，过半贡献来自核心版权产业（占全部版权产业的 58.92%），占经济总量的 6.88%。版权产业在美国经济中起着巨大的支撑作用，是该国经济的支柱性产业。

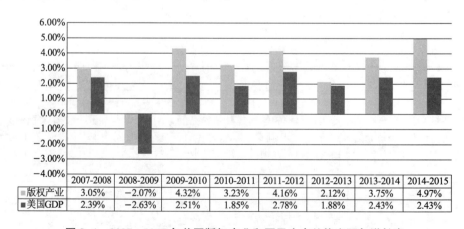

图 9-1 2007—2015 年美国版权产业和国民生产总值实际年增长率

数据来源：美国国际知识产权联盟（IIPA）发布的《美国经济中的版权产业》2011、2014、2016 年度报告，https://www.iipa.org/reports/copyright-industries-us-economy/。

表 9-2 2010—2015 年版权产业对美国经济的贡献度 （单位：亿美元）

年 份		2010	2011	2012	2013	2014	2015
美国 GDP		14 958.30	15 533.80	16 244.6	16 799.7	17 348.1	17 947
核心版权产业	增加值	988.8	1 030	1 092.2	1 126.6	1 166.4	1 235.6
	贡献度	6.61%	6.63%	6.58%	6.67%	6.72%	6.88%
全部版权产业	增加值	1 708.3	1 769.90	1 862.3	1 921.7	1 989.5	2 097.2
	贡献度	11.42%	11.39%	11.39%	11.44%	11.47%	11.69%

数据来源：美国国际知识产权联盟（IIPA）发布的《美国经济中的版权产业》2014 和 2016 年度报告，https://iipa.org/reports/copyright-industries-us-economy/。

从美国版权产品国际市场情况来看，版权产业已成为该国最大的出口产业之一。数据显示（见图 9-2），美国核心版权产业中录制音乐产品，电影、电视和视频作品，软件，报纸、书籍及期刊四个行业的出口额由 2010 年的 1 340 亿美元上升到 2015 年的 1 769.7 亿美元，年均增长率 5.35%，表明随着美国版权产业的不断发展，文化创意产品在世界范围内迅速扩张，全球竞争力不断增强。

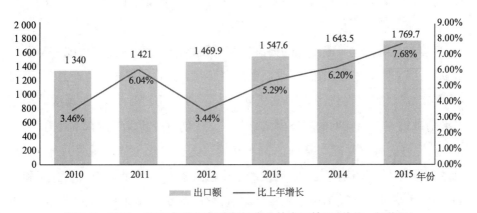

图 9-2 2010—2015 年美国部分版权产业的出口情况（单位：亿美元）

数据来源：美国国际知识产权联盟（IIPA）发布的《美国经济中的版权产业》2014 和 2016 年度报告，https://iipa.org/reports/copyright-industries-us-economy/。

从就业来看，版权产业为美国提供了巨大的就业市场（如表 9-3 所示）。2010—2015 年，全部版权产业的就业贡献率近 8%，其中，核心版权产业的就业贡献率为 4% 左右，意味着对美国而言，版权产业用近 8% 的就业人口贡献了近 11% 的 GDP。从就业的实际数量来看，美国就业总人数和版权产业就业人数均呈逐年增长的趋势，表明版权产业在促进自身吸纳就业能力的同时带动了相关产业的发展,提高了美国整体就业水平。从从业人员的工资水平来看,核心版权产业和全部版权产业的工资水平领先于美国平均水平,2015 年,美国核心版权产业人员和全部版权产业平均工资分别为 93 221.45 美元和 82 116.96 美元,是美国人均工资水平的 1.38 倍和 1.2 倍。显然,版权产业是高附加值的高端产业。

表 9-3　2010—2015 年美国版权产业就业贡献率和工资水平

年份		2010	2011	2012	2013	2014	2015
美国全部就业人口(万人)		12 991.11	13 149.98	13 507.6	13 738.7	14 040.2	14 314.6
全国工资平均水平(美元)		61 390.8	63 016.27	63 741.14	64 361.60	65 906.77	67 714.68
核心版权产业	就业人口(万人)	518.03	527.28	518.24	528.61	542.16	554.03
	就业贡献率	3.99%	4.01%	3.84%	3.85%	3.86%	3.87%
	工资(美元)	80 444.01	83 515.77	86 140.76	87 509.1	90 354.73	93 221.45
全部版权产业	就业人口(万人)	1 059.6	1 080.35	1 072.8	1 090.13	1 115.2	1 137.3
	就业贡献率	8.20%	8.15%	7.94%	7.93%	7.94%	7.95%
	工资(美元)	71 941.43	74 383.2	76 457.07	77 483.72	79 759.67	82 116.96

数据来源:美国国际知识产权联盟(IIPA)发布的《美国经济中的版权产业》2014 和 2016 年度报告,https://iipa.org/reports/copyright-industries-us-economy/。

美国是推崇文化普遍主义的典型国家,其价值观和生活方式支配和驱动着以消费主义为基础的自由市场,大规模地生产着美国化的娱乐文化产品,并流通到世界市场,极大地促进了该国文化创意产业的发展。因此,以市场推动为主导,政府政策支持为辅助的发展模式是美国文化创意产业发展的基本动力。

① 完善的版权制度与宽松的市场环境。美国文化创意产业发展中"弱政府"的调控措施主要依赖于通过完善的法律法规建造了一个较为公平有序和自由竞争的市场环境。美国历来重视版权制度建设,最早体现在 1787 年的《美国宪法》和 1790 年第一届国会制定的第一部《版权法案》中。20 世纪 80 年代以来,在不断进步和发展的科学技术背景下,根据国内版权产业发展与版权国际贸易的实践状况,动态修订和完善版权制度,颁布了《反盗版和假冒修正法案》《商标法》《专利法》《计算机软件保护法》《电子盗版禁止法》《跨世纪数字版权法》等一系列法律法规,为美国文化创意产业发展与全球扩张构建了完善的知识产权保护法律体系,并通过设立专门的管理机构实施监督、管理和执行职能,保障美国版权的立法和执行力度,在版权产业发展过程中发挥了重要作用。

完备且灵活的知识产权保护法律制度为美国文化创意产业的发展营造了宽松的市场环境。美国政府在管制行为上采取宽松的态度，同时，遵循文化自由贸易原则，使文化创意产品在全球化经济流通过程中输入到世界其他国家。宽松的市场环境为美国文化创意产业的发展提供了强劲的动力，并在全球性的贸易策略下，使文化创意产业的运行机制得到扩展，文化创意产品的生产和销售的体系和网络在全球范围内扩张。

② 高度产业化的商业营运模式。在政府提供宽松的外部环境和严格的法律保障的前提下，美国文化创意产业是在完全自由的市场经济环境中产生和发展起来的，依靠多元化的开放性的市场竞争体系实现自主发展。美国的文化创意产业严格遵循市场规律，构建了一条完整的商业化的产业链，并从企业的价值链角度来看，将着力点置于"微笑曲线"两端，即外观设计、管理咨询、营销策划、广告推广与渠道开发等创新含量高的环节，关注产品的多元化及产业价值链的延伸和品牌效应，而将处于价值链低端的生产制造环节放在成本较低的发展中国家，以此来实现利润最大化的目标。在知识经济和数字化技术的时代背景下，以"创意＋科技＋资本"的经营理念在自由的市场经济环境中实现高度产业化的商业化运作，从而获得全球资本和市场，进而使美国文化创意产业在国际市场的地位屹立不倒。

③ 多元化的投融资机制。美国政府为文化创意产业的发展营造良好的投资环境，开拓多元化的融资渠道，并通过制定优惠政策，鼓励业外和境外资本进入文化创意产业。尤其是美国创意产业集聚区的建设一半以上的投资是来自非营利性机构、经济开发团体、发展基金、私营企业及社会团体。另外，美国采用多元化跨国经营的战略，企业运营资本依赖国外投资，以跨国公司的形式开展业务。此外，美国还采取贸易保护主义政策，对进口文化创意产品课以重税，这在一定程度上保证了其国内文化创意产业较高的利润回报率，从而吸引了大量境外资本投入，形成了跨国资本运作模式和庞大的经营规模，并以大型跨国集团的形式实现更大规模的业务拓展，使得美国文化创意产业在全球范围内不断发展壮大。

④ 较高的文化资源转化率。美国文化创意产业凭借其雄厚的资金投入和广阔的市场前景，通过"学习"和"创新"的自我"内化"过程，不断吸收世界各国的优秀文化资源，并将其改造成为极具美国特色的文化创意产品销往世界市场。

如2008年由美国梦工厂制作的动画片《功夫熊猫》取材于中国文化,在对故事内容和形式进行了大胆的艺术想象和创新后创造出了美国式的神话故事,在全球取得了6亿多美元的票房收入。同时,重视版权的多元化开发和运营,适时发展配套的附加产品及服务。相关资料显示,电影副产品收入(录像带、光盘、唱片等)、衍生品收入(服装、玩具、文具等)、改编收入(图书、游戏等)和数字版权收入(信息网络传播等)占美国电影总收入的80%左右。这不仅带来了直接的经济收益,而且延伸了产业链条,进一步促进了文化创意产业及相关产业的全面发展。另外,在求新求变的过程中,美国文化创意产业不仅重视内容的更新,而且注重高新技术,如网络传输、数字化、通信卫星、数字电视等的投入和应用,通过文化创意与先进科技的结合,增强艺术的表现力和感染力,从而不断提升文化创意产品的竞争力和吸引力。

典型案例

从米老鼠到娱乐产业巨无霸
——美国迪士尼的市场化、产业化、国际化之路

1. 从单纯的卡通片产品到整合产业链的建立

从1928年11月18日在纽约克鲁尼剧院上演的动画片《蒸汽船威力号》首次亮相以来,米老鼠星途坦荡持久,相继领衔主演超过120部卡通片。在米老鼠取得巨大成功之时,迪士尼没有陶醉在成功的喜悦中,而是积极寻求在米老鼠卡通片系列制作中不断更新、完善、突破和超越。在创意内容上,迪士尼通过其系列制作,把一个简单、快乐的米老鼠卡通形象逐渐赋予了一个"人"的丰满的内心情感世界,并将其生活和情感放入一个米老鼠的家庭生活。至此米老鼠不再是一个抽象的卡通形象,米老鼠的故事展示的是生活在虚拟世界中的一群同人类一样有着喜怒哀乐和悲欢离合生活的米老鼠们的真情故事。米老鼠和其家人朋友在卡通片系列生产中不断成长,米老鼠的世界在不断扩大,米老鼠的生命力不断延续。在卡通片的艺术和技术制作上,迪士尼不断挑战时代的局限,把米老鼠卡通系列从无声到有声,从黑白到彩色,从卡通短片到动画故事片,从动画师笔下画出的动画到由真人演出的舞台剧,迪士尼从一开始就把卡通片的制作和生产与科学技术的发展紧密地连接在一起,在卡通片的制作中实践应用并促进着新的技术发明。米老鼠,这个快乐简单的卡通形象已经自我发展成为一个米老

鼠娱乐产业链。至此,米老鼠变成了一个"不老"的娱乐产业形象的代言人,一个"不老"的奇迹。

在成功开发以米老鼠为品牌的系列卡通电影及与制造商通过转让形象专利使用权使米老鼠形象成功出现在各类日用商品系列产品的同时,迪士尼积极探索创造新的动画形象,以新的动画形式讲述动画故事,不断创造新的经典,带给观众新的观赏惊喜。从1937年奥斯卡特为《白雪公主与七个小矮人》开设最佳动画片奖至今,迪士尼在80多年发展历程中,为世界奉献了如《爱丽丝漫游仙境》(Alice in Wonderland,1951)、《美人鱼》(The Little Mermaid,1989)、《狮子王》(The Lion King,1994)等超过300部以动画为主的故事片,塑造了一批像唐老鸭、白雪公主、美人鱼等经典动画形象。这些经典的动画形象如同米老鼠一样,由于深受观众的喜爱而迅速由一个单纯动画形象,通过形象专利的特许经营开发,发展成系列娱乐产品和日用消费产品,经过销售的传播,发展成一条条娱乐品牌产业链。

2. 从娱乐产业链到娱乐产业网络的建立

1955年,一个以迪士尼经典动画人物组成的虚拟世界——迪士尼乐园在美国加利福尼亚州洛杉矶对公众开放,这是迪士尼发展的一个新的里程碑。迪士尼乐园一次次把观众从电影中看到的虚拟世界变成了可游玩、可感受的崭新的娱乐体验。与此同时,迪士尼乐园的开放,把旅游业、房地产业、餐饮业等相关产业统统融入迪士尼的娱乐消费网络。随着迪士尼动画故事的不断创造,一个个新的经典动画人物在迪士尼乐园安家。迪士尼乐园在保持传统吸引力的同时,不断自我更新、自我发展、始终充满新的生命力。随着迪士尼乐园在美国佛罗里达州的奥兰多、日本的东京、法国的巴黎、中国的香港和上海等地一个个地开张,迪士尼的娱乐消费网络全球辐射般延伸开来。迪士尼成为自我创造、自我更新、自我扩张、不可阻挡、无可匹敌的娱乐巨无霸。

现在迪士尼娱乐在世界范围内成功铺设了其电影制作网、发行网、电视网、音像图书出版发行网、专利产品制造销售网、主题公园旅游度假网、房地产开发网。哪里有娱乐需要,哪里就有迪士尼;哪里没有迪士尼娱乐,迪士尼就开发到哪里。迪士尼娱乐产业链链相接、网网相通、四通八达、无处不在、环环相扣、牢不可破,它的发展与时俱进甚至推动引领了时代的发展。

迪士尼带给世界的创造力是一目了然的,迪士尼的财源滚滚也是一目了然的。它创造了一个长生长胜、自产自销的盈利模式和轮次递进、滚动增值的收入模式。每年迪士尼故事片的海内外院线发行获得票房的第一轮收入。录像带、DVD、音乐CD发行为第二轮收入。主题公园在加进新的动画人物所带来新的卖点的创收构成第三轮收入。特许形象产品的经营销售是第四轮收入。在美国专利版权法保护下,迪士尼通过发放特许经营权的商家,产品范围从文具产品、日用产品、电器产品到艺术品收藏应有尽有。迪士尼的电影发行通过自己的发行渠道,迪士尼的电视播出通过自己的电视播出平台,迪士尼的特许专利商品通过自己4 000家迪士尼专利商店直接销售自己的品牌产品。最后,电视和网络媒体完成第五轮收入。迪士尼的盈利模式、运作模式都是建立在自产自销的良性循环轨道之中。一个个迪士尼的产品在市场的投放获得多层、多轮、多面的利益回报,一个个迪士尼的产品的纵横推广上市获得既稳定由惊喜可观的收获。

——资料来源:张岩松,穆秀英.文化创意产业理论与实践[M].清华大学出版社,2017年6月第1版:97-98.

(2) 英国文化创意产业发展概况和特点

英国是世界上最早提出"创意产业"[①]概念并利用公共政策推动其发展的国家。在政府的引导和推动下,英国创意经济增加值占GDP的比重超过7%,年均增速是整个经济增长速度的近两倍。英国文化、媒体与体育部发布的《2016年创意产业经济评估》报告的数据(如表9-4所示)显示,英国创意经济总增加值由2011年的1 066.86亿英镑增加到2014年的1 332.80亿英镑,占GDP比重由7.39%上升为8.24%,四年累计增长24.9%,远高于英国经济12.1%的增长水平。在英国的产业结构中,创意产业成为仅次于金融业的第二大支柱性产业。2014年和2015年英国创意产业总增加值分别为840.67亿英镑和874亿英镑,分别占英国GDP的5.19%和5.3%,超过任何制造业对GDP的贡献。在文化创意产业的各行业中,信息技术、软件和计算服务业,出版业,广告业和电影、电视、录像、广播和摄影业占英国GDP的比重由2009年的3.61%上升到2014年的4.38%,对该国经济增长的贡献最大。

---

① 以就业人数、成长潜力和原创性3个原则作为标准,英国创意产业的范畴涵盖了广告、艺术与古玩、建筑、手工艺品、(工业)设计、时尚设计、软件设计、互动休闲软件、音乐、表演艺术、出版、电影与录像、电视与广播13个门类。

表 9-4　2009—2014 年英国创意产业增加值和出口总值　（单位：亿英镑）

年　份	2009	2010	2011	2012	2013	2014
英国 GDP	13 485.07	13 977.44	14 432.81	14 857.76	15 469.14	16 183.46
文化创意产业增加值	576.18	597.53	651.80	698.49	771.87	840.67
占　比	4.27%	4.27%	4.52%	4.7%	4.99%	5.19%
主要行业增加值						
广告与营销	69.67	68.40	81.28	92.68	119.46	132.50
建　筑	32.05	26.38	32.35	34.80	37.18	43.26
手工艺品	2.18	2.68	2.64	2.48	1.35	2.88
设计（产品、图形和时装设计）	18.86	20.49	25.04	25.02	27.75	32.35
电影、电视、录像、广播和摄影	62.96	79.73	99.87	97.92	95.00	108.07
信息技术、软件和计算机服务	264.03	269.91	276.72	307.13	340.55	365.78
出　版	89.68	95.80	92.86	95.04	99.02	101.80
音乐、表演和视觉艺术	37.79	34.34	41.84	44.92	51.63	54.44
英国服务业出口总值	1 695.07	1 741.78	1 889.08	1 974.32	2 148.13	2 197.59
文化创意产业出口值	133.03	147.19	155.03	172.58	178.56	198.09
占　比	7.8%	8.5%	8.2%	8.7%	8.3%	9.0%
主要行业出口值						
广告与营销	21.36	18.61	20.13	23.43	26.41	27.71
建　筑	3.19	3.84	3.62	3.73	3.59	4.46
设计（产品、图形和时装设计）	1.16	1.22	1.31	1.90	2.04	2.26
电影、电视、录像、广播和摄影	38.26	46.58	42.57	43.45	40.34	47.24
信息技术、软件和计算机服务	58.11	62.86	72.10	80.11	85.89	88.33
出　版	8.06	10.32	12.45	14.15	13.15	21.42
音乐、表演和视觉艺术	2.86	3.57	2.75	5.74	7.04	6.44

数据来源：英国文化、媒体与体育部《2016 年创意产业经济评估》，https://www.gov.uk/government/statistics/creative-industries-economic-estimates-january-2016。

根据英国跨部门商业注册机构统计，得益于创意产业的发展及其对经济的推动，英国仅次于美国，是世界第二大创意产品生产国。在政府税收优惠等政策性扶持下，创意产业的进一步发展推动了创意产品的出口，极大地抵补了英国货物贸易逆差。如表 9-4 所示，2014 年，英国创意产业实现出口 198.09 亿英镑，占英国服务业出口总额的9.0%,其中,信息技术、软件和计算服务业,电视、录像、广播和摄影业以及广告业是创意产业出口的主要行业,占该产业出口额的82.4%。2009—2014年间,创意产业出口累计增长48.9%,高于英国服务业出口总额29.6%的增长水平。

英国创意产业的蓬勃发展,为该国创造了众多的就业机会,极大地增加了就业岗位,改善了就业结构。如表9-5和图9-3所示,英国创意产业就业一直保持稳定增长的态势。2011—2015年间,创意产业就业岗位增加30.4万个,增幅为19.5%,远高于全国平均水平。2015年英国创意产业就业人数近200万,比上年增长5%,其增速是英国总就业人数同比增速1.2%的四倍。其中信息技术、软件和计算服务业,出版业,电视、录像、广播和摄影业和音乐、表演和视觉艺术提供了135.7万个就业岗位,占全部创意产业就业岗位数的72.7%。

表9-5　2011—2015年英国创意产业就业岗位数

年　份		2011	2012	2013	2014	2015
创意经济	就业岗位(万个)	242.0	255.8	262.2	275.4	289.5
	占全部就业岗位的比重	8.0%	8.4%	8.5%	8.8%	9.0%
文化创意产业	就业岗位(万个)	156.2	169.1	171.3	180.8	186.6
	占全部就业岗位的比重	5.2%	5.6%	5.6%	5.8%	5.8%

数据来源:英国文化、媒体与体育部《2016年创意产业经济评估》,https://www.gov.uk/government/statistics/creative-industries-economic-estimates-january-2016。

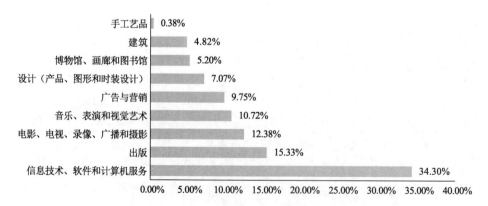

图9-3　2015年英国创意产业主要行业就业岗位占比

数据来源:英国文化、媒体与体育部《2016年创意产业经济评估》,https://www.gov.uk/government/statistics/creative-industries-economic-estimates-january-2016。

英国的创意产业是在以制造业为主的传统工业日益衰落的情况下发展起来的,20世纪末所面临的经济困境促使英国政府启动了产业转型,开始强调"创意"在经济发展中的引领作用,并通过保护知识产权、协助企业融资、创意出口推广、教育及技能培训、税务和规章监管、推动地方自主权等文化创意产业推动政策来鼓励市场发展①,使其迅速成为世界文化创意产业的"标杆国"。英国文化创意产业的蓬勃发展,除了本身具备雄厚的经济基础外,最主要的原因在于政府的高度重视和积极推动,因此,以政府主导的发展模式是该国文化创意产业发展的基本动力。

① 长远的战略发展规划和长效的组织管理机制。自1997年英国首相布莱尔提出了"新英国"的战略发展构想后,该国政府出台了《英国创意产业路径文件》《创造机会:英格兰地方政府地方文化发展战略指南》等政策性文件,明确将创意产业提升到国家经济战略的新高度,为其发展提供了框架及路径。由"创意产业特别工作小组"②负责规划、协调文化创意产业发展蓝图,发掘文化对经济的影响力。在文化创意产业管理和组织运作方面,基于"保持距离""适当分权"与"专""宽"兼备等政治体制的原则,建立了由政府主导,非政府公共部门和行业性文化联合组织参与的分级管理机制,即中央政府和地方政府及其所属文化行政管理部门之间的垂直分权和政府与非政府公共部门、行业性文化联合组织之间的水平分权管理机制。

② 完善的法律法规体系和多元化的投融资机制。自1996年起,英国相继颁布了新的《广播电视法》《电影法》《著作权法》《英国艺术组织的戏剧政策》《电子商务法》等法律法规,同时,采取了一系列知识产权保护措施,如实现专利商标事务所与一般的法律事务所的跨领域合作,鼓励降低知识价格水平、加快信息流动量、加强技术和应用的结合、实现知识的总收入最大化等③。以知识产权保护为核心的法律法规体系和有力的保障措施为文化创意的发展提供了良好的市场环境和公平的竞争格局。英国政府通过建立财政支持机制,采用投资主体多元化的融资模式为以中小企业甚至个人从业为主体的文化创意产业发展提供资金

---

① 牛维麟.国际文化创意产业园区发展研究报告[M].北京:中国人民大学出版社,2007:14-15.
② 英国"创意产业特别工作小组"由外交部、文化委员会、财政部、贸易和工业部等部门行政首长、政府高级官员以及与创意产业相关的重要商业公司的负责人和社会知名人士等组成。
③ 张望.中国文化创意产业发展模式研究[D].南京:南京大学,2011:43.

保障。一方面，对公益性文化领域由政府给予直接和重点资助：文化、新闻与体育部发布《创意产业资本地图》和"Banking on a Hit"，指导和帮助中小企业或个人从金融机构或政府部门获得投资援助；设立科学、技术及艺术基金（NESTA）为具有创新点子的个人提供发展基金。另一方面，政府制定激励政策和措施，鼓励金融资本和社会资本进入文化创意产业领域。通过扶持成立民间机构、实施小型公司贷款保证计划、设立多项基金支持文化创意产业的不同行业等方式，建立起由政府引导，银行、行业基金及各种社会资本参与的融资网络，促进各种资本与文化创意的有效对接。此外，还积极鼓励国际资本的投资。2014 年 3 月，英国国家贸易部发布《英国创意产业投资机会》，为海外投资者进入英国文化创意产业领域提供信息和帮助。同时，政府出台的扶持性税收政策为文化创意产业的发展提供了间接的资金支持。

③ 强大的创意人才支持体系。以创意观念培养、政策引导和财政扶持等方式构建的创意人才培养体系，极大地解决了创意人才缺乏、创意人才培养与需求的错位问题。英国教育体系的主要特色在于培养国民的创造意识和创新精神。在基础教育阶段，重视塑造重视创意的社会氛围和意识，政府专门设立"创意媒体文凭"为 14~19 岁的学生提供展示和证明自己创意才能的机会，为其从事文化创意产业工作奠定基础；在大学阶段，重视创新能力和就业能力的培养，并通过在高校或研究机构建立创意人才培养基地培养创意专业性人才，构建产学研相结合的人才培养体系，实现高等教育与创意产业的有效衔接。同时，通过鼓励民众尤其是青少年积极参加各种文化活动，加大艺术教育投入，提供接受创意教育和在创意部门工作的机会，建立技能培训基地等，将创意思维和人才培养广泛定义于各种产业、学科教育和生活文化中，为产业发展提供了社会基础和环境。同时，伴随着产业的发展与成熟，政府作为创意理念引导和教育体系改革的倡导者角色也随之发生变化，以资金、项目为导向的支持和引导，使非政府公共文化机构在文化创意人才培育体系的构建中发挥起作为创意人才交流的平台、人才培训机构和教育经费资助来源的重要作用。

④ 行之有效的数字化发展途径。顺应数字媒体和网络技术的快速发展和更新的时代潮流，从 1998 年起，英国政府开始对数字化带来的"多媒体革命"进行积极计划和研究，并采取了一系列政策和措施推动文化创意产业与以"互联

网+"和数字技术为代表的新兴科技的融合。2000年,创意产业特别工作小组深入研究国际网络的影响,并提出了若干建议;2002年电影消费报告——《数字技术对电影产业的影响》分析了数字科技对电影生产和销售的影响,并提出应对数字发展的电影产业政策。政府还大力推动数字化产业化升级,开拓数字剧场、数字教育等方面的发展,搭建集研发、生产、流通、交易于一体的数字化平台,借助通信和网络技术,打造无界域的"虚拟集聚区",实现产业链条各个环节的数字化高端整合①。

典型案例

从老牌工业城市到"创意产业之都"
——曼彻斯特以文化战略支点撬动创意经济

1. 政府决策部门审时度势,创新城市发展理念

与世界其他城市一样,曼彻斯特的转型从旧城改造开始,强力推进产业升级,将污染严重的制造业外迁,为此,政府确立了重塑一个有活力、风格独特、吸引年轻人的城市目标。根据这一目标,政府筹划了一系列以文化为内容,以旧建筑为载体的开发项目:把废旧的铁路大楼改造成"科学与工业博物馆",把城区棉纺贸易中心变成"皇家贸易剧院",在老工业区卡索菲尔德建起了美术馆和音乐厅,火车站旧址被改建为展览中心,成为著名的G-MEX中心,原来生硬、机械的巨大厂区涌起了许多小巧玲珑的咖啡厅、酒吧、商店、画廊,使城市中心区成为一个巨大的磁铁,每天吸引15万国内外游客到访。

文化创意力量在曼彻斯特城市复兴中的巨大推动作用崭露头角,锐意进取的城市当局深刻地意识到"21世纪的成功城市将是一个文化城市""文化是知识经济中至关重要的创造力""文化将帮助人们用于技能和树立信心",于是决定继续以文化创意为核心,为城市勾画能够赢得未来话语权和核心竞争力的发展蓝图,于2004年确立新的发展战略——"创意之都",为此确定了两大目标:一是确保城市的复兴计划得到认同和支持,使之成为一个震撼性的文化和知识制度;二是鼓励本地市民踊跃参与文化活动。曼彻斯特的文化战略

---

① 刘恩东.英国文化创意产业发展中的政府定位[N].中国经济时报,2015-7-8.

围绕五大主题展开：文化之都(Cultural Capital)——建设、持续发展文化基础设施，保护文化投入的收益；文化与学习(Culture and Learning)——确立文化在学习、提高教育水平中的角色地位；文化大同(Culture for all)——鼓励市民参与文化活动；文化经济(Cultural Economy)——可持续发展的文化经济；文化营销(Marketing Culture)——协调开展各种营销活动提升城市文化形象。

2. 搭建公共服务平台，实施多元协作伙伴关系，形成撬动产业发展的支点

曼彻斯特用短短20年时间为英国西北部城市培育了12万家创意企业，这得益于实施有效孵化机制和服务完善的公共平台。1999年，曼彻斯特地区议会和政府联手，成立了非营利机构"城市创意产业发展服务所"(CIDS)。该机构提供常规的商务援助，但其核心聚焦点是将艺术带向新兴的和扩展中的市场。这个机构只雇佣9个工作人员，每年有140万英镑的预算，用于组建庞大的专家网络。CIDS通过各路专家为当地创意企业服务，主要包括发布信息、手续办理指导、企业诊断咨询、金融支持(可高达企业全部投资的50%)、外部市场环境研究，等等。

除了官方的服务机构，各个创意行业还涌现了不少自发组织的专家网络，形成了本行业的"内阁"。在CIDS成立的当年，曼彻斯特音乐界人士就已自发成立了自己的专家网络。这些专家们并不把注意力放在"创作"上，而潜心研究"市场"。他们把音乐人、赞助人、音响师、出版人、活动策划人、律师等聚合在一起，促进作品的生产；他们又时刻关注市场，为唱片公司开拓消费群体，促进作品的销售。

政府与民间的互动也是曼彻斯特成功特型的有益经验。如曼彻斯特国际艺术节(Manchester International Festival)由政府、社会组织和私人共同出资举办；曼彻斯特市议会投入200万英镑，艺术委员会资助90万英镑；私人资助金额也达到了270多万英镑。

几年来的实践使曼彻斯特这一英国老牌工业城市实现了成功转型，今天的曼彻斯特已经是英国继伦敦之后的第二大创意产业基地，成为英国西北地区的创意产业集散地，成为国际公认的"知识城市"，被誉为世界创意城市的典范。

——资料来源：厉无畏.创意改变中国[M].北京：新华出版社，2009：256-261.

9.1.2 典型城市——北京和上海

（1）北京市和上海市文化创意产业①发展概况

北京市和上海市是我国两个超大型城市，也是文化创意产业发展起步较早的两个城市。这两市均将文化创意产业作为重点发展产业提升到战略高度，经过近二十年的发展，文化创意产业已成为两市重要的支柱性产业，在经济社会发展中占据着重要的地位。依托得天独厚的历史文化资源及其特殊区位所带来的资本、市场、科技、人才等优势以及政府的高度重视，北京市和上海市文化创意产业发展迅速，经济增长效应和就业拉动效应显著。2017年，北京市和上海市文化创意产业增加值占GDP的比重分别为13.2%和12.3%，文化创意产业就业人数占就业总数的比重分别为16.5%和8.27%。近年来，两市文化创意产业内部结构不断优化，北京市以软件、网络和计算机服务业、新闻出版、广告会展、广播、电视、电影和设计服务为主导行业，上海市以软件与计算机服务业、咨询服务业、设计服务业为主导行业，呈现出文化创意产业与科技融合发展日益加深的趋势。

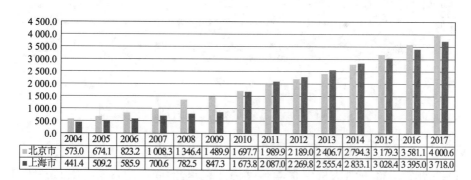

图9-4 2004—2017年北京市和上海市文化创意产业增加值（单位：亿元）

数据来源：2005—2018年北京市和上海市统计年鉴。

两市对外文化贸易一直处于全国领先地位。2017年，北京市和上海市文化

---

① 《北京市文化创意产业分类标准（2006年）》中将"文化创意产业"定义为："以创作、创造、创新为根本手段，以文化内容和创意成果为核心价值，以知识产权实现或消费为交易特征，为社会公众提供文化体验的具有内在联系的行业集群。"《上海市文化创意产业分类目录（2011年）》中将"文化创意产业"定义为："以人的创造力为核心，以文化为元素，以创意为驱动，以科技为支撑，以市场为导向，以产品为载体，以品牌为抓手，综合文化、创意、科技、资本、制造等要素，形成融合型的产业链，融合文化产业与创意产业发展的新型业态。"两市文化创意产业范畴见本文"表1-3 我国部分城市文化创意产业分类"。

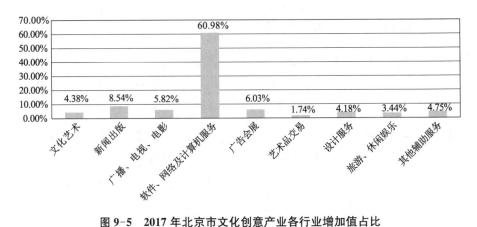

图 9-5　2017 年北京市文化创意产业各行业增加值占比

数据来源：《北京市统计年鉴—2018 年》。

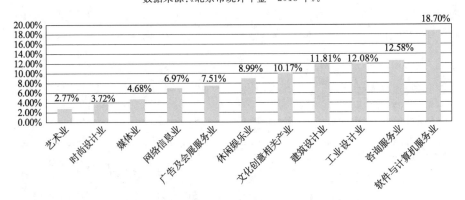

图 9-6　2017 年上海市文化创意产业各行业增加值占比

数据来源：《上海市统计年鉴—2018 年》。

贸易进出口总额分别达 51.2 亿美元和 91.1 亿美元，同比增长 9.2％和 3.6％；其中，出口总额分别为 22.1 亿美元和 48.1 亿美元。在《2015—2016 年度国家文化出口重点企业和项目名录》中，北京市共有 70 家企业和 37 个项目入选，占比分别为 19.9％和 26.6％，均居全国首位。在扩大贸易规模的同时，两市还积极拓展国际业务，生成了一批具有国际影响力的大型文化企业集团。

（2）北京市和上海市文化创意产业发展特点

① 政策体系方面。北京市和上海市从产业规划、产业促进、知识产权、资金扶植、分类认定等方面制定了一系列扶持文化创意产业发展政策和配套措施（如表 9-6 所示）。政策体系的不断完善为文化创意产业提供了可靠的制度保障，创造了优越的发展环境。

表 9-6　北京市和上海市部分文化创意产业发展规划和政策

北京市	上海市
《2004—2008 年北京市文化产业发展规划》 《北京市促进文化创意产业发展的若干政策》 "十一五"至今出台的北京市文化创意产业五年发展规划、出版(版权)业发展五年规划、旅游产业发展五年规划、会展业"十二五"发展规划 《关于推进文化创意产业创新发展的意见》 《北京"设计之都"建设发展规划纲要》 《北京市文化创意产业功能区建设发展规划(2014—2020 年)》 《北京市文化创意产业提升规划(2014—2020 年)》 《关于推进文化创意和设计服务与相关产业融合发展行动计划(2015—2010 年)》	自 2006 年开始制定文化创意产业五年发展规划 《2009—2012 年上海服务业发展规划》 《上海文化文物广播影视发展"十二五"规划》 《上海市文化创意产业发展三年行动计划(2016—2018 年)》 《上海推进工业互联网发展三年行动计划(2016—2018)》 《关于加快本市文化创意产业创新发展的若干意见》

资料来源：根据北京市和上海市政府发布的相关文件整理，笔者自制。

② 产业布局方面。空间集聚化是北京市和上海市文化创意产业发展突出的共性特点。北京市以"金融创新＋科技创新"模式，上海市以"工厂改型＋园区聚集"模式，因地制宜地推进文化创意产业集聚区建设，将其作为产业发展的空间载体和平台，并逐渐实现从形态塑造向功能完善转变，尤其注重集聚区的产业特色和差异化以及上下游产业链的构建、延伸和拓展。在《北京市文化创意产业功能区建设发展规划(2014—2020)》中，通过资源整合，北京市原有 30 个市级文化创意产业集聚区被合并为 20 个功能区，从而形成"一核、一带、两轴、多中心"的空间发展格局①和"两条主线带动，七大板块支撑"的功能区产业支撑体系②。上海市则以现有文化创意产业集聚区为基础，以创意园区、创意街区建设为重点，以创意城区、基地、园区、楼宇、众创空间等为产业载体，形成"一轴、一带、两

---

① "一核"是指"中心城文化核"。"一带"是指以中关村海淀园和石景山园为核心，向东延伸到朝阳电子城，向南延伸到丰台科技园、大兴国家新媒体产业基地和亦庄经济开发区"文化科技融合带"。"两轴"包括以沿长安街延伸的东西轴和沿城市中轴线的南北轴，东西轴东至 CBD—定福庄国际传媒产业走廊功能区，西至动漫网游及数字内容功能区；南北轴北至未来文化功能区，南至创意设计功能区。"多中心"是指以功能区和分片，辐射带动周边区域文化创意产业发展的重要节点。

② "两条主线"是指文化科技整合主线和文化金融融合主线。七大板块包括文化艺术板块、传媒影视板块、出版发行板块、设计服务板块、文化交易板块、会展活动板块和文化休闲板块。

河、多圈"的整体格局①。

③ 产业发展模式方面。从文化创意产业发展定位、产业融合、投融资和产业园区建设等角度来看,北京市和上海市文化创意产业发展模式有其各自的特点,同时存在着共性(如表9-7所示)。

表9-7 北京市和上海市文化创意产业发展模式比较

城市	文化发展基础和定位	产业发展模式	投融资和园区运作模式
北京	京派文化、京津冀一体化和环渤海经济圈中心、首都文化、文化名城	"3+3+X"发展模式② 三大传统行业:文化艺术、广播影视、新闻出版 三大优势行业:广告会展、艺术品交易、设计服务 融合业态:文化科技、文化金融、文化和其他领域	投融资:银行贷款+政府财政专项资金+文化创意投融资平台+上市融资+风投和私募 园区运作模式:自发聚集型、政府导向型
上海	海派文化、金融中心、国际经济中心、航运中心、长江经济带和"一带一路"交汇点	"5+3+3"产业体系发展模式③ 产业融合:与科技产业、制造业、金融业整合,贸易业和城市宜居产业的融合	投融资:银行贷款+产业投资基金+上市融资+财政专项基金 园区运作模式:由自发聚集向"政府推动、市场运作、社会参与"转变;街道与经营者合作,体制外企业投资运作、国有企业集团自行运作、大集团合作、大学投资建设、行业协会牵头

资料来源:根据参考文献④整理,笔者自制。

---

① 根据《上海文化创意产业十三五规划》和《上海文化创意产业发展三年行动计划(2016—2018)》,"一轴"区域西起朱家角、虹桥商务区,东经浦东金桥、张江,延伸至国际旅游度假区。"一带"新经济圈重点是"中环"和"外环"附近工业用地、外环沿线区域生态经济圈。"两河"是指黄浦江和苏州河沿线区域,重点是打造中国(上海)网络视听产业基地、杨浦滨江文创产业带、西岸传媒港、普陀长风文化生态园、世博城市最佳实践区等园区建设。"多圈"指通过将城市商业副中心和特色小镇、文化旅游区域建设和文化创意产业建设相结合形成"多圈"集聚。

② "3+3"是指在传统行业、优势行业和融合业态的基础上,传统行业发展文化艺术、广播影视和新闻出版三大行业,优势行业发展广告会展、艺术品交易和设计服务三大行业,融合业态发展文化科技融合、文化金融融合、文化和其他领域融合。而在融合发展推动下,文化创意产业存在很多发展的可能,即"+X"发展。

③ "5"是指五类重点发展领域:文化内容产业(文化艺术传媒)、设计产业(工业设计、广告设计、视觉设计、建筑设计等)、网络信息和服务产业、咨询会展策划产业、创意生活体验产业(时尚消费和旅游休闲产业);第一个"3"是指围绕创意产生、创意服务、创意消费三大环节的链接点,通过平台、园区、节事活动等多元化载体推动创意产业链的产业化、市场化发展;第二个"3"是指在大众创新、大众创意背景下,通过创意园区、创意街区和创意城区三种创意空间重塑丰富创意空间形态。

④ 黄丽坤.京沪文化创意产业发展比较研究[J].经济数学,2017,34(01):93-100.

北京市和上海市均强调通过产业跨界融合形成更为丰富的融合新业态。在文化创意园区开发模式上,自发集聚型和政府主导型并存,并逐步转向由"政府推动、市场运作、社会参与"模式,由政府制定规划并一定程度参与投资和管理,同时出台相关政策鼓励社会公众参与建设和发展。如上海市发布了《关于本市鼓励和引导民间投资健康发展的实施意见》(沪府发〔2011〕89号),鼓励民间资本进入文化设施建设领域和重点文化产业领域,参与电影院、文化馆、图书馆、博物馆等文化基础设施的建设,发展数字媒体、电影特技制作、动漫游戏等新兴业态;北京市发布了《关于进一步鼓励和引导民间资本投资文化创意产业的若干政策》(京政办发〔2013〕52号),鼓励民营资本参与文化创意综合体、重大文化项目的建设和运营、园区新建或改造以及园区服务平台建设和升级等。

9.2 国内外文化创意产业发展的启示

9.2.1 强化文化创意产业战略性地位

无论是美国和英国等发达国家,还是我国相对起步较早的北京和上海等发达城市,尽管在产业发展模式上存在着差异,但这些国家和地区均将文化创意产业发展提升到战略高度,将其作为国家或地区的战略性支柱产业,通过顶层设计、发展策略和政策措施进行引导与规范,为产业发展营造了良好的市场环境。由此可见,政府的高度重视和政策的有效支持是文化创意产业发展的必不可少的外部条件。

首先,完善的文化创意产业发展政策体系和法律保障体系为产业发展提供了优越的宏观环境。政府在文化创意产业发展生命周期的不同阶段有着不同的角色定位,其主要职能是保障文化市场的良性、有效运转。发展初期的产业规划、政策扶持等是文化创意产业发展壮大的必要保障,而当文化市场秩序逐渐规范后,则需要综合运用经济、政策和法律等间接方式进行管理和监督,坚持"政府引导—市场主导"的模式推进文化创意产业的发展。在此过程中,对于知识密集型的文化创意产业来说,对产品原创性的承认和保护是其生存和发展的关键。美国和英国等发达国家均将知识产权保护上升到战略高度,尤其像美国的"市场主导型"的文化创意产业发展模式也是建立在完备的知识产权保护法律制度之上的。因此，通过各种法律和法规加大对知识产权的保护力度，营造文化创新的软环境是政府的重要职责之一。

其次，建立多元化的文化创意产业投融资体系，为文化创意产业发展提供强有力的资金支持。除了直接的财税扶持，政府需要通过转变投融资观念、改善投融资环境、降低市场准入门槛，鼓励和引导社会资金和国外资金向文化创意产业领域流动，使投资主体由一元化（政府）向多元化（政府、企业、个人和社会等）的转变，为以中小企业或个体为主体的文化创意产业解决资金短缺问题。

再次，健全创意人才培养和人才引进体制，为文化创意产业发展提供持久的竞争动力。创意人才，尤其是创造性的复合型人才是文化创意产业竞争力的关键所在。人才总量、结构和素质等与快速发展的文化创意产业不匹配问题是我国当前普遍存在而又亟待解决的关键问题。因此，政府应进一步加大创意人才的培养与引进力度，注重创意人才总量和结构。在人才培养方面，站在经济和产业转型升级的高度，制定和落实专门的创意人才培养计划，尤其在高校教育环节上，加大课堂教学和社会实践的结合力度；在人才引进方面，完善更为开放灵活的人才流动机制，建立吸引和留住人才的长效机制；以需求为导向，拓宽人才选拔途径，营造有利于激发创意的人文环境。

9.2.2 遵循文化创意产业自身发展规律

首先，作为新兴产业业态，政府的规划引导、政策扶持和措施推进在文化创意产业发展过程中尤其初期阶段是必要的，但其壮大与可持续发展仅靠政府的力量是不够的，而是更依赖于市场机制对资源的基础性配置作用。一方面，在"经济文化化"和"文化经济化"双向互动过程中，各类资源要素在市场机制作用下向文化创意产业集聚并达到优化组合的效果；另一方面，在以整个经济体系支撑文化创意产业发展的基础上，制度创新和市场机制培育出文化创意产业发展所需的环境条件，而文化创意产业发展最根本的动力来源则是市场需求结构的拉动作用。

其次，尽管世界各国或地区处于不同的经济发展水平和工业化、城市化进程的不同阶段，但其文化创意产业的发展均是根植于地方特色之上的。具体措施有：结合各地区的经济基础、文化背景和资源特色，通过塑造地方特殊性和独创性打造本土的文化品牌；通过挖掘文化创意产业发展的比较优势培育特定领域的核心产品、服务和技术；将文化创意产业发展置于全球化的语境中，通过打造完整的、商业化的产业链不断提升地区文化创意产业及其产品与服务的国际影响力和竞争力。

最后，集聚化是文化创意产业发展的必然选择和有效途径，也是最基本的组织形态和空间形式。文化创意产业集聚发展是产业自身发展特性和城市功能演化共同作用的结果。一方面，产业融合度强、产业链长，对上下游产业的渗透、辐射作用明显是文化创意产业较其他产业相比最为突出的特点。通过打造文化创意产业集聚区内合理完整的产业链，实现产业集约化经营和规模效应，提升产业自身发展的整体实力和竞争合力，并通过关联与扩散效应进一步带动相关产业的发展；另一方面，文化创意产业集聚区作为产业经济活动的空间载体，其根植于城市并通过对城市传统产业空间的升级、置换和功能拓展，极大地促进了城市空间功能的优化。从这点上来说，文化创意产业集聚发展是城市经济转型与升级的现实需要，反过来，又是推动城市经济转型与升级的实现路径。

此外，还应看到，文化创意产业集聚化发展与区域经济发展水平存在着密切关系，但两者之间并不完全是对称关系。即便如经济发展水平十分接近的国家或地区，如美国和英国，北京和上海，文化创意产业发展的具体门类及其发展水平也存在着较大差异。因此，即使某一国家或地区文化创意产业水平整体不高，也不能排除某一细分门类的文化创意产业会率先发展成为区域优势产业的可能性。关键在于不同地区文化创意产业集聚区的建设与发展既要整合优势资源，形成产业集聚发展的规模效应，又要根据比较优势选择符合地方经济发展实际的主导性文化创意产业。这点对于我国区域经济发展不平衡的地区乃至整个国家具有一定的启示意义。

国内外文化创意产业发展成功的案例有很多，从以上所列举的最具代表性的国家（美国和英国）和城市（北京和上海）文化创意产业发展的实践分析中可以得出对苏州市乃至我国城市文化创意产业发展的有益经验和启示。不同国家和地区特有的地域特点和资源禀赋条件是文化创意产业得以发展的最基本条件，且深刻影响着产业发展的实践活动。不同的资源利用方式和要素组合方式形成了一个国家或地区特有的文化创意产业发展模式，而区域差异性决定了任何国家和地区的文化创意产业发展都不可能是对已有成功发展模式的简单复制。

第10章

苏州市文化创意产业空间集聚发展的思路与对策

集聚是区域经济发展到一定阶段后的产业活动的空间表现形式。文化创意产业的发展不仅仅是个人或单个企业的行为,而是需要集体的互动和企业的地理集聚[①]。理论研究和实践经验均表明,文化创意产业的可持续发展主要依赖于产业集聚的形成和延续及其形成规模。通过以上章节的分析可以看出,基于资源要素和空间区位等条件,苏州市文化创意产业以集聚区(产业园、产业基地和旅游景区等)为核心空间载体和主要空间组织形式,呈现出空间集聚发展的趋势。从文化创意产业集聚区(园区)发展的具体实践来看,苏州市文化创意产业集聚区的生成模式主要以政府主导型和企业投资建设——政府政策扶持的混合型模式为主,其发展模式则主要包括了独立新建、旧建筑(主要为工业厂房)改造、依托高教科研院所和文化生态景观等类型(详见第6章表6-12)。从文化创意产业空间演化角度来看,影响因素、产业特性、发展阶段和发展规模等的差异性导致了苏州市不同行业类型的文化创意产业空间格局及其演化特征的基本差异性。总体而言,目前苏州市处于文化创意产业集聚的自我增强阶段,表现出了该市文化创意产业空间集聚发展的自身特点。但是,受经济社会发展水平、资源要素条件等的制约和影响,苏州市存在着各区市文化创意产业发展规模和水平不等、产业空间布局不均衡、空间差异性较为显著、地区优势不明显等现象,具体可归结为两个方面的主要问题。

---

① 王缉慈.文化创意产业形成有其自身规律[J].中国高新区,2008(03):16-17.

10.1 苏州市文化创意产业空间集聚发展过程中存在的主要问题

10.1.1 产业空间分布与资源利用程度不相匹配

苏州市文化创意产业发展呈现出对文化资源的依赖性。一方面,通过对传统手工业和旅游资源富集地加以整合和引导,形成了以传统文化、手工艺和文化旅游为依托的文化创意产业集聚区。如桃花坞文化创意产业园、吴中区光福镇的"中国工艺文化城"、胥口书画国家文化美术基地、镇湖苏绣文化产业集聚区等汇集了一大批工艺、雕刻、书画、刺绣等文化创意企业,再如积淀了极为丰富的历史遗存和人文景观的苏州浦江源文化旅游产业集聚区、山塘街历史文化街区、平江路历史街区等集聚了展现姑苏地域传统文化的民间工艺和具有现代元素的丝绸、婚纱设计、创意礼品、现代画廊、摄影艺术馆等文化休闲业态,集生产、销售和旅游等功能于一体,成为历史文化遗产的集中展示区和古城旅游的新亮点。另外,依托特色文化资源和水乡生态资源,苏州市影视制作业得到了大力发展,形成了一批影视产业基地,如沙家浜江南水乡影视产业基地、周庄和同里影视摄制基地、东山影视基地和金鸡湖影视制作基地等。另一方面,依托苏州市丰厚的工业遗存,涌现了一批在废旧厂房基础上成立的文化创意产业集聚区。如江南文化创意设计产业园、989文化创意产业园、姑苏·69阁文化创意产业园、旭日文化创意产业园等,通过将旧建筑改造为文化创意工作室,引入广告设计、动漫创作、教育培训等各类文化创意企业以及具有创意的餐厅、酒吧、咖啡馆等相关产业,既保留了工业建筑形态和历史文脉,又融合了创意元素,衍生出更具生命力的产业经济形态。再者,依托苏州市高教科研资源和人力资源以及高新技术产业支撑,以网络技术和数字技术为代表的高新技术推动形成了一批以软件服务、数字内容与动漫游戏为代表的高科技类文化创意产业集聚区,除了之前所列的各类软件、科技园外,还有如张家港软件(动漫)产业园、太仓天镜湖电子竞技小镇、昆山智谷创意产业园等。

充分接近资源、高效利用资源是降低产业生产成本,提高产业经济效益的理性选择。文化创意资源最大的特点在于可以进行多次开发、重复利用,较之其他资源具有强大的生命力和巨大的开发价值,能为文化创意产业的发展提供广阔的空间。但是,从苏州市现有文化创意产业及其所依托的集聚区的发展和空间分布来看,与其相应的资源和要素条件之间还存在着错位现象。

首先,表现在文化创意产业与资源要素之间的空间关联程度上。最为明显的是苏州市文化创意产业与高校及科研院所、城市轨道交通和城市水系(胥江和大运河沿岸)之间的关联度较低,而这种空间上的错位将导致资源与产业之间的二元分离。从原理上来讲,智力资源充足的高校及科研院所、便利的交通区位以及景观独特的水系河岸是文化创意产业发展重要的空间支撑条件,产业布局与资源要素分布在空间上的结合将产生良性的互动。

其次,表现在文化创意产业发展对资源要素的利用程度上。文化资源高效利用的前提条件是对其进行深度挖掘,保护与开发并举,并通过创新、创意提升文化产品和服务的档次和水平。但目前苏州市部分资源利用程度偏低,一方面导致了资源未能得到充分的开发与利用,最为明显的是对胥江和大运河等城市水系资源的开发利用。上海市苏州河开发利用的成功经验表明,城市水系是文化创意产业发展重要的资源条件,水系沿岸是文化创意产业布局重要的空间载体。苏州河沿岸文化创意产业的发展经历了由政府主导作用下的"形态模仿"到以文化创意活动自组织运转为驱动力的"业态选择"再到以创意产业可持续发展为目标的"生态营造"三个阶段,目前已成为上海市文化创意产业空间分布最为集中的三个地带之一,其文化创意产业空间格局的形成过程实质上就是对苏州河环境污染治理、河岸地带综合开发利用的过程。而与上海市相比,苏州市胥江和大运河等水系沿岸的文化创意产业发展尚处于初级阶段,即形态模仿阶段。另一方面,则导致了现有文化创意产业低度化、同质化现象的产生。如对文化旅游资源的开发利用方面,周庄和甪直等古镇规划、目标和功能定位存在着重复和雷同现象,特色不明显,大多数游客都有相似的感受,究其原因主要在于对具有地方特色的旅游资源的价值挖掘不够,创新、创意与旅游业融合性还不强,导致了产业低度化、产品和服务同质化现象的产生。

10.1.2 产业集聚发展的内生动力不足

从苏州市文化创意产业集聚发展模式来看,主要是以政府为主导,以市场为辅助。现有文化创意产业集聚区多表现为由政府主导建设的独立新建型文化创意产业园。最为典型的如苏州阳澄湖数字文化创意产业园,由政府出资建设并在资金、租金、人才等方面给予政策扶持和在园区内搭建人才、科技中介、金融和版权"四位一体"公共服务平台,以建设"专、精、特"的数字出版样板园区为发展目标,形成了以数字出版产业为核心,以游戏、电子商务、应用软件、互联网产业为重点发展产业的"1+X"产业发展模式。类似的还有昆山软件园、常熟国家大学科技园、太仓市科技创业园、苏州国际科技园等。即使在旧建筑改造型、依托高教科研院所型和文化生态景观型文化创意产业集聚发展模式中,政府也充当着方向引领者、环境营造者、平台服务者和秩序维持者的角色,为文化创意产业营造良好的发展环境和经营氛围,对文化创意产业集聚区的建设起着极大的引导和推动作用。

从现阶段来看,苏州市文化创意产业集聚区不论是在建设与管理,还是在投资与运营方面,都与政府有着密切的关联,而文化创意产业集聚发展过程中的市场机制和技术因素作用尚未得到充分发挥,"政府引导、市场主导、企业运作"的官民协同的效果远未实现。这就导致了现有文化创意产业集聚区多而不强,产业能级偏弱,新兴文化创意产业实力不强,尚未形成较为完整的产业链和各具特色的商业运营模式;缺乏品牌龙头企业,骨干企业数量少、规模小;文化创意和科技含量偏低、产业结构雷同、重复建设;偏重于文化产品品种和数量增长,全国知名品牌少,且产品质量不高,市场接受度较低。这些问题反映在发展效果上就表现为市场主体发展文化创意产业的内生动力不足,资源利用效率和产业经济、社会效益不高。

由于过分依赖要素的政府供给,部分文化创意产业集聚区缺乏自组织和自增强的自我调节机制,当面对复杂的市场环境变化时,容易丧失其竞争优势。此外,技术的推动作用可以反映出文化创意产业发展的水平和层次,以内容和知识产权为特征且与技术创新能力息息相关的行业(如创意设计、动漫游戏、数字出版、高端影视制作等)代表着文化创意产业未来发展方向。而苏州市现有的大多数文化创意产业集聚区中主导产业以文化艺术、建筑设计和文化旅游为代表的传统文化创意产业为主,仅有少量的文化创意产业集聚区以软件服务业和动漫游戏产业为主导产业,表明了该市文化创意产业集聚区距高端化和跨越式发展尚有一定距离,加速推进产业高级化是当前苏州市文化创意产业集聚区建设进而提升文化创意产业整体发展水平的重中之重。

10.2 苏州市文化创意产业空间集聚发展的总体思路

基于苏州市文化创意产业的发展现状和特征,针对文化创意产业集聚发展过程中所表现出来的突出问题,推进苏州市文化创意产业可持续发展首先应从文化创意产业集聚发展模式的构建和选择上加以把握。

在各国或地区的文化创意产业发展实践过程中形成的各具特色的文化创意产业集聚发展模式,其本质上是一种产业经济的组织形式和空间表达形式。但是,从当前国内外发展实践和理论研究来看,文化创意产业集聚模式分类标准不一(如表10-1),其本身也没有优劣好坏之分,进而在进行具体类型的选择时也没有一个统一的标准。总体来说,城市文化创意产业集聚模式的构建与选择需要结合产业自身的发展历史和演化趋势,综合考虑产业发展的内外部条件和主要影响因素。其中,市场(内生力量)和政府(外生力量)作为资源配置手段,在文化创意产业发展过程中均起着重要的作用,引导着文化创意产业的发展方向;资源要素、市场需求、技术手段等是推动文化创意产业发展的关键和核心。基于此,本文构建出以资源配置方式(机制维度)为横轴,推动因素(动力维度)为纵轴的文化创意产业组合式集聚发展模式的理论模型(如图10-1所示)。

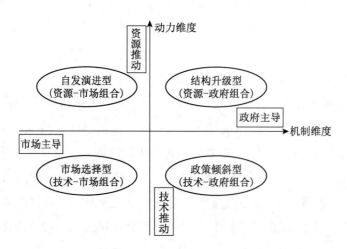

图 10-1 双维标准的文化创意产业组合式集聚发展模式

资料来源:笔者自制。

表 10-1　文化创意产业集聚模式分类

分类角度	模式名称	主要特点	典型代表
推动主体与机制	自发集聚型	以个体性创意工作室(艺术家)或中小型创意企业为主体,多为文化艺术类文化创意产业	美国曼哈顿的SOHO区、伦敦东区、北京798艺术区、上海"田子坊"艺术街等
	市场主导型	以企业为主体,以市场需求为导向	美国的好莱坞模式、北京中关村创意产业先导基地
	政府主导型	由政府规划和政策引导而形成	英国的谢菲尔德文化、北京的石景山国家数字娱乐产业示范基地和上海的天山软件园
	市场—政府混合型	"政府引导、市场主导、企业运作、资源共享",由市场需求形成自发集聚,后由政府介入管理,通过政府调控与市场机制的有机结合兑服市场松散无序的弊端,成为主流趋势,在我国文化创意产业发展中占据很大比重	
形成要素与功能特征	高新技术导向型	依托高新科技园区及高新技术优势,以创意设计类与影视传媒类文化创意产业"文化+科技"新兴产业,发展"文化+科技"新兴产业,以创意设计类与影视传媒类文化创意产业为最为典型	上海天山软件园
	文化艺术导向型	由艺术家依托本地独特的历史文化和民俗文化进行创作而形成	北京的通州宋庄画家村、潘家园古玩艺术品交易园区、琉璃厂文艺演出聚集区等
	消费导向型	依托传统艺术品市场和商业中心消费市场而形成,与城市的消费观念和休闲娱乐方式直接相关联,在大都市的CBD商务中心区多有布局	上海的"同乐坊"和"海上海"
	旧城改造型	依托传统街区改造升级或伴随城市产业结构调整自然集聚而成,以现代艺术改造城市空间,复兴城市经济	英国曼彻斯特、上海苏州河沿岸艺术仓库
依托区域空间功能	高校依赖型	依托高校或科研院所的人才资源和科技力量,形成"产学研销"综合性一体化	美国硅谷(依托斯坦福大学)、北京中关村创意产业先导基地、上海同济大学及周边众多高校和科研所形成的具有高增长性的产业集合体。在文
	新区创建型	新型创意企业孵化平台、城市的时尚产业区、创意实践区和科技孵化区、由政府主导的具有高增长性的产业集合体。在文化创意产业起步阶段,地方层面上基本选择此种模式,如北京DRC工业设计创意产业基地	

资料来源:根据参考文献① 整理,笔者自制。

① 华正伟.我国创意产业集群与区域经济发展研究[D].长春:东北师范大学,2012.

(1) 自然演进型文化创意产业集聚模式。该模式强调文化创意产业的自发生长性,是创意工作者(包括艺术家)或企业基于地区文化资源优势和对地域环境的认同感自发集聚形成集聚效应。这种模式的文化创意产业集聚区对文化创意产品的市场需求与相应的文化资源储备共生共存、相互生发,能够反映出地方特色和社会文化消费倾向。文化艺术类文化创意产业集聚区多为该种模式,深厚的文化底蕴和丰富的文化资源、低廉的聚集成本(如房租)和大规模的市场容量是其集聚发展的关键条件。但这种模式在形成初期表现出一定程度的无序性,因而后期需要政府部门的介入,以进一步规范文化市场交易秩序,引导市场主体的有序集聚。

(2) 结构升级型文化创意产业集聚发展模式。该模式基于城市经济和产业结构转型升级的现实需求,对已有资源进行功能转换或是注入新的要素从而提升原有资源的利用价值,打造新的产业链条,拓展新的产业领域,进而形成相应的文化创意产业集聚区。这种模式主要依靠文化创意产业市场主体通过对原有空间资源,如闲置工业厂房、旧建筑等的改造利用,将其作为文化创意产业的生产经营活动的空间,不仅具有集聚成本低(改造成本)、集聚速度快、产品附加值高等特点,而且在推动城市经济发展和保护历史文脉中发挥着重要作用。这一模式多生成于城市旧区,往往需要政府出台相应的扶植政策为文化创意产业集聚提供良好的外部生存环境。

(3) 市场选择型文化创意产业集聚发展模式。该模式强调文化企业的主体地位和技术创新的核心作用,由企业在市场资源配置方式下进行区位选择,并根据市场供求关系和价格机制的相互作用调节形成文化创意产业发展的空间格局,同时,随着信息技术的不断发展,文化创意产业与传统产业融合发展,不断创造出新的文化业态和产业格局,最终形成了基于完整产业价值链的文化创意产业集聚区。这种模式不仅能够发挥文化创意产业的特色,产生品牌效应,还有助于带动相关产业的迅速发展壮大,推动传统产业结构升级换代。从一定程度上来说,市场选择型发展模式与结构升级型发展模式有着共通之处,即两者归属点都在于推动城市经济增长方式的转变和产业结构的升级。而区别就在于前者是从产业融合发展的角度出发,后者则从城市空间资源功能的角度出发。

(4) 政策倾斜型文化创意产业集聚发展模式。该模式是由政府通过政策调控、城市规划、关系协调等措施,以集中建设基础设施和相关服务平台,实施一定的优惠支持政策等手段直接推动建设而形成的文化创意产业集聚区。文化创意产业园区是这种模式最主要的表现形式,其建设途径主要有两种:一是依托高校及科研院所的学术科研和人才资源,实现产学研销一体化合作发展或是依托现有的高新技术产业园区,实现人才、技术、信息和资金等资源的共享,最终形成以文化为内容,以科技为载体,以创意为核心,以跨界融合发展为主要特征的文化创意产业集聚区;二是由政府规划新的区域,通过投资建设基础设施、实行招商引资特殊优惠政策、为企业搭建公共服务平台等措施吸引某种类型的文化创意企业入驻,最终形成某类文化创意产业集聚区。

以上分析表明,文化创意产业集聚发展的本质是在不同演化动力的作用下,经由演化机制的运行,创造并支撑文化创意产业行为主体持续集中的空间行为。同时,文化创意产业集聚发展也是一个动态演进的过程,主要目的是更有效地促进文化创意产业要素的融合互动,形成辐射带动效应,"空间形态、产业业态、政策支持"三者之间的良性互动形成了文化创意产业可持续发展的支撑条件。因此,基于苏州市文化创意产业的发展现状、特征及存在的主要问题,推进文化创意产业集聚区建设、优化文化创意产业空间布局对提升苏州市文化创意产业发展水平,促进文化创意产业可持续发展有着至关重要的影响,而构建并选择以资源配置方式(机制)和推动因素(动力)为双维标准的组合式集聚发展模式是当前苏州市文化创意产业发展的总体思路。

10.3 苏州市文化创意产业空间集聚发展的对策与建议

作为一种特殊的文化形态和经济形态,受多重因素的影响与作用,城市文化创意产业发展具有其个性和独特的规律性。基于以上国内外典型区域文化创意产业发展的成功经验,从苏州市文化创意产业发展的实际及其产业空间演化的自身特点出发,针对当前该市文化创意产业集聚发展过程中存在的主要问题,对照以上双维标准的文化创意产业集聚发展模式的理论模型,从以下几个方面提出进一步促进苏州市文化创意产业发展的对策与建议。

10.3.1 转变政府职能,优化文化创意产业发展的制度环境

政府在文化创意产业发展过程中占据着十分重要的地位,尤其在起步阶段,

政府以资金、政策等直接或间接手段的引导和推动对文化创意产业的发展起着至关重要甚至是关键性的作用。但是,政府在产业发展过程中的职能定位并不是一成不变的,而是需要遵循市场经济条件下文化创意产业发展的自身规律,根据产业发展的不同阶段进行适时调整和重新界定。目前,苏州市文化创意产业发展已进入初期发展阶段,在取得一定发展成效的同时,资源转化效率较低、创新能力不足和产业支撑体系不完善等方面的问题开始显现,其根源主要在于政府干预过多,致使市场资源配置的基础性作用发挥不足。因此,迫切需要尽快转变政府经济管理职能,在文化创意产业发展领域以经济、法律等手段为主实现政府从"办"到"管"的转变,并进一步以构建服务型政府为目标,逐步实现政府由"管理经济"向"服务经济"的转变。

通过深化文化体制改革,加快构建包含文化消费和流通、文化要素和服务等在内的现代文化创意产业市场体系,不断释放产业发展活力。一是加快市场的立法进程,建立健全知识产权保护、侵权预警和防范体系以及著作权交易和专利经营体系,进一步发挥文化市场自我管理作用;二是充分发挥文化创意市场监管部门和文化创意产业行业协会宣传、沟通、协调、助推与监督的作用,形成综合行政执法、行业自律和社会监督的市场监管体系;三是建立和完善文化创意产业保障体系,通过政府的直接的资金投入和间接的税收、金融等政策支持和引导,积极鼓励和吸引外资和社会资本有序进入文化创意产业领域,形成多元、灵活的文化创意产业投入机制;通过打造高层次文化领军人才队伍和引进国内外优秀的文化创意人才和企业家,实施"人才兴文"战略,培育和壮大创新型、外向型、科技型和复合型的文化创意人才体系。

10.3.2 规划引领,加强文化创意产业发展的顶层设计

当前,苏州市各区市之间优势互补、产业合力整体提升的合理格局尚未形成,导致产业同质化和低质化现象的存在。因此,迫切需要通过制定全局性的文化创意产业发展总体规划,打破地区分割的封闭式发展格局,依据各区市的特色和比较优势,明晰各自文化创意产业发展的具体定位,统筹规划、错位发展、有效联动,促进地区间的合作共赢。

通过人才、设施、资本等资源要素的有效激活、充分整合和利用,进一步吸引资金、项目、人才等优势资源向文化创意产业聚集;通过文物古迹和历史建筑、民

俗工艺和戏曲等文化资源的有效整合,以创意和制作的方式以及现代化的传播手段转化为更具市场吸引力的文化创意产品,使丰富的传统文化资源通过产业的创新和市场的运作成为文化创意产业发展的新的价值增长点。

深刻把握文化创意产业各行业发展规律,依托现有的发展优势,进一步优化产业的整体布局。加强文化创意产业发展规划与城市各类规划,如国民经济和社会发展规划、城市总体规划、土地利用总体规划以及历史文化名城保护规划等的有效衔接,采取政策、基础设施建设、重点产业项目及产业发展引导资金等多项措施,推进苏州市各区市之间的文化创意产业的整合和扩张,实现对文化资源要素的优化配置和有效利用,同时,促进市内跨区域的分工协作,形成各区合理有序、各具特色、联动发展的文化创意产业区域分工和布局体系。

10.3.3 文化创新和科技创新"双轮"驱动,提升文化创意产业竞争力

通过深入实施"双轮驱动"战略,将创新作为文化创意产业发展的动力引擎,以创新驱动塑造文化创意产业发展新优势;通过整合苏州市本土产业链,用创意、设计和品牌等要素实现产业价值链的横向延伸和纵向拓展,有效提升文化创意产业的价值增值,形成与科技、金融、旅游等相关产业深度融合发展的格局,进而通过产业融合发展促进产业结构的调整和优化,使之向高级化、协调化方向演进。

充分运用现代信息技术和数字化手段,对文化资源进行合理开发与有效利用,深度挖掘其经济价值,并使之与传统产业资源优化组合,生成更具竞争力的优势文化创意产品;强化技术创新中企业的主体地位,增强企业自主创新研发的能力,同时,加快构建企业与高校、科研院所协同创新的长效合作机制,在文化创意产业集聚区内快速培养一批拥有自主知识产权和核心技术的文化创意企业集团,并通过集聚和扩散效应提升文化创意产业整体核心竞争力。充分利用网络技术手段,积极培育文化创意产品消费市场。如借助互联网大数据技术,调查研究并深入了解苏州市文化创意产品消费人群及其消费习惯,深度挖掘消费者的潜在需求;借助网络技术建立虚拟的文化创意产品交易市场,不仅能培养和迎合现代消费者的消费习惯,还能提高产品交易效率,降低产业发展成本,进而提升文化创意产业的深度和广度。

10.3.4 功能优化，推进文化创意产业集聚区建设

文化创意产业集聚区并不是企业在空间上的简单聚集，而是需要在政府宏观调控和相关政策的引导和支持下，通过市场化的运作机制使文化创意产业在地理空间上集聚与发展。因此，进一步推进苏州市文化创意产业集聚区的建设，需要遵循市场经济的运作规律，以特色化、协同化发展为指引，构建多区域、多层次、多模式的空间集聚发展格局，进而充分发挥其集聚、孵化和推动作用。

在提升现有文化创意产业集聚区能级的基础上，积极打造一批具有鲜明文化特色、创意创新能力突出的市、区级文化创意产业集聚区；科学规划文化创意产业集聚区内的企业和行业结构，不断丰富区内产业和产品类型，有效整合创意、设计、生产、销售等各环节的资源，以扶持重点龙头企业和培育发展文化创意企业为主线，打造集上中下游于一体的文化创意产业链，激励企业间的优势互补、互利共赢，避免过度的同质化竞争。

注重文化创意产业集聚区品牌建设，推动文化创意产业区域差异化发展。依托苏州市各区市经济发展的基本格局，深度挖掘和整合区域优势资源，确立各地区具有比较优势的文化创意产业，塑造文化创意产业品牌特征，打造发展亮点，并借助集聚区的规模优势，做强做大特色产业，培育具有地方特色和国际竞争力的优势品牌。在此过程中，需要结合各地区发展特色，对各地区文化创意产业集聚区进行差异化的形象设计，突出品牌的个性化。同时，注重运用品牌推广与营销策略，提高文化创意产品、文化创意产业集聚区乃至整个地区在市场以及消费者心目当中的知名度，进而提升文化创意产业的市场竞争力。

借鉴北京和南京等城市功能区建设①的经验，加快制定和实施苏州市文化创意产业功能区规划与建设。在系统梳理苏州市各区市的文化创意产业发展基础和资源条件的基础上，遵循文化创意产业空间发展规律和空间集约利用原则，引导不同产业类型、不同产业链环节和不同发展阶段的文化创意产业相关功能区集聚发展；以功能区建设推动区域文化创意产业高端化、集聚化、特色化、差异化的空间发展格局，引导中心城区非核心功能疏解，带动传统历史文化街区和工业遗址的更新以及商务办公区域的文化转型发展，进一步提升空间资源使用效率。

---

① 北京市和南京市分别于2014年11月和2016年7月出台了《北京市文化创意产业功能区建设发展规划(2014—2020年)》和《南京市创意文化产业空间布局和功能区发展规划(2016—2020年)》。

作为我国经济最发达的长三角地区的重要城市之一、我国重要的老工业经济城市和全球创意城市网络中的一员，苏州市具备了发展文化创意产业的先天优势，为其发展文化创意产业并向产业的集聚化、科技化和国际化方向转型打下了坚实的基础。本章基于苏州市文化创意产业的发展现状和特征、空间分布和演化特征，分析和总结当前苏州市文化创意产业空间集聚发展过程中存在的主要问题，基于文化创意产业空间集聚视角，提出构建双维标准的文化创意产业集聚发展的组合模式、形成"空间形态、产业业态、政策支持"三者良性互动的苏州市文化创意产业发展的总体思路，并进一步从转变政府职能，优化产业发展的制度环境、规划引领，加强产业发展的顶层设计、实施创新驱动战略，提升产业竞争力和功能优化，推进产业集聚区建设等方面给出推进苏州市文化创意产业集聚发展的具体对策与建议。

第 11 章 结论与展望

11.1 主要结论

在借鉴和运用演化经济地理学理论、产业组织理论和产业空间聚集理论的基础上,围绕苏州市文化创意产业发展及空间演化问题展开研究。本书系统阐述了苏州市文化创意产业发展的内外部条件,并采用比较研究和实证分析的方法对苏州市文化创意产业发展水平进行综合评价,进而从产业规模和结构、产品消费以及现有产业园区等方面总结该市文化创意产业发展及其空间分布的总体特征。在以上分析的基础上,进一步以 2012—2017 年间的企业数量为样本数据,采用空间自相关性和核密度分析方法,着重分析了苏州市广告会展业、建筑设计业、影视制作业和动漫游戏业四个细分类型的文化创意产业的空间分布特征及其演化过程和影响因素。通过以上研究和分析,总结出苏州市文化创意产业发展及空间布局方面存在的主要问题,并结合苏州市文化创意产业集聚发展模式及特点,提出了进一步推进苏州市文化创意产业集聚发展的思路与对策。研究的主要结论如下:

(1) 从文化创意产业发展基础来看,历史文化资源、文化基础设施、人力与科教资源、相关产业支撑、平台建设和产业政策等共同构成了苏州市文化创意产业发展的内生资源和外部条件。历史文化资源,尤其旅游景区和现存工业遗址以及文化基础设施是苏州市文化创意产业发展重要的空间依托,除了工业遗产在古城区(姑苏区)分布较为集中外,其余在苏州市域范围内均匀分布;高教科研资源、金融业支撑和行业协会等对苏州市文化创意产业的发展起着重要的作用,主要分布于中心城区;高新技术产业是苏州市文化创意产业发展的重要支撑力量,且成为文化创意产业集聚发展的重点地区,现有文化创意产业园区(基地)与其关联性较强。产业政策及其配套措施是苏州市文化创意产业迅速发展的主要外在因素,发挥着重要的促进和引导作用,尤其在文化创意产业集聚区建设中起着主导作用。目前人才,尤其是高端创意人才和经营管理人才的短缺是苏州市文化创意产业发展面临的最紧要问题。

(2) 从文化创意产业发展水平和特征来看,基于"城市文化创意指数"指标体系的实证分析结果表明:苏州市文化创意产业综合发展水平仅次于上海、杭州等城市,位列全国第一方阵;文化创意产业的发展既与城市经济社会发展水平存在密切关联,又因为产业发展特性受其他因素影响,一定程度上可突破文化创意产业依附固有的政治经济中心城市发展的束缚。苏州市文化创意产业总体处于发展初期阶段,已基本形成了以广告会展、工艺制作、建筑设计、影视制作和动漫游戏等行业门类为主体的文化创意产业体系,且形成了集聚发展的基本态势。其中,分布于各区市的各类文化创意产业园区是推动苏州市文化创意产业发展的最主要空间载体,主要分布在苏州市中心城区内,目前已与大学及科研院所、城市交通和水系具有一定的关联性,但并不充分,可作为苏州市未来文化创意产业园空间布局的重点区域。

(3) 从文化创意产业空间分布特征来看,苏州市文化创意产业表现出区与区之间的不均衡性和区内以产业园区、产业基地、旅游景区和公共文化设施等形式表现出来的一定程度的集聚性。由于企业区位选择偏好和产业布局影响因素的差异性,不同门类的文化创意产业在空间分布上呈现出各自的特点,总体表现出与资源分布格局的高度关联性。具体来说,高科技类文化创意产业与各区市的高新技术产业园区高度契合,且与商务服务业互动明显。技术服务类文化创意产业与高教、科研机构和相关的行业协会的空间分布高度重合,具有技术资源导向型特征。文化和传媒类文化创意产业中广告会展业与苏州各区市的商贸中心高度契合,具有客户导向型(消费需求型)特征;影视制作业主要依托产业园区和旅游景区等载体,具有分类集聚的特点;文化艺术业则依托苏州市广布的历史文化资源和具有一定服务半径的公共文化设施,具有旧城中心集中及周边散点、均衡分布的特征。旅游与休闲娱乐类文化创意产业分布与苏州市旅游产业空间分布格局基本一致,具有分类向心(旅游景区、景点)集中的特征。同时,在分析过程中发现,除企业之外,创意工作者(艺术家)创办的小型工作室也是苏州市文化创意产业重要的市场主体,在各区市内广泛分布,成为文化创意产业发展不容忽视的力量。

(4) 从细分类型的文化创意产业空间格局演化过程来看,总体而言,苏州各区市广告会展、建筑设计、影视制作和动漫游戏产业均呈现出一定的空间集聚性,且形成了集聚的核心区域——姑苏区和工业园区。随着时间的推移,相邻地区之间的空间自相关性越来越高,推动着产业集聚趋势的不断自我增强,表现出不同程度的城市中心指向性。

影响因素、产业特性、发展阶段和发展规模等的差异性导致了苏州市不同类型的文化创意产业空间格局及其演化特征的基本差异性,具体表现在苏州市四个细分类型的文创意产业集聚强度和集聚速度存在着明显的差异。广告会展产业中心集聚度最高,建筑设计产业紧随其后,而影视制作产业和动漫游戏产业中心集聚度较低,表明了苏州市各类文化创意产业处于发展的不同阶段:传统领域的广告会展产业和建筑设计产业发展相对成熟且增长趋势强劲,已经形成明显的集聚核心区(姑苏区)和集聚中心,同时呈现出不同程度和不同方向的面状扩散状态,而新兴领域的影视制作产业和动漫游戏产业尚处于发展的起步阶段,在空间上表现出较弱的集聚性,以相对均衡的点状分散布局为主要特征,并出现了向心集聚发展的趋势。这在一定程度上表现出了文化创意产业发展阶段所呈现出的共性特征,即起步阶段的点状分散发展——成长阶段的多中心集聚发展——成熟阶段的向心聚合并沿轴向或面状延伸发展的特征。

此外,苏州市四个细分行业类型的文化创意产业的空间格局及其演化特征的差异性还表现在空间分布模式方面。城市中心便捷的交通条件和市场接入性、便利的商务环境、高教科研地区的人文环境和技术支撑等对广告会展企业和建筑设计企业具有强大的吸引力,使得这两类文化创意产业空间布局表现出了更为明显的城市中心集聚性。而刚起步的影视制作产业和动漫游戏产业,受资源和生产要素以及市场条件等因素的制约,主要以政府推动建设的产业园、产业基地为主要空间载体,形成了这两类文化创意产业集聚发展的据点。

(5) 从文化创意产业发展过程中存在的主要问题来看,现阶段苏州市文化创意产业集聚发展的主导力量来源于政府,市场机制的调节作用和科技创新的推动作用尚未发挥出应有的效力,尚未形成"政府引导、市场主导、企业运作"的官民协同的效果,致使文化创意产业的空间布局与资源的分布和利用程度不匹配,产业集聚发展的内生动力不足,进而导致了苏州市文化创意产业空间布局不均衡、空间差异性较为显著、地区优势不明显等问题的存在。因此,需要构建并选择以资源配置方式(政府和市场)和推动因素(资源和技术)为双维标准的文化创意产业组合式集聚发展模式,基于各区市的资源特色和比较优势,制定全局性的文化创意产业发展总体规划,着重以特色化、协同化发展为指引,加快构建多区域、多层次和多模式的空间集聚发展格局。

11.2 不足与展望

作为21世纪新兴的"朝阳产业",文化创意产业正以迅猛之势在我国快速发展,成为政界和学界广泛关注的热点,相关问题的研究也进入不断深入的阶段。本书以苏州市作为案例研究对象,以该市文化创意产业发展条件和现状为基点,从细分行业类型入手,就该市文化创意产业空间特征和演化过程及其影响因素等产业空间问题进行了较为细致的理论分析和实证研究,并为该市进一步推进文化创意产业集聚发展提供了思路与对策。诚然,本书对文化创意产业发展及其空间问题的研究产生了部分新的理解和认识,相关结论对于苏州市乃至其他类似城市未来文化创意产业发展方向的确定具有一定的实践指导意义。但是,相较于西方发达国家,我国文化创意产业在理论层面上还未构建出一套成熟的具有中国本土特色的文化创意产业理论体系,实践经验方面的研究资料也十分有限,且文化创意产业本身和城市空间结构的复杂性使得研究在某些领域仍存在着不足与缺陷,有待进一步完善和深化。

(1) 数据来源的可靠性方面:由于现阶段我国尚未形成统一的、普遍适用的文化创意产业概念的界定,具体行业类型划分标准和统计标准及方法,本书以企业数量作为解释变量研究苏州市文化创意产业空间问题时,对文化创意产业类型和企业行业性质的界定主要依据《中国国民经济行业分类》(GB/T 4754—2017)和《文化及相关产业分类(2018版)》,根据企业的经营范围将其包含于国民经济的行业大类和文化及相关产业类型中。在进行企业数量统计时发现,根据企业经营范围搜索出来的各类文化创意企业有重复现象,即同一企业从事两种及以上的文化创意产业相关业务。对此,本书进行了粗线条的筛选,一定程度上影响到研究结果的精准度。随着我国文化创意产业标准化问题的解决,必将获取到更为精确而详细的企业数据,从而修正现有处理方式下得出的估计结果。

（2）研究内容的深化方面：一是，广告会展、建筑设计、影视制作和动漫游戏四个行业类型一定程度上代表了传统文化创意产业和新兴文化创意产业，能够体现出一些共性特征及苏州市文化创意产业结构转型升级的未来方向，但基于这四个行业类型的文化创意产业空间演化问题的研究更多地是相对抽象的提炼，未能就苏州市不同行业的文化创意产业空间演化的动力机制作出更加细致的探讨。二是，苏州市文化创意产业已呈现出集聚化发展态势，文化创意产业集聚区也已形成了一定的规模和较为完整的产业体系，本研究就此问题的分析主要采用了定性方法。虽然出于研究的需要通过实地调研和质性访谈一定程度上弥补了部分园区统计工作的缺失，但相关资料和数据并不全面，进而未能对苏州市文化创意产业集聚区进行更为详细和客观的定量分析。因此，下一阶段的研究重点是对苏州市细分行业类型的文化创意产业空间演化机制和文化创意产业集聚区等问题进行深化研究，以期得出更为完善、更具实际价值的理论成果，为苏州市及大运河沿线乃至我国类似城市的文化创意产业发展提供有益的参考。

参 考 文 献

一、英文文献

[1] Agarwal R, Gort M. The evolution of markets and entry, exit and survival of firms [J]. The Review of Economics and Statistics, 1996, 78(03): 489-498.

[2] Scott A J. Entrepreneurship, innovation and industrial development: geography and the creative field revisited [J]. Small Business Economics, 2006(26): 1-24.

[3] Scott A J. Creative cities: conceptual issues and policy questions [J]. Journal of Urban Affairs, 2006, 28(01): 1-17.

[4] Anselin L. Spatial econometries: methods and models [M]. Dordrecht: Springer, 1988.

[5] Anselin L. The moran scatter plot as an ESDA tool to assess local instability in spatial association [M]//Fisher M, Scholten H J, Unwin D. Spatial analytical perspectives on GIS. London: Taylor & Francis, 1996: 111-125.

[6] Arthur W. Increasing returns and path dependence in the economy[M]. Ann Arbor, MI: University of Michigan Press, 1994.

[7] Bathelt H, Malmberg A, Maskell P. Clusters and knowledge: Local buzz, global pipelines and the process of knowledge creation [J]. Progress in Human Geography, 2004, 28(01): 31-56.

[8] Blair H, Grey S, Randle K. Working in film-employment in a project based industry [J]. Personnel Review, 2001, 30(02): 170-185.

[9] Bordwell D, Staiger J, Thompson K. The classical hollywood cinema: film style and mode of production to 1960 [M]. New York: Columbia University Press, 1985.

[10] Boschma R A. Proximity and innovation: a critical assessment [J]. Regional Studies, 2005, 39(01): 61-74.

[11] Boschma R A, Frenken K. Why is economic geography not an evolutionary science? towards an evolutionary economic geography [J]. Journal of Economic Geography, 2006, 6(03): 273-302.

[12] Boschma R A, Frenken K. The spatial evolution of innovation networks: a proximity perspective[M]//Boschma R A, Martin R. The handbook of evolutionary economic geography. Cheltenham: Edward Elgar, 2010: 120-138.

[13] Boschma R A, Lambooy J G. Evolutionary economics and economic geography[J]. Journal of Evolutionary Economics, 1999, 9(04): 411-429.

[14] Brown A, O'Corner J, Cohen S. Local music policies within a global music industry: cultural quarters in manchester and shelleld[J]. Geoforum, 2000, 31(04): 437-451.

[15] Caves R. Creative industries: contracts between art and commerce[M]. Cambridge: Harvard University Press, 2000.

[16] Currid E. New York as a global creative hub: a competitive analysis of four theories on world cities[J]. Economic Development Quarterly, 2006(20): 330-350.

[17] Cusumano M, Suarez F, Kahl S. Product, process, and service: a new industry life cycle model [M]. MIT Working Paper, 2007: 228.

[18] David N, Cornelia L M, Droge A. Diamond for the poor? assessing porter's diamond model for the analysis of agro-food clusters in the developing countries[R]. World Food and Agribusiness Symposium, Sydney, 2001.

[19] Drake G. 'This place gives me Space': place and creativity in the creative industries[J]. Geoforum, 2003, 34(04): 511-524.

[20] Essletzbichler J, Rigby D L. Technological evolution as creative destruction of process heterogeneity: evidence from US plant-level data[J]. Economic Systems Research, 2005 (17): 25-45.

[21] Fan C C, Scott A J. Industrial agglomeration and development: a survey of spatial economic issues in East Asia and a statistical analysis of Chinese regions[J]. Economic Geography, 2003, 79(03): 295-319.

[22] Florida R, Tinagli I. Europe in the creative age[M]. New York: Basic Books, 2004.

[23] Florida R. The rise of the creative class: and how it's transforming work, leisure, community and everyday Life[M]. New York: Basic Books, 2002.

[24] Huber F. Do clusters really matter for innovation practices in information technology? questioning the significance of technological knowledge spillovers[J]. Journal of Economic Geography, 2012, 12(01): 107-126.

[25] Hospers G J. Creative cities in europe: urban competitiveness in the knowledge economy [J]. Inter-economic, 2003, 38(05): 260-269.

[26] Gort M, Klepper S. Time paths in the diffusion of product innovations[J]. The

Economic Journal, 1982(92): 630-653.

[27] Grabher G. Cool projects, boring institutes: temporary collaboration in social context [J]. Regional Studies, 2002, 36(03): 205-214.

[28] Hall P. Cities in Civilization: culture, innovation, and urban order [M]. New York: Pantheon, 1998.

[29] Hartley J. The evolution of the creative industries: creative clusters, creative citizens and social network markets[M]//Li Jin-yuan, Hartley John. International Perspectives on the Creative Economy. BeiJing: Sunchime Publishing, 2009: 1-20.

[30] Howkins J. The creative economy: how people make money from ideas [M]. London: Penguin Global, 2002.

[31] Hui Chenuk Kuen, Baseline.Study on Hong Kong's creative industries: a study on Hong Kong creativity index [R]. Hong Kong: Home Affairs Bureau, The government of the Hong Kong Special Administrative Region, 2004.

[32] Hutton T A. The new economy of the inner city [J]. Cities, 2004, 21(02): 89-108.

[33] Hutton T A. Spatiality, built form and creative industry development in the inner city [J]. Environment and Planning A: Ecohomy and Space, 2006, 38(10): 1819-1841.

[34] Klepper S, Graddy E. The evolution of new industries and the determinants of market structure [J]. The RAND Journal of Economics, 1990, 21(01): 27-44.

[35] Klepper S. Firm survival and the evolution of oligopoly [J]. The RAND Journal of Economics, 2002, 33(01): 37-61.

[36] Landry C. The creative city: a toolkit for urban innovators[M]. London: Earthscan publications LTD, 2000.

[37] Lash S, Urry J. Economies of signs and space [M]. London: Sage publications, 1994.

[38] Lazzeretti L, Boix R, Capone F. Do creative industries cluster mapping creative local production systems in italy and spain[J]. Industry and Innovation, 2008, 15(05): 549-567.

[39] Lazzeretti L, Capone F, Boix R. Reasons for clustering of creative industries in italy and spain [J]. European Planning Studies, 2012, 20(08): 1243-1262.

[40] Marshall A. Industry and Trade [M]. London: Macmillan, 1919.

[41] Markusen A, King D. The artistic divided: the arts' hidden contributions to regional development [M]. Minneapolis: University of Minnesota, 2003.

[42] Martin R, Sunley P. Path dependence and regional economic evolution [J]. Journal of Economic Geography, 2006, 64(04): 395-437.

[43] Martin R. Rethinking regional path dependence: from lock-in to evolution [J]. Economic Geography, 2010, 86(01): 1-27.

[44] De-Miguel-Molina B, Hervas-Oliver J L, Boix R, et al. The importance of creative industry agglomerations in explaining the wealth of european regions [J]. European Planning Studies, 2012, 20(08): 1263-1280.

[45] Mommaas H. Cultural clusters and the post-industrial city: towards the remapping of urban cultural policy [J]. Urban Studies, 2004, 41(03): 507-532.

[46] O'Conner J. Art, popular culture and cultural policy: variations on a theme of John Carey [J]. Critical Quarterly, 2006, 48(04): 49-104.

[47] Peck J. Struggling with the creative class [J]. International Journal of Urban and Regional research, 2005, 29(04): 740-770.

[48] Potts J, Cunningham S, Hartley J, et al. Social network markets: a new definition of the creative industries [J]. Journal of Cultural Economics, 2008, 32(03): 167-185.

[49] Potts J, Cunningham S. Four models of the creative industries [J]. International Journal of Cultural Policy, 2008, 14(03): 233-247.

[50] Pratt. A C. The cultural industries production system: a case study of employment change in britain (1984—1991) [J]. Environment and Planning, 1997(27): 53-74.

[51] Pratt A C. Creative clusters: towards the governance of the creative industries production system? [J]. Media International Australia Incorporating Culture and Policy, 2004(112): 50-66.

[52] Florida R. Bohemia and economic geography [J]. Journal of Economic Geography, 2002, 2(1): 55-71.

[53] Rowse T. Towards a history of indigenous statistics in australia [M]//Hunter B H. Assessing the evidence on indigenous socioeconomic outcomes: a focus on the 2002 NATSISS. ANUE Press, 2006: 1-10.

[54] Sassen S. The informal economy: between new developments and old regulations [J]. The Yale Law Journal, 1994, 103(8): 2289-2304.

[55] Saviotti P P, Pyka A. Economic development, variety and employment [J]. Revue Économique, 2004, 55(06): 1023-1049.

[56] Scott A J. The cultural economy of cities [J]. International Journal of Urban and Regional Research, 1997(2): 323-339.

[57] Scott A J. The cultural economy of cities [M]. London: SAGE Publications, 2000.

[58] Scott A J. The cultural economy of landscape and prospects for peripheral development in

the twenty-first century: the case of the English Lake District[J]. European Planning Studies, 2010, 18(10): 1567-1589.

[59] Shank J K, Gowindarajan V V. Strategic cost management: the value chain perspective [J]. Journal of Management Accounting Research, 1992, (4): P177-199.

[60] Hall P. Creative cities and economic development[J]. Urban Studies, 2000, 37(4): 639-649.

[61] Pinch S, Henry N. Paul krugman's geographical economics, industrial clustering and the british motor sport industry[J]. Regional Studies,1999,9(33): 815-827.

[62] Sydow J, Staber U. The institutional embeddedness of project networks: the case of content production in german television [J]. Regional Studies, 2002, 36 (03): 215-227.

二、中文文献

[1] 阿尔弗雷德·韦伯.工业区位论[M].李刚剑,译.北京：商务印书馆,1997.

[2] 查尔斯·兰德利.创意城市：如何打造都市创意生活圈[M].杨幼兰,译.北京：清华大学出版社,2009.

[3] 丹尼尔·贝尔.后工业社会的来临：对社会预测的一项探索[M].高铦,王宏周,魏章玲,译.北京：新华出版社,1997.

[4] 冯子标,焦斌龙,冯梅.文化产业运行论[M].北京：社会科学文献出版社,2010.

[5] 黄钢,徐玖平.农业科技价值链系统创新论[M].北京：中国农业科学技术出版社,2007.

[6] 金丽娟.信息资源产业生命周期模型与发展趋势研究[D].北京：北京邮电大学,2012.

[7] 理查德·弗罗里达.创意经济[M].方海萍,魏清江,译.北京：中国人民大学出版社,2006.

[8] 厉无畏.创意产业导论[M].上海：学林出版社,2006.

[9] 厉无畏.创意改变中国[M].北京：新华出版社,2009.

[10] 厉无畏.创意产业：转变经济发展方式的策动力[M].上海：上海社会科学院出版社,2008.

[11] 林拓.世界文化产业发展前沿报告：2003—2004[M].北京：社会科学文献出版社,2004.

[12] 迈克尔·波特.竞争优势[M].陈小悦,译.北京：华夏出版社,1997.

[13] 马克斯·霍克海默,西奥多·阿道尔诺.启蒙辩证法：哲学断片[M].渠敬东,曹卫东,译.上海：上海人民出版社,2006.

[14] 牛维麟.国际文化创意产业园区发展研究报告[M].北京：中国人民大学出版社,2007.

[15] 潘家华,魏后凯.城市蓝皮书·中国城市发展报告 NO.5：迈向城市时代的绿色繁荣

(2012版)[M].北京:社会科学文献出版社,2012.

[16] 王缉慈,等.创新的空间:企业集群与区域发展[M].北京:北京大学出版社,2001.

[17] 王缉慈,等.超越集群:中国产业集群的理论探索[M].北京:科学出版社,2010.

[18] 宋小冬,钮心毅.地理信息系统实习教程(Arc GIS 9.x)[M].北京:科学出版社,2007.

[19] 约瑟夫·熊彼特.经济发展理论[M].叶华,译.北京:商务印书馆,1991.

[20] 斯科特·拉什,西莉亚·卢瑞.全球文化工业:物的媒介化[M].要新乐,译.北京:社会科学文献出版社,2010:291.

[21] 藤田昌久,雅克-弗朗科斯·蒂斯.集聚经济学:城市、产业区位与区域增长[M].刘峰,张雁,陈海威,译.成都:西南财经大学出版社,2004.

[22] 藤田昌久,保罗·克鲁格曼,安东尼·J·维纳布尔斯.空间经济学:城市、区域与国际贸易[M].梁琦,译.北京:中国人民大学出版社,2005.

[23] 吴敬琏.中国增长模式抉择:在发展的关键时刻[M].2版.上海:上海远东出版社,2006.

[24] 魏后凯,等.中国产业集聚与集群发展战略[M].北京:经济管理出版社,2008.

[25] 徐建国.2005—2006世界服务业重点行业发展动态[M].上海:上海科学技术文献出版社,2005.

[26] 约翰·霍金斯.创意经济:如何点石成金[M].洪庆福,孙薇薇,刘茂玲,译.上海:上海三联书店,2006.

[27] 约翰·霍金斯.创意生态:思考在这里是真正的职业[M].北京:北京联合出版公司,2011.

[28] 约翰·哈特利.创意产业读本[M].曹书乐,包建女,李慧,译.北京:清华大学出版社,2007.

[29] 朱庭逸.创意空间:开创城市新地理学[M].台北:典藏出版,2004.

[30] 张岩松,穆秀英.文化创意产业理论与实践[M].北京:清华大学出版社,2017.

[31] 斯图亚特·坎宁安.从文化产业到创意产业:理论、产业和政策的含义[M]//林拓,李惠斌,薛晓源.世界文化产业发展前沿报告(2003~2004)[M].北京:社会科学文献出版社,2004.

[32] 孙洁.文化创意产业集聚动力机制研究[M].上海:上海人民出版社,2013.

[33] Scott A J.创意城市:概念问题和政策审视[J].汤茂林,译.现代城市研究,2007(02):66-77.

[34] Boschma R A, Frenken K.为何经济地理学不是演化科学?:走向演化经济地理学[J].包卿,译.演化与创新经济学评论,2015(01):1-25.

[35] 安虎森,季赛卫.演化经济地理学理论研究进展[J].学习与实践,2014(07):5-18.

[36] 陈倩倩,王缉慈.论创意产业及其集群的发展环境:以音乐产业为例[J].地域研究与开发,2005,24(05):5-8.

[37] 陈秋玲,吴艳.基于共生关系的创意产业集群形成机制:上海18个创意产业集群实证[J].经济地理,2006(12):84-87.

[38] 陈建军,葛宝琴.文化创意产业的集聚效应及影响因素分析[J].当代经济管理,2008,30(09):71-75.

[39] 陈伟雄,张华荣.文化创意产业与城市竞争力的相互作用机理分析:以上海市为例[J].江苏工业学院学报(社会科学版),2009,10(3):30-34.

[40] 蔡尚伟,何鹏程.回眸与展望:中国文化产业政策的创新演化[J].成都大学学报(社会科学版),2010(02):5-8.

[41] 崔国,褚劲风.澳大利亚第三大城市布里斯班创意产业集聚研究[J].世界地理研究,2010,19(04):16-24.

[42] 郭美晨.中国文化创意产业集聚化发展的路径探索[J].济宁学院学报,2014,35(02):118-122.

[43] 胡大立.基于价值网模型的企业竞争战略研究[J].中国工业经济,2006(09):87-93.

[44] 花建.产业丛与知识源:论文化创意产业集聚区的内在规律和发展动力[J].上海财经大学学报,2007,9(04):3-8.

[45] 花建.推动文化产业的集聚发展:"十二五"期间提升中国文化软实力的重大课题[J].社会科学,2011(1):14-22.

[46] 胡峰.动漫产业的集聚优势与区域竞争:自杭州观察[J].改革,2010(02):55-62.

[47] 黄江,胡晓鸣.创意产业企业空间分布研究:以杭州市为例[J].经济地理,2011,31(11):1851-1856.

[48] 贺灿飞,郭琪,马妍,等.西方经济地理学研究进展[J].地理学报,2014,69(08):1207-1223.

[49] 黄丽坤.京沪文化创意产业发展比较研究[J].经济数学,2017,34(01):93-100.

[50] 赖土发.从福特主义到后福特主义:中国工业化进程面临的机遇和挑战[J].福建论坛(人文社会科学版),2004(11):26-28.

[51] 厉无畏,王如忠,缪勇.积极培育和扶持创意产业发展 提高上海城市综合竞争力[J].社会科学,2005(01):5-14.

[52] 厉无畏,王慧敏.创意产业促进经济增长方式转变:机理·模式·路径[J].中国工业经济,2006(11):5-13.

[53] 厉无畏,于雪梅.关于上海文化创意产业基地发展的思考[J].上海经济研究,2005(08):48-53.

[54] 厉无畏.文化创意产业推进城市实现创新驱动和转型发展[J].上海城市规划,2012(04):1-5.

[55] 刘春霞.产业地理集中度测度方法研究[J].经济地理,2006,26(05):742-747.

[56] 刘惠敏.基于EG模型的北京都市区生产性服务业地理集中研究[J].地理与地理信息科学,2007(23):56-60.

[57] 刘国祥.渠化京杭运河江苏段的战略思考[J].改革与战略,2005,21(12):68-74.

[58] 刘志高,尹贻梅,孙静.产业集群形成的演化经济地理学研究评述[J].地理科学进展,2011,30(06):652-657.

[59] 李海英.我国新经济增长点理论研究综述[J].特区经济,2007(7):274-275.

[60] 李茂民.文化创意产业与经济增长模式转变[J].经济研究导刊,2010(06):151-152.

[61] 兰建平,傅正.创意产业、文化产业和文化创意产业[J].浙江经济,2008(04):40-41.

[62] 罗胤晨,谷人旭,王春萌.经济地理学视角下西方产业集群研究的演进及其新动向[J].世界地理研究,2016,25(6):96-108.

[63] 毛磊.演化博弈视角下创意产业集群企业创新竞合机制分析[J].科技进步与对策,2010,27(08):104-106.

[64] 秦键,王承云.印度软件业的空间集聚与扩散分析[J].世界地理研究,2010,19(03):97-104.

[65] 荣跃明.超越文化产业:创意产业的本质与特征[J].毛泽东邓小平理论研究,2004(05):18-24.

[66] 阮仪三,张松.产业遗产保护推动都市文化产业发展:上海文化产业区面临的困境与机遇[J].城市规划汇刊,2004(04):53-57.

[67] 邵培仁,廖卫民.横店:中国影视文化产业集群发展的一个样本——基于共享性资源观理论的案例分析[J].浙江师范大学学报(社会科学版),2009,34(05):20-30.

[68] 王缉慈.文化创意产业形成有其自身发展规律[J].中国高新区,2008(03):16-17.

[69] 王发明.创意产业集群化:一个基于知识溢出的解释[J].科技管理研究,2009,29(11):372-374.

[70] 王重远.基于生态理论的都市创意产业集群研究[J].贵州社会科学,2009(09):26-30.

[71] 王晖.北京市与纽约市文化创意产业集聚区比较研究[J].北京社会科学,2010(06):32-37.

[72] 王慧敏.文化创意产业集聚区发展的3.0理论模型与能级提升:以上海文化创意产业集聚区为例[J].社会科学,2012(07):31-39.

[73] 王伟年,张平宇.创意产业与城市再生[J].城市规划学刊,2006(02):22-27.

[74] 吴缚龙.中国的城市化与"新"城市主义[J].城市规划,2006,30(08):19-23.

[75] 汪毅,徐昀,朱喜钢.南京创意产业集聚区分布特征及空间效应研究[J].热带地理,2010, 30(01):79-83.

[76] 汪霏霏.城市更新背景下的文化创意产业集聚区发展研究:以济南文化创意产业集聚区为例[J].东岳论丛,2014,35(10):121-126.

[77] 翁旭青.杭州文化创意产业集聚发展实证研究[J].北方经济,2010(05):57-59.

[78] 熊凌.香港创意产业的发展及经验[J].发展研究,2004(03):43-44.

[79] 徐仲伟,周兴茂,谈娅.关于文化创意产业的几个基本理论问题[J].重庆邮电大学学报(社会科学版),2007,19(06):60-66.

[80] 徐明亮.城市文化创意产业集聚区发展的个案研究[J].经济研究导刊,2014(10):33-35.

[81] 薛东前,刘虹,马蓓蓓.西安市文化产业空间分布特征[J].地理科学,2011,31(07):775-780.

[82] 肖琛,陈雯,袁丰,等.大城市内部连锁超市空间分布格局及其区位选择:以南京市苏果超市为例[J].地理研究,2013,32(03):465-475.

[83] 夏健,王勇,杨晟.基于城市特色的苏州工业遗产保护框架与再利用模式[J].规划师, 2015(04):110-116.

[84] 余晓泓.创意产业集群模块化网络组织创新机制研究[J].产经评论,2010(04):5-9.

[85] 喻静,林孔团.浅析文化创意产业相关概念[J].经济研究导刊,2012(30):199-200.

[86] 姚磊,张敏,汪飞.基于细分类型的南京市创意产业空间演化特征与差异[J].人文地理,2013(05):42-48.

[87] 尹宏.文化创意产业集聚的空间演化研究[J].四川师范大学学报(社会科学版),2013,40(02):39-45.

[88] 周尚意,姜苗苗,吴莉萍.北京城区文化产业空间分布特征分析[J].北京师范大学学报,2006(06):127-133.

[89] 周灵雁,褚劲风,李萍.上海创意产业空间集聚研究[J].现代城市研究,2006(12):4-9.

[90] 赵继敏.京津冀地区与长三角地区制造业区域专业化特征分析[J].地域研究与开发,2008,27(04):5-8.

[91] 张梅青,万陶.基于复杂性的创意产业集群组织模式研究[J].科技管理研究,2009(06):438-440.

[92] 张振鹏.文化创意产业集群的可持续发展问题分析[J].济南大学学报(社会科学版),2009(05):79-83.

[93] 褚劲风.上海创意产业空间集聚的影响因素分析[J].经济地理,2009,29(01):102-107.

[94] 张丽峰,丁于思.北京文化创意产业与经济增长关系研究[J].科技管理研究,2015,35

(10): 73-77.

[95] 陈向楠.苏州市区创意产业园发展现状及其规划策略研究[D].苏州：苏州科技大学,2015.

[96] 黄斌.北京文化创意产业空间演化研究[D].北京：北京大学,2012.

[97] 华正伟.我国创意产业集群与区域经济发展研究[D].长春：东北师范大学,2012.

[98] 毛蓝平.杭州市文化创意产业园空间分布特征研究[D].合肥：安徽建筑大学,2014.

[99] 郑洪涛.基于区域视角的文化创意产业发展研究[D].开封：河南大学,2008.

[100] 张望.中国文化创意产业发展模式研究[D].南京：南京大学,2011.

[101] IIPA.2013世界知识产权报告[R].2013.

[102] 刘恩东.英国文化创意产业发展中的政府定位[N].中国经济时报,2015-7-7.

[103] 厉无畏.旧厂房里新创意[N].人民日报,2004-7-22.

[104] 李慧,刘坤.文化产品供给：巨额缺口如何补齐[N].光明日报,2016-06-16(14).

[105] 王缉慈.创意产业集群的价值思考：上海国际城市创意产业论坛上发言稿[EB/OL]. http://www.ccmedu.com/bbs54_37315.html,2005-12-1.

附　录

附录1　2018版和2012版《文化及相关产业分类》新旧对照表

代码			《文化及相关产业分类(2018)》类别名称	国民经济行业分类代码(2017)	《文化及相关产业分类(2012)》类别名称	国民经济行业分类代码(2011)	简要说明
大类	中类	小类					
			文化核心领域				
01			新闻信息服务				
	011		新闻服务				
		0110	新闻业	8610	新闻业	8510	
	012		报纸信息服务				
		0120	报纸出版	8622	报纸出版	8522	
	013		广播电视信息服务				
		0131	广播	8710	广播	8610	内容变更，原8610部分内容调出
		0132	电视	8720	电视	8620	内容变更，原8620部分内容调出
		0133	广播电视集成播控	8740			增加，原8610、8620部分内容调到此类
	014		互联网信息服务				
		0141	互联网搜索服务	6421	互联网信息服务	6420	
		0142	互联网其他信息服务	6429	互联网信息服务	6420	增加，原6420分解
02			内容创作生产				
	021		出版服务				

(续表)

代码			《文化及相关产业分类(2018)》类别名称	国民经济行业分类代码(2017)	《文化及相关产业分类(2012)》类别名称	国民经济行业分类代码(2011)	简要说明
大类	中类	小类					
		0211	图书出版	8621	图书出版	8521	
		0212	期刊出版	8623	期刊出版	8523	
		0213	音像制品出版	8624	音像制品出版	8524	
		0214	电子出版物出版	8625	电子出版物出版	8525	
		0215	数字出版	8626	其他出版业	8529	增加,原8529部分内容调到此类
		0216	其他出版业	8629	其他出版业	8529	内容变更,原8529部分内容调出
	022		广播影视节目制作				
		0221	影视节目制作	8730	电影和影视节目制作	8630	更名
		0222	录音制作	8770	录音制作	8660	
	023		创作表演服务				
		0231	文艺创作与表演	8810	文艺创作与表演	8710	
		0232	群众文体活动	8870	群众文化活动	8770	更名
		0233	其他文化艺术业	8890	其他文化艺术业	8790	
	024		数字内容服务				
		0241	动漫、游戏数字内容服务	6572	数字内容服务*	6591	原6591分解,取消*标识
		0242	互联网游戏服务	6422	互联网信息服务	6420	增加,原6420分解
		0243	多媒体、游戏动漫和数字出版软件开发	6513*	软件开发*	6510	原6510分解,保留*标识
		0244	增值电信文化服务	6319*	其他电信服务*	6319	
		0245	其他文化数字内容服务	6579*	数字内容服务*	6591	增加,原6591分解 新增*标识
	025		内容保存服务				
		0251	图书馆	8831	图书馆	8731	
		0252	档案馆	8832	档案馆	8732	
		0253	文物及非物质遗产保护	8840	文物及非物质文化遗产保护	8740	

(续表)

代码			《文化及相关产业分类(2018)》类别名称	国民经济行业分类代码(2017)	《文化及相关产业分类(2012)》类别名称	国民经济行业分类代码(2011)	简要说明
大类	中类	小类					
		0254	博物馆	8850	博物馆	8750	
		0255	烈士陵园、纪念馆	8860	烈士陵园、纪念馆	8760	
	026		工艺美术品制造				
		0261	雕塑工艺品制造	2431	雕塑工艺品制造	2431	
		0262	金属工艺品制造	2432	金属工艺品制造	2432	
		0263	漆器工艺品制造	2433	漆器工艺品制造	2433	
		0264	花画工艺品制造	2434	花画工艺品制造	2434	
		0265	天然植物纤维编织工艺品制造	2435	天然植物纤维编织工艺品制造	2435	
		0266	抽纱刺绣工艺品制造	2436	抽纱刺绣工艺品制造	2436	
		0267	地毯、挂毯制造	2437	地毯、挂毯制造	2437	
		0268	珠宝首饰及有关物品制造	2438	珠宝首饰及有关物品制造	2438	
		0269	其他工艺美术及礼仪用品制造	2439	其他工艺美术品制造	2439	更名
	027		艺术陶瓷制造				
		0271	陈设艺术陶瓷制造	3075	园林、陈设艺术及其他陶瓷制品制造*	3079	原3079分解,取消*标识
		0272	园艺陶瓷制造	3076	园林、陈设艺术及其他陶瓷制品制造*	3079	增加,原3079分解
03			创意设计服务				
	031		广告服务				
		0311	互联网广告服务	7251	广告业	7240	原7240分解
		0312	其他广告服务	7259	广告业	7240	增加,原7240分解
	032		设计服务				
		0321	建筑设计服务	7484*	工程勘察设计*	7482	原7482分解,保留*标识
		0322	工业设计服务	7491	专业化设计服务	7491	增加,原7491分解
		0323	专业设计服务	7492	专业化设计服务	7491	
04			文化传播渠道				

(续表)

代码			《文化及相关产业分类(2018)》类别名称	国民经济行业分类代码（2017）	《文化及相关产业分类(2012)》类别名称	国民经济行业分类代码（2011）	简要说明
大类	中类	小类					
	041		出版物发行				
		0411	图书批发	5143	图书批发	5143	
		0412	报刊批发	5144	报刊批发	5144	
		0413	音像制品、电子和数字出版物批发	5145	音像制品及电子出版物批发	5145	更名
		0414	图书、报刊零售	5243	图书、报刊零售	5243	
		0415	音像制品、电子和数字出版物零售	5244	音像制品及电子出版物零售	5244	更名
		0416	图书出租	7124	图书出租	7122	
		0417	音像制品出租	7125	音像制品出租	7123	
	042		广播电视节目传输				
		0421	有线广播电视传输服务	6321	有线广播电视传输服务	6321	
		0422	无线广播电视传输服务	6322	无线广播电视传输服务	6322	
		0423	广播电视卫星传输服务	6331	卫星传输服务*	6330	原6330分解，取消*标识
	043		广播影视发行放映				
		0431	电影和广播电视节目发行	8750	电影和影视节目发行	8640	更名
		0432	电影放映	8760	电影放映	8650	
	044		艺术表演				
		0440	艺术表演场馆	8820	艺术表演场馆	8720	
	045		互联网文化娱乐平台				
		0450	互联网文化娱乐平台	6432*			新增，带*行业
	046		艺术品拍卖及代理				
		0461	艺术品、收藏品拍卖	5183	拍卖*	5182	原5182分解，取消*标识
		0462	艺术品代理	5184			新增
	047		工艺美术品销售				
		0471	首饰、工艺品及收藏品批发	5146	首饰、工艺品及收藏品批发	5146	
		0472	珠宝首饰零售	5245	珠宝首饰零售	5245	

(续表)

代码			《文化及相关产业分类(2018)》类别名称	国民经济行业分类代码(2017)	《文化及相关产业分类(2012)》类别名称	国民经济行业分类代码(2011)	简要说明
大类	中类	小类					
		0473	工艺美术品及收藏品零售	5246	工艺美术品及收藏品零售	5246	
05			文化投资运营				
	051		投资与资产管理				
		0510	文化投资与资产管理	7212*			新增,带*行业
	052		运营管理				
		0521	文化企业总部管理	7211*			新增,带*行业
		0522	文化产业园区管理	7221*			新增,带*行业
06			文化娱乐休闲服务				
	061		娱乐服务				
		0611	歌舞厅娱乐活动	9011	歌舞厅娱乐活动	8911	
		0612	电子游艺厅娱乐活动	9012	电子游艺厅娱乐活动	8912	
		0613	网吧活动	9013	网吧活动	8913	
		0614	其他室内娱乐活动	9019	其他室内娱乐活动	8919	
		0615	游乐园	9020	游乐园	8920	
		0616	其他娱乐业	9090	其他娱乐业	8990	内容变更,原8990部分内容调出
	062		景区游览服务				
		0621	城市公园管理	7850	公园管理	7851	更名
		0622	名胜风景区管理	7861	游览景区管理	7852	原7852分解
		0623	森林公园管理	7862	游览景区管理	7852	增加,原7852分解
		0624	其他游览景区管理	7869	游览景区管理	7852	增加,原7852分解
		0625	自然遗迹保护管理	7712			新增
		0626	动物园、水族馆管理服务	7715	野生动物保护*	7712	原7712分解,取消*标识
		0627	植物园管理服务	7716	野生植物保护*	7713	原7713分解,取消*标识
	063		休闲观光游览服务				
		0631	休闲观光活动	9030	其他娱乐业	8990	增加,原8990部分内容调到此类

(续表)

代码			《文化及相关产业分类(2018)》类别名称	国民经济行业分类代码(2017)	《文化及相关产业分类(2012)》类别名称	国民经济行业分类代码(2011)	简要说明
大类	中类	小类					
		0632	观光游览航空服务	5622			新增
			文化相关领域				
07			文化辅助生产和中介服务				
	071		文化辅助用品制造				
		0711	文化用机制纸及纸板制造	2221*	机制纸及纸板制造*	2221	
		0712	手工纸制造	2222	手工纸制造	2222	
		0713	油墨及类似产品制造	2642	油墨及类似产品制造	2642	
		0714	工艺美术颜料制造	2644	颜料制造*	2643	原2643分解,取消*标识
		0715	文化用信息化学品制造	2664	信息化学品制造*	2664	原2664分解,取消*标识
	072		印刷复制服务				
		0721	书、报刊印刷	2311	书、报刊印刷	2311	
		0722	本册印制	2312	本册印制	2312	
		0723	包装装潢及其他印刷	2319	包装装潢及其他印刷	2319	
		0724	装订及印刷相关服务	2320	装订及印刷相关服务	2320	
		0725	记录媒介复制	2330	记录媒介复制	2330	
		0726	摄影扩印服务	8060	摄影扩印服务	7492	
	073		版权服务				
		0730	版权和文化软件服务	7520*	知识产权服务*	7250	
	074		会议展览服务				
		0740	会议、展览及相关服务	7281-7284 7289	会议及展览服务	7292	原7292分解成5个行业小类
	075		文化经纪代理服务				
		0751	文化活动服务	9051	其他未列明商务服务业*	7299	原7299部分内容调到此类,取消*标识
		0752	文化娱乐经纪人	9053	文化娱乐经纪人	8941	
		0753	其他文化艺术经纪代理	9059	其他文化艺术经纪代理	8949	

(续表)

代码			《文化及相关产业分类(2018)》类别名称	国民经济行业分类代码(2017)	《文化及相关产业分类(2012)》类别名称	国民经济行业分类代码(2011)	简要说明
大类	中类	小类					
		0754	婚庆典礼服务	8070*			新增,带*行业
		0755	文化贸易代理服务	5181*	贸易代理*	5181	
		0756	票务代理服务	7298	其他未列明商务服务业*	7299	增加,原7299部分内容调到此类
	076		文化设备(用品)出租服务				
		0761	休闲娱乐用品设备出租	7121	娱乐及体育设备出租*	7121	原7121分解,取消*标识
		0762	文化用品设备出租	7123			新增
	077		文化科研培训服务				
		0771	社会人文科学研究	7350	社会人文科学研究	7350	
		0772	学术理论社会(文化)团体	9521*	专业性团体(的服务)*	9421	
		0773	文化艺术培训	8393	文化艺术培训	8293	
		0774	文化艺术辅导	8399*	其他未列明教育*	8299	
08			文化装备生产				
	081		印刷设备制造				
		0811	印刷专用设备制造	3542	印刷专用设备制造	3542	
		0812	复印和胶印设备制造	3474	复印和胶印设备制造	3474	
	082		广播电视电影设备制造及销售				
		0821	广播电视节目制作及发射设备制造	3931	广播电视节目制作及发射设备制造	3931	
		0822	广播电视接收设备制造	3932	广播电视接收设备及器材制造	3932	原3932分解
		0823	广播电视专用配件制造	3933	广播电视接收设备及器材制造	3932	增加,原3932分解
		0824	专业音响设备制造	3934	广播电视接收设备及器材制造	3932	增加,原3932分解
		0825	应用电视设备及其他广播电视设备制造	3939	应用电视设备及其他广播电视设备制造	3939	
		0826	广播影视设备批发	5178	通讯及广播电视设备批发*	5178	原5178分解,取消*标识

(续表)

代码			《文化及相关产业分类(2018)》类别名称	国民经济行业分类代码(2017)	《文化及相关产业分类(2012)》类别名称	国民经济行业分类代码(2011)	简要说明
大类	中类	小类					
		0827	电影机械制造	3471	电影机械制造	3471	
	083		摄录设备制造及销售				
		0831	影视录放设备制造	3953	影视录放设备制造	3953	
		0832	娱乐用智能无人飞行器制造	3963*			新增,带*行业
		0833	幻灯及投影设备制造	3472	幻灯及投影设备制造	3472	
		0834	照相机及器材制造	3473	照相机及器材制造	3473	
		0835	照相器材零售	5248	照相器材零售	5248	
	084		演艺设备制造及销售				
		0841	舞台及场地用灯制造	3873	照明灯具制造*	3872	原3872分解,取消*标识
		0842	舞台照明设备批发	5175*	电气设备批发*	5176	
	085		游乐游艺设备制造				
		0851	露天游乐场所游乐设备制造	2461	露天游乐场所游乐设备制造	2461	
		0852	游艺用品及室内游艺器材制造	2462	游艺用品及室内游艺器材制造	2462	
		0853	其他娱乐用品制造	2469	其他娱乐用品制造	2469	
	086		乐器制造及销售				
		0861	中乐器制造	2421	中乐器制造	2421	
		0862	西乐器制造	2422	西乐器制造	2422	
		0863	电子乐器制造	2423	电子乐器制造	2423	
		0864	其他乐器及零件制造	2429	其他乐器及零件制造	2429	
		0865	乐器批发	5147	其他文化用品批发	5149	增加,原5149部分内容调到此类
		0866	乐器零售	5247	乐器零售	5247	
09			文化消费终端生产				
	091		文具制造及销售				
		0911	文具制造	2411	文具制造	2411	
		0912	文具用品批发	5141	文具用品批发	5141	
		0913	文具用品零售	5241	文具用品零售	5241	

(续表)

代码			《文化及相关产业分类(2018)》类别名称	国民经济行业分类代码(2017)	《文化及相关产业分类(2012)》类别名称	国民经济行业分类代码(2011)	简要说明
大类	中类	小类					
	092		笔墨制造				
		0921	笔的制造	2412	笔的制造	2412	
		0922	墨水、墨汁制造	2414	墨水、墨汁制造	2414	
	093		玩具制造				
		0930	玩具制造	2451-2456 2459	玩具制造	2450	原2450分解成7个行业小类
	094		节庆用品制造				
		0940	焰火、鞭炮产品制造	2672	焰火、鞭炮产品制造	2672	
	095		信息服务终端制造及销售				
		0951	电视机制造	3951	电视机制造	3951	
		0952	音响设备制造	3952	音响设备制造	3952	
		0953	可穿戴智能文化设备制造	3961*	其他电子设备制造*	3990	新增，带*行业。原3990分解，删除*行业
		0954	其他智能文化消费设备制造	3969*			新增，带*行业
		0955	家用视听设备批发	5137	家用电器批发*	5137	原5137分解,取消*标识
		0956	家用视听设备零售	5271	家用视听设备零售	5271	
		0957	其他文化用品批发	5149	其他文化用品批发	5149	内容变更，原5149部分内容调出
		0958	其他文化用品零售	5249	其他文化用品零售	5249	

附录 2　苏州市居民文化消费调查问卷

文化消费包括文化娱乐产品消费（例如广播、电视、报纸书刊、传统文化手工艺品等）、文化娱乐服务消费（例如电影、音像制品、旅游、会展、文艺演出、视频网站花费等）和教育培训消费（例如自身学识和技能水平提高的开销等）。

一、单选题（必答题）

1. 您的性别是：
   ○ 男　　　　　　　　　　　　○ 女

2. 您的年龄段（周岁）是：
   ○ 18～25　　○ 26～35　　○ 36～50　　○ 51～65
   ○ 65 以上

3. 您的职业是：
   ○ 在校学生　　○ 就业人士　　○ 待业人士　　○ 退休人员

4. 您的文化程度是：
   ○ 大学专科及以上　　○ 中专或高中　　○ 初中及以下

5. 您的年收入大概是：
   ○ 3 万元以下　　○ 3 万～4 万元　　○ 4 万～5 万元
   ○ 5 万～10 万元　　○ 10 万元以上

6. 您每年的日常消费支出中占比最高的是：
   ○ 食品烟酒　　○ 衣服饰品　　○ 医疗保健　　○ 交通通信
   ○ 休闲娱乐　　○ 其他＿＿＿＿＿＿＿

7. 您文化消费方面的支出占年收入的：
   ○ 1%～5%　　○ 5%～10%　　○ 10%～20%　　○ 20%～50%
   ○ 50%以上

8. 您每年在文化娱乐产品和服务的开销大约是：
   ○ 3 000 元以内　　○ 3 000～6 000 元　　○ 6 000～8 000 元
   ○ 8 000～10 000 元　　○ 10 000 元以上

9. 您认为文化消费对您的生活质量和幸福感的影响程度：
   ○ 关系密切　　　　　　　　　○ 影响较大
   ○ 有影响,但关系大不　　　　　○ 没有影响

10. 如果一项文化消费一次性花费较多,您会：
    ○ 放弃这项消费　　　　　　　○ 选择其他可替代的途径进行消费
    ○ 等攒够钱后消费　　　　　　○ 先行消费,接下来的日子省吃俭用

11. 相较于将余钱存进银行,您愿意将这笔钱花费在获取精神愉悦、提升文化消费水平上吗？
    ○ 很愿意　　○ 条件允许的情况下愿意　　○ 不愿意

12. 您认为阻碍您进行文化消费的主要因素是：
    ○ 不喜欢　　　　　　　　　　○ 不值得,其他方面更需要
    ○ 不想浪费时间和金钱　　　　○ 其他_____

13. 您对自己目前的文化娱乐生活内容、质量等感到：
    ○ 很满意　　○ 满意　　○ 不太满意　　○ 很不满意

14. 您对目前苏州文化产品和服务提供状况感到：
    ○ 很满意　　○ 满意　　○ 不太满意　　○ 很不满意

15. 您认为丰富和提高文化娱乐生活内容和质量主要取决于：
    ○ 收入水平的提高　　　　　　　○ 社会文化娱乐环境的改善
    ○ 文化产品的丰富和质量的提高　○ 休闲时间的增加
    ○ 自身文化修养的提高　　　　　○ 消费观念的更新

二、多选题（必答题）

1. 您倾向的文化消费项目有哪些？
   □ 购买图书　　　□ 看电影、听音乐　　□ 观看文艺演出
   □ 购买文化艺术品　□ 教育培训　　　　□ 旅游体验
   □ 视频网站　　　□ 网络游戏　　　　　□ 其他_____

2. 您进行文化消费的目的有哪些？
   □ 娱乐消遣,打发时间　　　　□ 获取新知识和新技能,提高文化素养
   □ 锻炼身体,促进身心健康　　□ 拓宽视野,增长见识
   □ 其他_____

3. 您认为哪些因素会影响您对文化消费的选择?
　　☐ 个人喜好　　　☐ 流行元素　　　☐ 价格高低　　　☐ 攀比心理
　　☐ 其他_____

4. 您认为制约您文化消费意愿的因素有哪些?
　　☐ 收入低,无法负担文化消费　　　☐ 工作或学习较忙,时间限制
　　☐ 个人意愿,没有兴趣　　　　　　☐ 公共文化及配套设施不足
　　☐ 文化市场管理混乱,不能放心消费　☐ 其他_____

5. 您认为如何才能更好地促进苏州市文化消费市场的繁荣?
　　☐ 经济社会繁荣发展,提升居民收入水平
　　☐ 加强文化市场管理,规范文化产品和服务的收费价格
　　☐ 加大文化消费场所或设施的建设以及社会公益文化活动的投入
　　☐ 发展教育事业,建设更多的成人教育培训机构
　　☐ 立足于实践,发展群众喜闻乐见的文化
　　☐ 其他_____

三、问答题(选做题)

关于苏州市文化消费的现状,您有什么意见或建议?

后　记

"大运河是祖先留给我们的宝贵遗产,是流动的文化,要统筹保护好、传承好、利用好。"作为我国首个以文化建设为指向的线性带状区域发展战略,大运河文化带建设既涉及文化的开发与保护、传承与创新,又涉及文化、经济与生态的互动发展以及沿线区域经济发展的提质增效和各区域之间的协调发展等重大命题。其建设的要义是通过整合大运河文化和各类要素资源,发展高端产业,以文化促进经济发展、以经济带动文化繁荣,打造大运河经济增长带和文化创新带。而文化创意产业以其高知识性、渗透性、增值性和融合性以及环境污染少等产业特性和经济属性恰好符合大运河文化带建设的现实需要。因此,大力发展文化创意产业是推进大运河文化带建设、促进沿线省市经济发展转型与升级的有效途径之一。

本书仅以大运河文化带节点城市之一的苏州市为研究对象,旨在起到一个抛砖引玉的作用,意在引起更多专家学者对大运河文化带文化创意产业发展问题的关注。大运河文化带建设涉及文化、经济、生态等方方面面,沿线各地区也正如火如荼地开展着实践工作。从文化创意产业发展的角度来看,如何深入挖掘运河文化资源,并通过创意实现"活态化"传承,进而培育"城市文化名片"?如何借助科技的力量,推动文化创意产业融合发展,进而实现创新驱动的产业和城市双转型?如何加强顶层设计,创新协作机制,进而实现大运河文化带内互为补充、错位发展的文化创意产业发展格局?等等,都是值得深入研究的问题。

本书是教育部人文社会科学研究项目"产业集群化转移驱动城市群空间格局优化的机理、效应与调控研究"(编号:18YJA790061)、江苏省社科基金项目"江苏产业升级中空间格局的演变研究"(编号:18EYB008)、江苏高校哲学社会科学研究基地重大项目"江苏大运河文化带文创产业集聚发展的路径、模式及政策体系研究"(编号:2018JDXM002)、江苏省高校哲学社会科学研究项目"文化创意产业助推江苏省经济转型的路径与对策研究"(编号:2020SJA1781)和大运河文化带建设研究院2021年度智库专项研究课题"大运河沿线历史文化街区保护修缮与当代复兴"(编号:DYH21ZD01)联合资助的阶段性成果,特此表示感谢!

书中引用了诸多专家学者的研究成果,虽然已有标注和说明,唯恐遗漏,在此对列入和未列入的学者们一并表示感谢!